全国房地产优秀案例 4

中国房地产业协会　中国建设教育协会　房教中国
华东师范大学易居职业教育研究院
组织编写

曾德珩　主　编
刘洪玉　张永岳　刘贵文　主　审

北京理工大学出版社
BEIJING INSTITUTE OF TECHNOLOGY PRESS

内 容 提 要

本书为高等学校房地产相关专业的系列教材之一，是一本在经济转型和行业转型背景下，对典型房地产企业产品创新进行系统梳理和总结的，服务于房地产及其相关专业的辅助用书。本书聚焦于企业的产品创新，收录了国贸、金茂、万达、远洋、中交、易居克而瑞 6 家主流企业的案例，根据案例的特点分为新居住、新空间和新领域三个板块。案例展示了完整的产品逻辑和产品细节，同时又有一定的深入讨论，可以全方位理解相关企业产品创新的路线图。

本书可以作为房地产类相关专业主干课程的教材或教学参考书，也可以作为房地产从业人员的专业培训教材或辅导用书。

图书在版编目（CIP）数据

全国房地产优秀案例. 4 / 曾德珩主编. -- 北京：
北京理工大学出版社，2023.8
ISBN 978-7-5763-2803-5

Ⅰ.①全… Ⅱ.①曾… Ⅲ.①房地产开发－高等学校
－教材　Ⅳ.①F293.34

中国国家版本馆CIP数据核字（2023）第162024号

责任编辑：王晓莉	文案编辑：王晓莉
责任校对：刘亚男	责任印制：王美丽

出版发行 / 北京理工大学出版社有限责任公司
社　　址 / 北京市丰台区四合庄路6号
邮　　编 / 100070
电　　话 / (010) 68914026（教材售后服务热线）
　　　　　　　(010) 68944437（课件资源服务热线）
网　　址 / http://www.bitpress.com.cn
版 印 次 / 2023年8月第1版第1次印刷
印　　刷 / 北京紫瑞利印刷有限公司
开　　本 / 787 mm×1092 mm　1/16
印　　张 / 15.5
字　　数 / 301千字
定　　价 / 58.00元

全国高校房地产专业案例教材
编审委员会名单

组织编写 中国房地产业协会　中国建设教育协会　房教中国
华东师范大学易居职业教育研究院

顾问委员会

冯　俊	中国房地产业协会	崔　征	中国建设教育协会
郭　雷	远洋集团	丁祖昱	易居企业集团
吕　萍	中国人民大学	冯长春	北京大学
邓宏乾	华中师范大学	李启明	东南大学
王幼松	华南理工大学	黄　花	品玥策略机构
黄国斌	万达集团	刘亚臣	沈阳建筑大学

主编

曾德珩　重庆大学

主审

刘洪玉　清华大学
张永岳　华东师范大学
刘贵文　重庆大学

副主编

周国军　中国建设教育协会

前言

在房地产市场供需结构发生变化的环境下，中国房地产产业已从扩张式高增长阶段进入高质量转型发展阶段，坚持"房子是用来住的、不是用来炒的"定位，推动房地产产业向新发展模式平稳过渡已经成为政府和企业的共识。在此背景下，一些主流房地产企业锐意进取、不断创新，回应人民群众对日益增长的美好生活需要和产业转型升级的空间需求，向市场提供了大量创新型的房地产产品和服务。企业的创新实践为高校房地产相关专业的教学提供了丰富的案例素材，但这些素材需要系统的提炼与深度的打磨，只有这样，才能打通房地产案例教学与企业实践之间的联系通道。由中国房地产业协会指导，房教中国发起并筹划，重庆大学编撰的《全国房地产优秀案例》系列教材已经出版了 3 册，这是我国首套聚焦于标杆房企创新、面向房地产人才培养需求的案例教材，出版后得到了较好的反响。

本书是这套案例教材的第 4 册，其在保持前 3 册教材结构与体例的基础上，重点关注标杆企业对房地产产品的新思考、新实践和新成果，这些案例一方面回应新基建、区域协调发展、数字化转型、城市更新等国家战略；另一方面关注人民群众对住房需求的变化和产业发展对创新型空间需求的变化，体现了案例项目的典型性、代表性和先进性。这些案例涉及住宅产品、文旅产品、区域开发、城市更新、装配式建筑及数字化服务平台等，提供了完整的房地产企业创新发展拼图，每个案例信息丰富，既有对产品开发背景的介绍，又有对产品逻辑的完整阐释，同时还辅以相应的思考题，可以为案例教

学提供完整的素材。在对案例进行写作的过程中，编写团队秉承"立足育人、聚焦创新、明晰逻辑、启发思考"的原则，将案例所蕴含的丰富信息加工为适合阅读及教学的文字及图片材料，尽最大可能服务于具体的案例教学工作。

编写团队自 2022 年 6 月起对相应的案例进行了实地调研，其间得到了国贸、金茂、万达、远洋、中交、易居克而瑞 6 家企业的鼎力支持，在此表示感谢。

参与本书编写的重庆大学团队成员有周滔、曾德珩、李世龙、金海燕、何凤麟、文碧霞、余林蔓、牟家利、李鑫茹、苗吉祥、丁洪涛。

展望未来，编写团队将不忘初心，继往开来，一直坚持把本系列教材做下去，努力为中国房地产教育贡献光和热。

由于编者水平有限，书中难免存在一些疏漏之处，恳请各位读者批评指正。

编　者

目录

第1篇 新居住

国贸地产

金华金茂未来科学城

1 国贸地产：

焕新人居想象，创造美好生活

繁华虽少减，高雅亦足奇。

——宋·陆游

案例导读

艺术、文化、科技、生态等文化、精神需求是"人民日益增长的美好生活需要"在人居环境领域的具体体现，健康、舒适、节能、环保、智能、"以人为本"等要素成为新时代居民对理想人居的追求，健康住宅、科技住宅、环保住宅已成为新时代住宅产品的主流发展方向。

国贸地产坚持"与城市共创美好"的品牌使命和"海上森屿"产品美学，不断开拓创新、以人为本，成功打造了一系列以"国贸"命名的地标性建筑，均成为区域范本，形成原系、上系、天琴系等高品质产品系。

国贸地产天琴系产品代表了国贸地产人居产品的最高水准，凝练着国贸控股"一流引领、真实担当、奋斗为本、共创共享"的核心价值观，其设计理念蕴含了国贸地产对新时代理想人居产品的理解，在住宅产品中将高端居住品质与人生境界探寻有机结合。其致力于在满足追求更高品质客群生活与审美的艺术品位、营造高端圈层、打造城市地标建筑的同时，充分关怀业主的健康舒心、自在生活，提供优质物业服务，担当企业社会责任。

本案例将深入挖掘国贸地产天琴系产品的"五好"标准，探索新时代理想人居的典型特征。

1.1　新时代中国城市人居的发展现状与趋势

1.1.1　城市人居环境与人居方式的变化

人居环境是人类社会的集合体，是人类工作劳动、生活居住、休息游乐和社会交往的空间场所。人居环境涵盖所有的人类聚居形式，通常可以把它分为乡村、集镇和城市三大类。城市人居是指在一定的地理系统背景下进行着居住、工作、文化、教育、卫生、娱乐等活动，从而在城市立体式推进的过程中创造的环境。城市人居是自然要素、人文要素和空间要素的统一体，由实体和空间构成。

生活方式是指在一定的社会条件制约下和一定的价值观指导下所形成的满足人们自身生活需要的全部生活样式和行为特征。它包含衣、食、住、行、劳动工作、休息娱乐、社会交往等行为，是由个人组成的群体生活形态。社会环境中经济形态、社会性质、科技发展、文化意识对生活方式有着重要的影响。在"衣、食、住、行"四个方面，城镇人民在"衣、食、行"三个方面已经得到较好的满足，但在"住"方面还有巨大的潜力和空间。

住宅作为过去几十年里中国社会变革的重要载体，其变化史无前例地影响着人们的生活方式。居住空间空前的发展规模和发展速度使千百万中国人住进了高楼大厦，满足了普通人民安居乐业的基本要求。在新冠肺炎疫情背景下，住宅成为主要活动场所，社区则成为内外界的重要屏障，居民对智慧社区、健康社区、卫生和医疗资源配备等健康环境的需求达到历史高点。

另外，在国家坚定"房住不炒"的政策下，房屋更多地从投资属性变为单纯的居住属性。无论是城镇化，还是都市圈化，抑或是新市民和年轻人"先租后买""先小后大"梯度升级的多元住房消费模式，都意味着住房消费的增量空间还很大。在"人—房—地"匹配的新模式下，存量人口往大城市、都市圈迁徙，给住房市场带来巨大的需求。新需求催生新变革，随着"90后"人群成为消费主力军，他们对新时代城市人居的期待更加立体化、多样化，"更舒适自在的居家环境""更能包容多种社交娱乐的空间""更亲密的全家温情互动""更灵活碎片的办公点"等需求为未来城市人居发展提供新思路。

1.1.2　城市人居产品的演化

改革开放以来，我国住房市场快速发展。住房市场从解决短缺、满足从无到有过渡到对高品质住宅产品的需求，这种需求的变化对应的是住宅产品的迭代升级。如图 1-1 所示，住宅产品的升级路径经历了从无到有、从有到优、从优到智、从重

物到重人四个变化阶段。

图1-1　人居产品演化路径

我国城市人居环境随经济社会发展不断变迁。一方面，城市人居产品的发展受到经济发展、空间限制、生态环境等现实因素的制约。计划经济时期，经济制度决定住房属公共财产，新建住宅实行统一规划、设计、建造和分配，当时的住宅仅能满足安全和基本的生活功能。市场经济时期，住宅进入市场交易，房地产开发商应运而生，住宅得以向适用、舒适和个性化的方向发展，经济发展推动建筑制造水平进一步提升。此外，受土地空间等因素制约，城市人居逐渐由平层住宅向多层、高层住宅发展。新发展阶段，伴随我国城市化进程不断加快，生态环境进一步恶化，资源短缺问题日益严峻。2020年，中国提出"碳达峰""碳中和"的生态发展目标，"低碳建筑""绿色住宅""森林城市"等概念被越来越多地提及，绿色、低碳、环保、生态等关键词传递着新时代城市人居发展的新风向；另外，居民生活需求的变化作为核心动因驱动城市人居产品不断更新迭代，住宅功能逐步由单一化、扁平化向多元化、复合化发展，逐步匹配居民对美好生活的需求。中华人民共和国成立初期我国房屋短缺，居民居住拥挤。1950年，全国主要城市的人均住房面积仅为4.5 m²，此阶段人民对人居环境的需求以满足基本生活要求为主基调，住宅公共产品与配套服务都不健全。商品房发展时期，人均住房面积得到进一步提高。根据国家统计局发布的调查显示，2020年人居住房面积为41.76 m²，城市人居需求由"居者有其屋"转变为"居者优其屋"，住宅产品配套设施不断发展，空调技术、供暖配套、高层电梯、电子门禁系统等现代化设备使城市人居产品功能体系进一步完善，住宅产品逐步向"智能化"发展。

2017年，习近平总书记在党的十九大报告中指出："我国社会主要矛盾已经转化为人民日益增长的美好生活需要和不平衡不充分的发展之间的矛盾。"艺术、文化、科技、生态等文化、精神需求是"人民日益增长的美好生活需要"在人居环境领域的具体体现，生态、健康、舒适、节能、环保、智能、"以人为本"等要素成为新时代居民对理想人居的追求，立体生态住宅等新式住宅概念被越来越多地提出，并逐渐成为新时代住宅产品的主流发展方向（图1-2）。

1.1.3　新时代理想人居产品的发展逻辑与典型特征

1. 新时代理想人居产品的发展逻辑

住宅不仅是为人们遮风挡雨的生活容器，更承载着人们对美好生活的期盼与寄托。新时代理想人居产品不仅能够满足客户的居住需求，还应为客户提供更多人文、精神、体验感上的配套服务和附加价值。

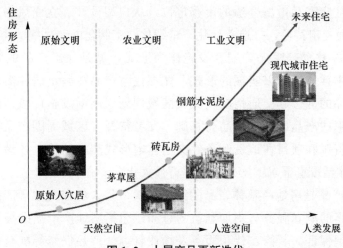

图1-2　人居产品更新迭代

　　核心产品、形式产品、延伸产品是房地产产品的三个层次，是紧密相连并不可分割的一个有机体，它们构成了整体产品的概念。其中，核心产品是基础，是本质；核心产品必须借由形式产品才能得以实现；在提供产品使用功能的同时，还要为购房者提供充分的配套服务和附加利益，这样就形成了延伸产品。购房者所需要的安全、遮风避雨、空间分隔等基本效用是所有住宅产品必须实现的，而形式产品和延伸产品体现住宅产品的高附加值，其发展动力源自对住户需求的不断探索和精准把控（图1-3）。

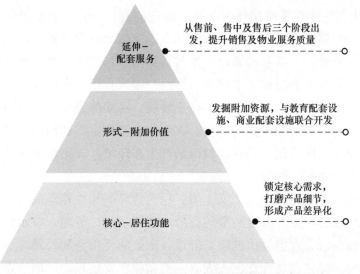

图1-3　理想人居产品的发展逻辑

　　（1）居住功能体现着住宅产品最基础和最核心的价值，住宅产品的规划设计决定了其品质和效用的高低。受其驱动，开发商通过开展周密、细致的市场调查与研究，充分描摹客户画像，模拟住宅产品各阶段、各区域应用场景，把握不同客群的核心需求，对住宅产品做出合适的市场定位，从户型设计、立面风格、景观设计、园区规划等方面突出特色，打造差异化、精细化、定制化的产品线。

（2）商业、教育、医疗等配套设施作为形式产品是住宅产品的第二层次，是核心产品的基本载体和借以实现的形式，体现住宅产品在满足居住需求以外的附加价值，包括产品的区位、交通情况、周边区域规划、周围设施环境、医疗教育商业开发情况等。形式产品以核心产品为基础，参考待开发区域周围产品特征和核心优势，依托企业资源和项目在地资源条件突出住宅形式产品的特色，满足相应客群在"住"之外的生活配套需求，实现产品效益最大化。

（3）延伸产品是房地产整体产品的第三层次，是人们在房地产产品的购买和使用过程中所获得的配套服务与附加利益的总和，包括房地产产品购买过程中的产品信息咨询、按揭保证、装修、代租服务及物业管理、产品保修等配套服务。目前，住宅产品日趋同质化，提高产品附加值已成为体现住宅产品核心竞争力、引领住宅产品发展新趋势的必要措施。

2．理想人居典型特征

为满足住房消费者对美好生活日益增长的需求，新时代城市理想人居产品的特征主要体现在以下几个方面：

（1）人与环境更和谐。党的十九大提出生态文明建设创新要求，要充分保障人居环境的提升，使人们"开窗能赏景"。为改善人居绿地环境、充分利用建筑立面空间，"立体生态住宅"应运而生。

"立体生态住宅"是高层住宅与立体绿化的有机结合，也是城市森林花园住宅的全新形态，它将前庭后院移植到"云端"，实现"户户有庭院、家家带花园"，能将自然的完整性同人联系起来，产生与自然的和谐共鸣，并且能让形式外观中所蕴含的意义与居住者的精神需求相符，为住户带来自然与生活和谐共生的新型居住体验。现代人居环境趋于向城市高层住宅发展，而立体绿化作为城市景观中的一部分，不同于更为宏观的城市空间结构。"立体生态住宅"利用建筑立面、屋顶等空间开展多功能深层次绿化，是改善城市局部生态环境、开拓城市绿色空间、提升市民身心健康水平的重要手段。

（2）人居产品更绿色。从广义上看，绿色建筑是指在建筑的全生命周期内，精选材料，优化设备，最大限度地节约资源，包括节能、节地、节水、节材等，保护环境和减少污染，为人们提供健康、舒适、高效的使用空间，最终实现与自然和谐共生的建筑物。绿色发展理念深入人心，遵循绿色发展理念，以生态保护为前提，坚持建筑产品的绿色化方向，发展绿色建筑成为必然要求。从狭义的园区景观设计方面来看，新时代理想人居产品的园林景观打造注重业主家庭的真实使用，充分融入几何美学，通过合理分区设置具有不同功能的园林活动空间，满足观景、娱乐、休闲、交流的多元化需求。

（3）物业服务更优质。传统的物业管理服务包括环境清洁、绿化养护、安全防护、工程维护和公共秩序维护等工作。物业服务升级的内在逻辑：一方面，通过现代化技术手段的使用提高了服务效率；另一方面，物业服务可以更快、更好、更准地满足业主的多样化需求。现代物业服务除使用更加智能的停车设备、更好的绿化环境外，更多的升级来自软件和服务，其中最为典型的是物业服务 App。通过物联网、云技术、大数据及人工智能的创新科技，实现社区数字化、线上化、数据化，以此对接商业服务和公共配套，为住户提供更快捷、更贴心的增值服务。

（4）配套设施更宜居。产品宜居不仅包括住宅本身，还有完善的社区服务配套。伴随消费需求升级，住房不仅要满足居住需求，还要满足消费者的商业、文化、医疗、养老、健身等多种需求，为居民创造方便、快捷、舒适的生活环境。理想人居社区配套设施功能完善，产品更加宜居。通过设计舒适的车行入口、安全的弧线设计、完善的垃圾处理设施，最大限度地考虑人的行为方式，在增加居住舒适度的同时，也使业主和景观的关系变得更加融洽。除传统的物业服务外，社区内的社会化服务体系，如文化活动中心、老年看护机构、托幼所、教育配套、健身步道系统等，也是高品质住宅产品区别于其他产品的核心要素。其内在逻辑是以住宅为核心，把相关的配套服务综合化实现，使其更加宜居。物业服务的升级是与住宅紧密相连的，利用信息化技术将与居住相关的产品和服务串联起来，提供更加高效、快捷、匹配需求的服务。例如，通过线上平台，可以实现实时报修、24 小时服务，投诉与维修响应及时。在此之上，通过与其他业态相结合，还可以实现商业模式的升级。

（5）建筑居所更智能。智能建筑是随着人类对建筑内外信息交换、安全性、舒适性、便利性和节能性的要求产生的。区别于一般的精装修建筑，智能建筑是集现代科学技术之大成的产物，其技术基础主要由现代建筑技术、互联网技术、物联网技术、云计算技术组成。比较常见的如覆盖全域的 WiFi、人脸识别、二维码技术应用等。智能建筑是以智能家居的应用为核心，它对人们的家庭生活和生活方式带来深远影响，目的就是让人们在家中能够享受到舒适、方便、安全的生活，并且生活方式更加符合环保的要求。随着人们对生活品质的需求不断提高，以及住宅智能化的不断发展，今天的智能家居系统拥有了更加丰富的内容，系统配置也越来越高。

（6）住宅产品更个性。住宅产品服务于人，从人的需求角度思考住宅产品升级，做到更加人性化的升级和迭代，既需要考虑人口结构的变化和消费理念的转变，也需要考虑消费者观念和偏好的转变。例如，"90 后"新生代消费者群体正在崛起，他们与父辈有着不同的习惯与偏好：如追求自我认同感，因此更偏好具有时尚感、设计感、个性化的住宅产品。而对于逐渐步入老年的"60 后"，他们对住宅的服务配套有更多的需求。为了满足各群体日益增长的多样化需求，新一代的住宅产品必然

更加重视定制化，提升舒适度、注重体验感、做"可预见"的精细化设计。另外，住宅还可以根据需求进行自我调节，例如，可以根据季节、居室、时段、居住者的不同进行定制化。通过合理的调整和设计，将有限的户型空间节约化、便捷化、实用化、舒适化，这是住宅从绿色、科技到以人为本的一次回归。

1.2 国贸地产及国贸地产产品系

1.2.1 国贸地产概述

1. 国贸控股

厦门国贸控股集团有限公司为厦门市属国有企业集团，系《财富》世界 500 强企业、世界品牌 500 强、亚洲品牌 500 强、全国脱贫攻坚先进集体、全国守合同重信用企业、中国内部审计示范企业、中国企业教育先进单位百强、福建企业 100 强、福建省文明单位、厦门市诚信示范企业、厦门市企业文化示范单位。

公司多年上榜"中国企业 500 强""中国服务业企业 500 强""中国对外贸易 500 强企业"等榜单。2023 年公司第七次蝉联《财富》世界 500 强，位居第 95 位，提升 11 位。

公司业务布局供应链、先进制造、城市建设运营、消费与健康、金融服务五大赛道。

公司全资、控股企业有厦门国贸集团股份有限公司（上市公司）、厦门信达股份有限公司（上市公司）、厦门海翼集团有限公司（子公司厦工股份上市）、厦门国贸地产集团有限公司、厦门国贸资本集团有限公司、厦门国贸教育集团有限公司、厦门国贸会展集团有限公司、中红普林集团有限公司（子公司中红医疗上市）、中国正通汽车服务控股有限公司（上市公司）、厦门国贸控股集团财务有限公司等。

公司坚持以"引领优势产业，创造美好生活"为使命，秉承"一流引领、真实担当、奋斗为本、共创共享"的核心价值观，弘扬创先文化，致力于成为"引领优势产业和美好生活的世界一流企业"。

2. 国贸地产

国贸地产始创于 1987 年，是世界 500 强企业国贸控股集团核心成员企业，为中国房地产企业五十强。公司致力于打造成为房地产开发、城市更新与代建、物业服务、资产运营等业务协同发展的美好城市运营服务商，不断增强综合开发和运营服务能力，实现资源整合与价值协同，深度赋能城市建设与提升发展。

3. 四大业务板块

国贸地产四大业务板块如图 1-4 所示。

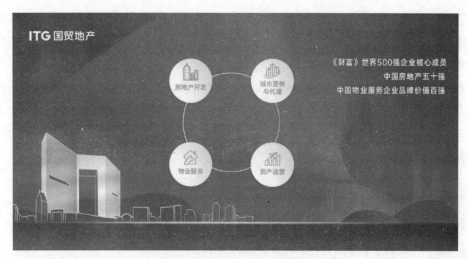

图 1-4 国贸地产四大业务板块

（1）房地产开发板块。国贸地产始终坚守尊重每一寸土地，以客户为中心，从产品、社区、文化、服务等多维度实现全方位的美好人居，匠造了原系、上系、天琴系等一系列高品质产品系，现已进入全国 6 大区域、20 个重点城市，累计开发近 150 个精品项目，开发项目面积近 2 000 万 m²，全国业主近 30 万人，为中国房地产综合实力五十强企业。未来将不断推进深耕福建、长三角、长江中游、大湾区、成渝、首都都市圈的全国化战略布局，持续专注产品研发与升级，提升居住者的生活体验。

（2）物业服务板块。国贸服务系全国一级物业服务资质单位、物业服务企业综合实力 50 强、物业服务企业品牌价值百强。现有在管项目超 200 个，管理面积超 3 500 万 m²，员工逾 4 000 人。旗下拥有"铂优"高端业务集群品牌和"国贸大管家"产业园区服务品牌等，于 2021 年加入金钥匙国际联盟，开启品质服务新里程。服务类型涵盖物业管理、产业园区运营、招商管理、社区经济、智慧城市等，为住宅、写字楼、产业园、行政办公楼、学校等不同业态项目提供全生命周期的专业服务。

（3）城市更新与代建板块。国贸地产建设开发公司深度参与城市化建设，积极融入厦门"提升岛内、跨岛发展"战略，创新"政府主导＋企业运作"模式，推动厦门东部体育会展新城、滨北超级总部、沙坡尾片区、五缘湾营运中心二期等城市更新业务，旧改面积超 1 000 万 m²；为大型公建、文化教育、医院、市政配套、安置房等提供一站式专业代建服务，累计代建面积超 1 000 万 m²，服务项目超 100 个，以高度责任感、使命感，为城市发展赋能。

（4）资产运营板块。国贸地产精耕资产运营，依托丰富的运营经验和品牌影响力，通过定制个性化运营方案、优化资源配置、招商引资、多业务协同等优势服务配套，构筑一站式资产运营服务平台。

国贸地产商产文旅公司成立于 2022 年 1 月，致力于成为国内一流的多元化资产运营服务商，以行业研策、招商运营、投资管理为专业内核构建核心竞争力，涉足产业园区、商业管理、文旅研学、旅游景区、长租公寓等领域，多业务协同融合、赋能城市建设与发展。

顺承资产系原厦门国有资产投资公司为"顺利承接"并妥善安置改制关停企业的人员、资产、债务与权益而设立的。2018 年，顺承资产恢复为国贸资产的投资企业。2022 年 9 月，顺承资产成建制划入国贸地产。公司深研资产管理，通过高效运营促进国有资产增值保值。

1.2.2 国贸地产"海上森屿"产品美学

1987 年，国贸地产起步于鹭岛之滨，发展 36载，与海洋的关系早已密不可分。国贸地产秉持着进取的海洋精神，传承着稳健的海洋基因，学习着包容的海洋文明，2022 年正式提出了"海洋生活美学"主张，并开启"海上森屿"产品的新纪元。国贸地产从海洋无尽的美好中汲取产品灵感，寻找到最美妙和最富诗意的场景。用极致的想象与匠心，创造出"海上森屿"的产品美学（图 1-5）。

图 1-5　国贸地产"海上森屿"美学架构图

"海上森屿"是国贸地产海洋生活美学的产品美学核心，也是产品顶设。基于对"美"的哲思，从形式之美、场景之美和生活之美三个维度建构产品。设计师们把从自然、科技和人文中汲取的美的灵感，并以时代的品位和国际化的审美，注入建筑与空间。国贸地产希望大家能从产品中，感受到如大海般流动的能量，如晨曦般惬意的温度和如大树般向上的生命力（图 1-6）。

图 1-6　国贸地产"海上森屿"美学三大维度

1.2.3 国贸地产三大产品系

1. 原系

原，《尔雅》云，"广平曰原"，是指宽广平坦的高地，同时寓意万物最初的起源，蕴含"向上的力量"和"人生的奋斗"之意，既代表初心，也代表人生的无限可能，体现国贸地产不忘初心，以客户为本，追寻将住宅回归生活本原的美好愿望。

原系产品定位"城市森屿花园系列"，核心关键词包括"潮流、治愈、风情"，致力于满足业主日益升级的需求，为客户打造近在咫尺的诗和远方。原系产品旨在以美好的生活场景，激励正在奋斗的人们去追求更美好的生活。择址城市优质地段，融合东方与国际的审美潮流，匠心锤炼品质，给予居住者感官上的美好体验，精心塑造温暖和可成长的人居空间。原系产品是响应美好生活追求的真诚之作（图1-7）。

图1-7 原系产品案例

(a) 福州国贸凤凰原；(b) 福州国贸九溪原；(c) 厦门国贸璟原；(d) 厦门国贸学原

2. 上系

上，《说文》云，"上，高也"，源于中国传统住宅的屋檐形象，寓意高屋建瓴，与世界对话，既是对奋斗的奖赏，更是人生的修行。屋脊之上，有所成就，蕴含国贸地产不断向上求索，追求人居迭代、焕新生活的美好愿望。

上系产品定位"城市文脉传承系列"，核心关键词为"文脉、沉淀、品位"，注重文化的连接与交融，致力于满足业主的全方位追求。上系产品领峰驭海，自信从容，是对过去奋斗最好的奖赏，也激励他们"天外有天，人外有人"，人生仍需修行。择址都市核心区域，以户型设计、艺术精装、智能系统等为核心要素，匠造高品质人居，提供客户定制化的美好生活体验。上系产品是匠心打造的品质之作（图1-8）。

(a)　　　　　　　　(b)

(c)

图1-8　上系产品案例
(a) 宁波国贸雍上；(b) 上海国贸璟上效果；(c) 漳州国贸珑上

3.天琴系

天琴，缘起银河系璀璨的星系"天琴座"。天空之上，天人合一，天琴代表优雅精致的生活品质和俯察万物的求索精神。天琴系，寓意国贸地产筑造"知山水、见天地，容学问，纳百川"之境界居所的追求。

天琴系产品定位"城市高定艺术系列"，核心关键词为"优雅、艺术、生态共融"。天琴系产品融入对自然的思考，于艺术中拥抱生活，于格局中居藏美好，是理想生活的终极目标。"天琴弦音，大音希声"，天琴系产品以共生共融的产品价值观匹配高端人群，以更广阔的格局思考城市与生命，真正体现天琴座由内而外的璀璨特性。天琴系产品设计和建筑工艺保持市场品质前列，美学设计和开发模式具有相当的前瞻性，场景打造和功能匹配独具匠心，为业主实现定制化生活。立足当下，放眼长远，跨越时空，探索未来，天琴系产品不仅能够满足未来20年内客户对人居环境的需求，还将引领整个行业的发展方向和最新潮流，是倾心打造的传承之作（图1-9）。

图 1-9　天琴系产品案例
(a) 福州国贸天琴湾效果；(b) 厦门国贸天琴海效果；(c) 厦门国贸天琴湾

国贸地产三大产品系对比见表 1-1。

表 1-1　国贸地产三大产品系对比

产品系	土地	市场
原系	城市发展方向新区域土地、非传统改善类板块土地	市场同类产品价格或流量、品质标杆
上系	一二线城市区域级中心土地、三四线城市中心土地、城市优质景观资源	区域板块内价格、品质标杆
天琴系	一二线城市级核心区土地、城市共识的稀缺景观资源	城市豪宅产品价格、品质标杆

1.3　天琴系产品案例：福州国贸天琴湾

国贸地产天琴系产品自 2010 年相继落地厦门、南京、福州、南昌、合肥、芜湖、龙岩等城市。其中，2022 年落地福州的国贸天琴湾是国贸地产倾力打造的新时代人居典范产品，国贸地产将塔尖顶级产品理念细化落地，从地段、户型、品质、社区、服务等多方面来加以诠释。

1.3.1　天琴系产品概况

天琴系是国贸地产最高端的产品体系和核心形象体系，其设计理念中蕴含了国贸地产对新时代理想人居产品的理解。天琴系产品代表了国贸地产人居产品工艺的领先水准，凝练了国贸地产"一流引领、真实担当、奋斗为本、共创共享"的企业核心价值观，其致力于在满足高端改善客群生活与审美的艺术品位，营造高端圈层，打造城市地标建筑的同时，充分关怀业主生活，提供优质物业服务，担当企业社会责任。

1. 强调生活审美，追求人生境界

在当代人的生活中，艺术审美已经不是在美术馆才能享受到的"高级"乐趣，人们正在经历"当代审美泛化"的质变和日常生活的逐渐审美化。古人云"食必常饱，然后求美；衣必常暖，然后求丽；居必常安，然后求乐"，随着人们日常生活水平的提高，日常生活中的审美逐渐凸显，新时代人居产品开始重视将生活与审美的艺术品位相结合，让业主真正在家居生活中随时享受审美意趣，并将审美精神转化为生活态度。李泽厚在《美学四讲》中提出审美能力或素养的三层面说，第一层是"悦耳悦目"，第二层是"悦心悦意"，第三层是"悦志悦神"。"悦耳悦目"是指"人的耳目感到快乐"，这个层面虽属"非常单纯的感官愉快"，但"积淀"了社会性；"悦心悦意"是指"通过耳目，愉快走向内心"的状态，是"审美经验最常见、最大量、最普遍的形态"，比"悦耳悦目"具有更"突出"的"精神性"和"社会性"；"悦志悦神"则是"人类所具有的最高等级的审美能力"，属于"在道德的基础上达到某种超道德的人生感性境界"。

天琴系产品作为国贸地产打造的人居产品所代表的最高水准，其设计理念中对城市、社会和自然有更高格局的思考与关怀，追求超脱于感官上的"悦耳悦目"，达到心灵层面的"悦心悦意"，进而向"悦志悦神"层面的人生境界迈进。

2. 跻身高端圈层，打造城市地标

高端人居住宅产品客户群购房时的关注点主要在产品档次、环境、物业管理等方面，国贸地产天琴系产品以城市地标级建筑为定位，选址一二线城市级核心区土地，依托城市共识的稀缺景观资源。厦门国贸天琴湾项目立足于厦门最负盛名的"高品质住区"——五缘湾，始终保持在五缘湾的房价最高位，成为五缘湾屈指可数的经典人居产品和城市著名高端社区。继厦门国贸天琴湾后，国贸地产陆续在合肥、南昌、芜湖、福州、南京等城市打造了数个天琴系新项目，并凭借对人居住宅产品的持续打磨和卓越表现，荣获"2023房地产开发综合实力 TOP50""2023房地产开发企业创新能力 TOP10"等荣誉；国贸地产"天琴系"入选"2022房地产开发企业优秀产品系"及"2022年全国十大顶级豪宅产品系"，厦门国贸天琴湾项目荣获"中国城市乐居典范金巢奖——十大顶级户型设计大奖"，福州天琴湾当选"2022年全国十大高端作品"。国贸地产团队对客户的用心、对设计的严苛、对品质的追求，是天琴系产品脱颖而出的底层逻辑，在追求建筑美学和品质的同时，聚焦空间舒适，以更加人性化、审美化、全龄化的产品，提升居住者的生活体验。

3. 聚焦改善人群，打造美好人居

随着人们年龄的增长和支付能力的提升，居住需求也不断进阶。通过对家庭生命周期与支付力的交叉分析，叠加客群的核心购买动机，可以形成住宅产品客群分类，在不同时间、不同城市空间中，客群的购房需求有着较大的差异。表 1-2 为不同家庭结构与支付能力客群对住宅产品功能的不同需求。

表 1-2　住宅产品需求分类表

TOP	奢享（城市顶级产品，享有最佳地段与配套，或享有稀缺资源，最高支付力）			颐养舒居	资产配置
高支付力	新贵（改善环境、品质，再改类产品）	悦享（以孩子为中心，看重学区、再改品质，愿为更好的学区付出较高溢价）	尊享（改善环境、面积、空间、品质及配套等）		
中支付力	舒居（配套均衡，品质刚需）	功改（生活配套均衡，普通学校资源，功能改善需求）		颐养安居	中期投资
低支付力	扎根（安家/婚房/分房，极致刚需，规划学校，选择郊区紧凑产品）		聚巢（父母投奔）		小额逐利
支付力/总价 ＼ 家庭生命周期	青年两口	小三口（孩子学龄前）	大三口（孩子学龄后）	四口之家（二胎家庭）　三代同堂	中老两口　投资

高端改善住宅产品往往要求客户群具有很强的支付能力，大多数这类项目近70%的客户为企业主或公司高管，且均为各行业的领军人物或精英，客户年龄以36～50岁最为集中，许多项目该年龄段客户会超过60%，家庭结构多为三口之家或三代同堂。这类客户的共同特点是社会、生活阅历丰富，社交圈子广泛，事业成功，经济基础丰厚，受可支配收入的影响较小，偏好完全由个人兴趣、爱好、家庭特点、社会潮流决定，重视生活质量和品位，希望自己的居住环境高端、个性，能突出自己的社会地位或成功的象征。国贸地产天琴系产品以城市高端改善人群为目标客户群，包括当地高学历精英、金领群体、中大型企业主等群体，致力于从产品、社区、文化、服务等维度打造全方位美好人居，满足高端改善客群对于高品质居住环境的向往，对优质生活的需求，力求树立城市豪宅产品标杆。

4. 严格把控住宅品质，体现社会责任担当

住宅产品包含核心产品、形式产品和延伸产品3个方面。核心产品包括住宅的居住、投资和保值；形式产品包括住宅的规划、风格、景观和户型；延伸产品包括住宅的品牌和物业服务。住宅产品进行定位时，通常是指对其形式产品进行定位与设计，人居产品的品质也正体现在住宅的规划、风格、景观和户型等形式产品内容中。国贸地产多年来坚持以美好生活需求为导向，以产品力为驱动，以成为值得信赖的美好城市运营服务商为愿景，匠心打造"天琴系"人居精品。从前期的市场调研、客户分析，到产品设计、工程建造，国贸地产凭借扎实的每一步来保证产品质量（图1-10）。

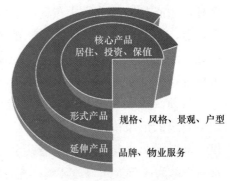

图 1-10　住宅产品概念

5. 关怀人居生活质量，提供优质物业服务

人居环境见证了人们的日常生活轨迹，承载空间记忆、情感联系，人居住宅产品随着人们生活水平的提高，已经不仅是人们寻求安身之所的单一功能体，而开始向满足人类日益增长的美好生活需要迈进。新时代人居住宅产品正通过高速发展的技术工艺，从只有自来水和基本照明系统等基本功能的单一功能住宅，到有新型材质门、不锈钢窗、厨卫通风系统和隔间布置等升级功能的复合产品功能住宅，再到有空调技术、供暖配套、高层电梯、电子门禁系统和太阳能热水器等智能化功能的生活配套齐全型住宅，发展到如今的有智能家电控制、智慧物业、智能安防系统、"可变空间"和新风系统等智慧功能的以人为本关怀型住宅。在满足居民生存物质需要、安全需要、社交需要的基础上，关怀人们的尊重与认同需要、求知需要、审美需要和自我实现的需要正在成为新时代人居产品的发展趋势。

国贸地产天琴系产品以客户需求为导向，在满足建筑功能的基础上，关怀人居生活质量，充分理解业主的各类居住场景与居住需求，并围绕这些人居生活细节采取了一系列产品优化措施。天琴系产品引入 WELL 健康建筑标准，为居民提供更加健康的环境、设施和服务，严格控制所选用的建筑材料，关注环境空气质量是否达标，生活废气的排放是否会造成病菌交叉传播等居住健康问题。同时，合理的户型是家庭良好感情生活的物质环境保障，天琴系产品在设计过程中不再是以往一样根据功能的要求固定的划分空间，而是采用更自由的大格局户型，人们可以根据自己的需要灵活划分空间，实现不同的用途，体验不同的感受。另外，国贸地产天琴系产品依托国贸服务的优质物业品质，致力于提升业主居住服务体验，2021 年，国贸服务引入先进的金钥匙服务体系，搭乘全新品牌理念，为客户提供更多高品质、个性化的服务。

1.3.2 福州国贸天琴湾产品特征

1. 建筑维度：立体生态住宅的创新实践

生态住宅是指以最大限度地减少能源消耗及对自然的破坏并能摄取能源的住宅，旨在处理好人、建筑物和自然环境三者之间的关系，使三者建立起健康的生态循环。生态住宅注重绿化布局的层次，注重不同植物各方面的相互补充融合，从规划上看，生态小区的总体布局、单体空间组合、房屋构造、自然能源的利用、节能措施、绿化系统及生活服务配套的设计，都以改善及提高人的生态环境、生命质量为出发点和目标。

目前，人们所看到的大部分住宅小区是建筑外墙面和钢筋水泥林立的楼体，住宅建筑的形象单一，空间环境缺少变化，这种建筑使整个城市显得干涸、没有生机。新时代，人与自然要和谐共生，要充分保障人居环境的提升，使人们"开窗能赏景"。为改善人居绿地环境、充分利用建筑立面空间，立体生态住宅应运而生。

"立体生态住宅"是高层住宅与立体绿化的有机结合，也是城市森林花园住宅的全新形态，它将前庭后院移植到"云端"，实现"户户有庭院、家家带花园"，能将自然的完整性同人的生态本性联系起来，产生与自然的和谐共鸣，并且能让形式外观中所蕴含的意义与居住者的精神需求相符，为住户带来自然与生活和谐共生的新型居住体验。现代人居环境趋于向城市高层住宅发展，而立体绿化作为城市景观中的一部分，不同于更为宏观的城市空间结构。"立体生态住宅"利用建筑立面、屋顶等空间开展多功能深层次绿化，是改善城市局部生态环境、开拓城市绿色空间、提升市民身心健康水平的重要手段（图1-11）。

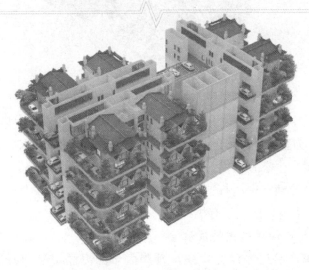

图1-11　立体生态住宅效果

立体生态住宅是在居住小区面貌千篇一律、没有特色的情况下，结合当下社会技术与古代人文背景四合院形式产生的，也是时代背景下人们迫切需要的，还是对住宅研究新方向的一次尝试。具体而言，它具有3个特征：一是住宅的内部环境与外部环境和谐共生，每家每户都有一座室外私家庭院，就像为建筑披上一层绿色的"外衣"，让人们在室内就可以呼吸到大自然的空气；二是住宅的地下空间变得较为完整，实现了无断裂的生态系统；三是充分满足居住者的精神需求，建立交往型空间。

每栋楼的每层楼内都有一条街巷和公共空间，使人们能够在其中交流和活动，促进健康友爱的邻里关系，增进邻里情谊（图 1-12）。

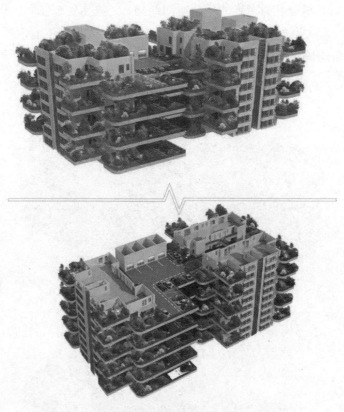

图 1-12　立体生态住宅示例

福州国贸天琴湾是闽江边上的全国"立体生态住宅"试点，以"向有限的土地，要无限的惊喜"为基本理念，通过花园的立体化布局，营造了空中花园和垂直绿化，做到户户有花园，生态宜居性好，让大平层也能享受别墅体验。福州国贸天琴湾是把森林从地面延伸到空中，打造庭中有院，屋中有园的新一代住宅，以极致的生态环境，让居家生活与自然生态有机结合、融为一体。

2. 文化维度：海洋文化的落位

国贸天琴湾产品以海洋为主题，延展大量的海洋符号和海洋精神作为主题延伸，在产品的设计中融入海洋的"蓝色""沉稳""包容""浪漫""冒险"等元素，为业主营造身临海岛般的诗意生活。

海洋美学。国贸天琴湾产品将海洋美学理念落实在产品的各种细节上，在建筑造型设计上大量应用与海洋相关的具象形态和意象姿态。

①提取海洋元素并体现在建筑的装饰纹饰上。国贸天琴湾项目在立面上以银灰色为主色调，深浅交错，宛如钢琴键盘，气质如大海般深沉神秘；在设计中采用仿生的概念，从优美的海浪、流畅海岸线及海洋生物中提取曲线元素，运用在立面上；在

建筑的顶部造型加入游艇的灵感，传递乘风破浪的生活态度；将罗盘指南、海波浪花和贝壳等符号融入建筑的每个细部纹饰，强化海洋视觉形象（图 1-13 ～ 图 1-15）。

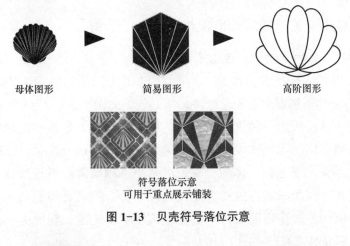

图 1-13 贝壳符号落位示意

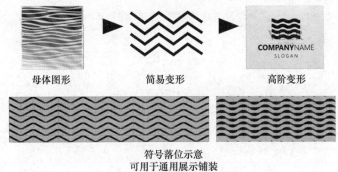

图 1-14 海浪符号落位示意

图 1-15 指南针符号落位示意

　②在项目景观的构图、配色和场景设置上体现海洋特色。在产品景观构图中融合来自海螺母体的斐波那契螺旋曲线，在各种场景营造蓝色的视觉空间；在项目营

销中心统一五感营造，采用沙砾般粗糙的立面材质，海洋气息的香氛，海盐味的饮品，并配以《海上钢琴师》的配乐，统一建筑、景观和室内的海洋气质。

1.3.3　福州国贸天琴湾的价值构成——"五好"

1. 好地段：市中心 CBD，配套资源丰富

福州国贸天琴湾秉持着"稀缺""核心""潜力"的择址观，地块位于北江滨CBD中央板块，是福州市中心黄金地段，集北江滨 CBD 高端写字楼、商业综合体、星级酒店等为一体；周边资源丰富，交通、医疗、商业、娱乐等配套完善；毗邻两江沿岸最大城市公园（市民广场及闽江公园北园），享优美江景；已成为福州市集商务、休闲、办公、居住为一体的"城市名片"。国贸天琴湾地处城市高端区域，坐拥城市稀缺配套资源，客群定位为受过良好教育、拥有足够的眼界、审美有格调的高端人士，吸纳鼓楼生活圈及市中心地缘改善客群为主，辐射全福州、福建省乃至全国的追求更高品质客群（图1-16）。

图 1-16　闽江北中央商务区空间结构图

福州市构建"一环两带、两核两心七组团"的中心城区空间结构。一环是指环城山体公园带；两带是指闽江城市活力景观带、乌龙江生态景观带；两核是指福州主城核心区、滨海新城核心区；两心是指三江口副中心、科学城副中心；七组团包括荆溪、旗山、青口、吴航玉田、闽江口、空港和松下组团。福州国贸天琴湾地块正处于闽江城市活力景观带上，片区内规划完整度高，福州市最大的滨江市民广场、新玺中心、建发汇成时代等项目即将在此建设，随着各类配套逐步投入使用，国贸天琴湾具有优秀的人居潜力。另外，该地块步行约 500 m 就能走到闽江边，有着优质的城市自然生态背景。南侧主入口的长汀街与望龙街一二路连接起来刚好形成一个面向闽江的环抱的 C 形，而国贸天琴湾正好在 C 形弧线中央，占据了 CBD 黄金区域（图 1-17、图 1-18）。

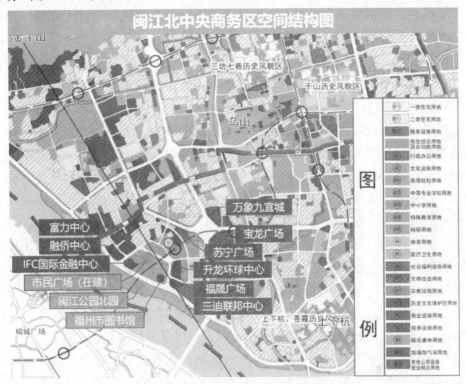

图 1-17　闽江北中央商务区空间结构图

图 1-18　项目配套示意

(a) 滨江市民广场；(b) 闽江江滨公园；(c)IFC、ICC；(d) 地铁二号线；

(e) 中央商务区地标 – 规划概念图；(f) 融侨中心

2. 好户型：立体花园环绕，多元通透空间

（1）国贸天琴湾户型设计理念。

①立体花园。国贸天琴湾项目以可持续发展的思想为指导，寻求自然、建筑和人三者之间的和谐统一，打造立体花园，共有四重花园——空中花园、公共休闲绿化平台、屋顶花园、架空层花园，打造被花园"环抱"的家，营造被自然环绕的"包裹感"。而自然有机植物释放的负离子，能够净化空气，调节局部小气候，真正让业主健康生活，回归自然，返璞归真。

空中花园加上公共休闲绿化平台花园面积接近 70 m^2。回到家中，业主可享受客厅外的超大空中花园和公共休闲绿化平台，绿荫环绕，悠闲健康，去往屋顶花园和架空层花园，精心的设计将为客户带来身处自然的休闲舒适感。国贸天琴湾在"以人为本"的基础上，全方位立体打造被自然和花园"环抱"的家，为国内的"立体生态住宅"提供优秀范本。

②"无界空间，无限格局"。住宅空间中的客厅面积需具备适宜的面积和空间尺度，同时，能将其他功能区合理有效地连接起来，对于居住者来说在这个空间生活才是高效的。客厅设计时需要考虑布局宽敞化、最高化，风格普及化，照明最亮化，景观最佳化等因素。随着时代的发展，客厅功能空间在不断地复合变化，从传统的客厅，到通厅、横厅，发展到如今的方厅，代表了功能边界的消弭。

传统客厅是住宅中专门用于接待客人的区域，在形式上大致为"连排沙发＋茶几＋电视机"的设置，且客厅与餐厅、厨房往往是割裂的，住宅空间并未被充分利用。而随着客厅的功能需求更加多样化和智能设备的兴起，以电视为中心的客厅格局被打破，取而代之的是关注家庭成员的个性化需求。通厅的出现减小了传统客厅过道的空间，提高了室内的使用面积，其开间小于进深，客厅、餐厅和卧室之间有明显的分界线，动静分区之间用走道连接，进门后的动线一般是"玄关—厨房—餐厅—客厅—卧室"，各功能区分区明确，户型的动线设置合理，符合人们的生活习惯。然而竖厅只有客厅一面采光，进深大，采光和通风条件较差，横厅的出现解决了这一问题，横厅的面宽大于进深，客厅与餐厅在一个采光面上，格局更开阔，拥有更大的采光面和更好的通风效果，更强的时尚感，在后期装修设计时有更好的发挥空间，装修样式多，整体更大气，更有空间感。然而，横厅北侧不可避免地有遮挡，其南北通透的效果并不理想，且餐厅和客厅之间天然的分割消失之后，就餐的仪式感随之变弱，餐厅和厨房之间的距离拉长，带来了流线之间的交叉，起居室与客厅都横向排列，房间与客厅两两对望，私密性比较差。方厅是近期出现的一种户型布局，通过将客厅、餐厅、厨房区、多功能区等功能空间的集聚化布局，能有效地扩大视线范围及活动空间，使家庭成员的日常活动在中心区域进行多元融合，有更开阔的空间实现全家庭共享互动交流。方厅消灭了传统的走道串联功能区，功能区与交通空间共用，出现了所有房间均朝中间公共空间开门的布局，餐桌摆放在中间，看似阻挡了功能区交互，但动线可以围绕餐桌展开，有效扩大视线范围及活动空间，优化日常生活方式。"方厅"户型的公共空间都是开放式设计，空间更具成长性，能够满足不同业主的需求。

福州国贸天琴湾采用的就是如今进化到最高阶的方厅户型。天琴湾的大方厅实现270°全明采光，大进深、180°私家空中花园加持，使空间变得更为宽绰与通透。这种空间布局同时赋予了客户自由排布和创作空间的可能；提升了户型的包容性、可变性和自由度；还原了业主更为自由的心境。

客厅发展示意如图 1-19 所示。

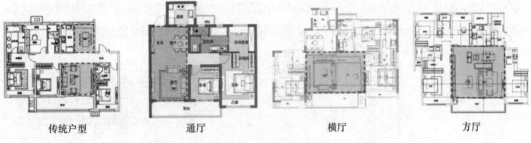

传统户型　　　　　　通厅　　　　　　横厅　　　　　　方厅

图 1-19　客厅发展示意

（2）国贸天琴湾户型设计介绍。国贸天琴湾户型产品有 238 m² 、268 m² 两种类型，为最大化景观视野及舒适度考虑，项目共有 4 栋住宅，其中 3 栋为 238 m² 户型，1 栋为 268 m² 户型；考虑限高因素，建筑层高为 3.1 m 及首层架空为 4.5 m，住宅层数不超过 25 层（图 1-20）。

图 1-20　国贸天琴湾总平面图

①户型 1：产权面积约 238 m²（图 1-21～图 1-23）。

关键词：主力户型、客厅 270°景观视野、空中花园、方厅端厅户型

238 m² 户型作为国贸天琴湾的标准主力户型，共有 3 栋，错落有致地分布在小区的东西两侧，保证了每个户型的景观视野。该户型采用 LDKBG 一体化设计，将客厅（Living room）、餐厅（Dining room）、厨房（Kitchen）、阳台（Balcony）、花园（Garden）进行整合形成开放式一体化的空间，位于户型的核心区域。一体化让户型具有更多变、更丰富的空间、行为可能性，也让居室空间更加开阔，扩大了公区空间，约 55 m² 的超大方厅，入户玄关与起居过廊交叉形成十字轴动线，动线与每个功能空间呈树枝状排布，有机、有序组织功能空间。访客动线、居住动线和家务动线相互独立，主卧、卧室等私密区分布在户型两侧，与中间公共区形成良好的动静分区。

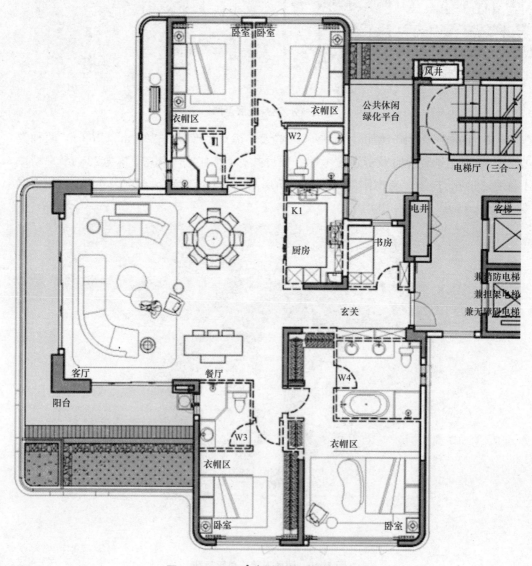

图 1-21　238 m² 户型偶数层装修示意图

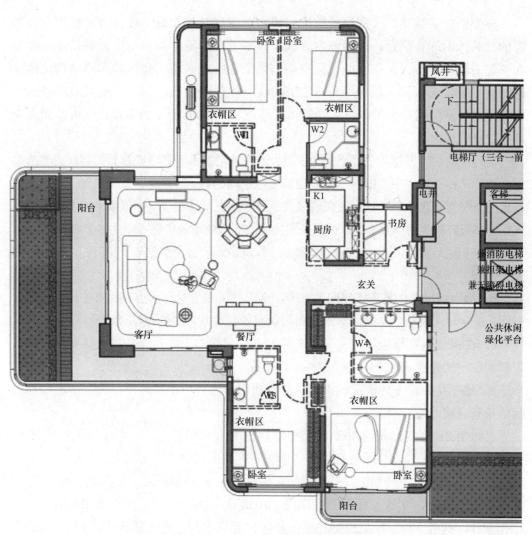

图1-22 238 m² 户型奇数层装修示意图

图1-23 238 m² 户型样板房客厅实景图

户型中两层挑高、大进深的空中花园在奇偶层交替布置，设计有电梯厅和奇数层的公共休闲绿化平台，给予业主高端居家享受。户型中阳台与生态种植花园整合在一起的设计，扩大了阳台的使用空间，整个空中花园位于建筑的东西两端，围绕起居厅设置，与餐厅、厨房等形成 LDKBG 一体化的设计，同时，最大限度减少空中花园对居室空间产生的自身采光遮挡问题，270°（L 形）的布置让室内空间完全环绕在绿化之内。

客厅中有一个非常大的亮点：为了最大限度地增加采光和景观视野，客厅设置为端厅。端厅又称边厅，主要的特征是户型的公区空间拥有 270° 及以上采光面，是近年来提出的新户型概念，通常只出现在高端大平层产品中。其迎合了当下豪宅消费群体对公区空间和视野景观的极致追求，体现豪宅公区的舒适度和奢华感。端厅优势如下：

a．三面无遮挡，拥有 270° 景观视野，还配有超大落地窗，实现真正的全明采光。

b．端厅可以看作是功能空间的重塑，真正奥秘在于对空间占有的再梳理，客厅、餐厅、厨房、多功能区空间的集聚化布局，有效扩大室内视线范围及活动空间。

c．在视觉感官与居住体验等各个维度，将空间的功能和美学得以最大化发挥，以实现空间的光线、色彩、功能的协调，构成一种全局性的非凡美感。

d．端厅往往配上环抱式的阳台，使得使用与感官更丰富多样，集合了城市与自然的纷繁有趣。

②户型 2：产权面积约 268 m²（图 1-24 ～图 1-26）。

关键词：客厅 270° 景观视野、空中花园、酒店式卧室、奢装豪宅

268 m² 的次主力户型，其基本空间布局和 238 m² 户型一致，但在 238 m² 户型的基础上再次升级，实现了面积和品质的二次提升。268 m² 户型同样采用 LDKBG 一体化设计，拥有 270° 景观视野和空中花园、尊享电梯厅等高级配置，但 268 m² 户型的客厅面积约为 62 m²，进一步增加了客厅的宽绰性与多变性。客户可在客厅放置一大一小两组沙发，约 62 m² 的客厅完全可以满足高端客户在家中的任何需要（生活需要、社交需要等）。另外，268 m² 户型的主卧采用酒店式的卧室设计，具有超大面宽，配有独立衣帽间；半开放的起居空间，可以供客户放置沙发等，结合起居和办公，增加居家仪式感，给予客户高端人居产品的居住体验。

户型采用全套房设计，每间卧室均配置卫生间，方便使用，互不干扰，最大限度地保证了业主的私密性和舒适度。户型配有轴线 6.15 m 宽 ×7.0 m 进深的主卧套房，各种功能（衣帽间、化妆间、5 件套卫浴、1.8 m 宽大床、临时办公区、阳台、空中花园）配置齐全，相互独立又彼此关联。起居厅东西向均采用重力提升系统落地平推玻璃门，北侧采用落地窗设计，最大限度地打开起居厅的视野。开间轴线为7.1 m，进深为 8.7 m，270° 观景的大尺度客餐厅与中厨空间开敞互通，若隐若现的夹丝玻璃推拉门延展了空间的整体通透性，使厨房具备功能性，同时又兼具社交

功能。三面超尺度落地窗，使客厅与花园观景阳台的洄游动线连通，配备格调展示酒柜，展示多功能、多层级、多形式的空间使用可能性。在满足功能性的同时最大化地提升整体生活品质。户型玄关处既有大容量储藏空间，满足生活收纳需求，置物台又可以与收藏的艺术品结合，点亮归家的仪式感，玄关处暗门可通向多功能空间，作为预备保姆房。

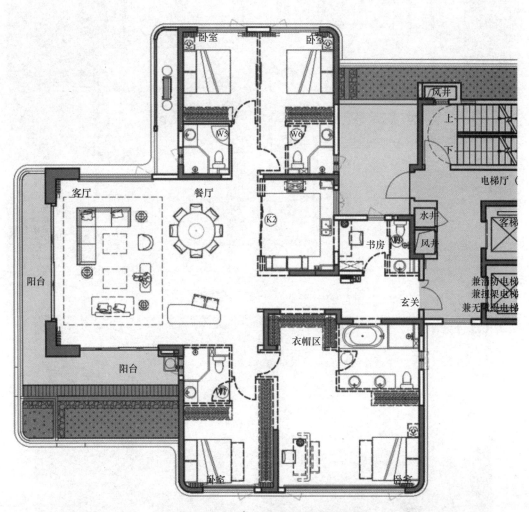

图 1-24　268 m² 户型偶数层装修示意图

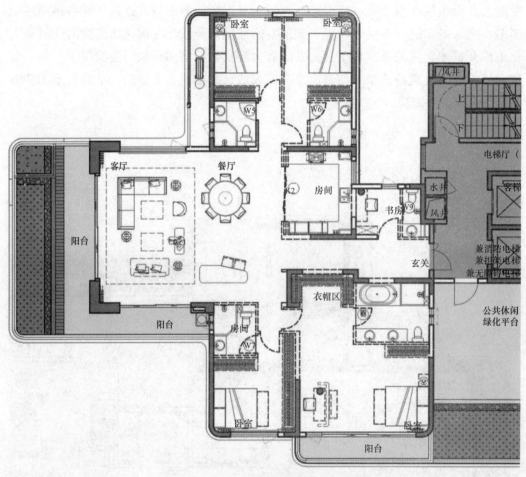

图 1-25　268 m² 户型奇数层装修示意图

图 1-26　268 m² 户型阳台效果

（3）国贸天琴湾户型设计亮点。

①亮点1：奢华端厅独享空中大花园，打造被花园"环抱"的家。国贸天琴湾项目共有4重花园——空中花园、公共休闲绿化平台、屋顶花园、架空层花园，致力于打造被花园"环抱"的家，营造被自然环绕的"包裹感"（图1-27）。住宅每户各自单独使用一个空中花园，每层两户还共享使用一个公共休闲绿化平台，奇数层的公共休闲绿化平台朝南，偶数层的公共休闲绿化平台朝北。交付时每家每户的空中花园附赠一棵树，后续花园植物管理可交由物业等其他专业人员负责。

图1-27 空中花园示意

另外，每栋楼的屋顶还有一个屋顶花园（图1-28），种植各类花草植物。公共休闲绿化平台和架空层花园也都有绿色植物设计。整体而言，国贸天琴湾项目生动演绎了"立体生态住宅"概念，将绿色、自然和花园尽可能融入生活的每一处，使业主享受项目品质的同时，感受自然，洗涤心灵。

图1-28 屋顶花园示意

②亮点 2：打造尊贵归家动线。归家动线就是回家途中走过的路线，串联起社区日常高频使用区域，其设计不仅是业主与车辆的进出通道，更是一条引导业主归家的情绪动线，联系着城市与社区，交融着公共与私人，承载着记忆与归属。针对业主的不同类型、不同身份、不同场景，可将归家场景细分为下班后的迫切归家，这类归家动线需要直通用户入户大堂，追求直接与快速；带娃边逛边归家，这类归家沿路需设置娱乐设施，使业主带孩子时享受边走边玩的归家乐趣；夜间悠闲踱步归家，需要在社区布置移步换景的步道动线和生态化的景观呈现，使业主能够体验回家路上的微景观，舒缓心情。一条好的"归家"动线能够给予业主归属感和仪式感，细致的体系设计能提升居住者的生活体验感和幸福感，呈现项目的品质。

国贸天琴湾项目的主要归家路径有两条，实现了真正的人车分流。人行路径起承转合，注重业主生活体验，从极具标志性的大门进入后，进入中轴景观区，最后到达酒店式精装住宅大堂，整个归家路径简洁又富有品质感。车行路径拥有阳光坡道等公区空间，经由精装地下大堂，到达电梯厅，享受尊贵的归家仪式感。精装地下大堂直击项目客群痛点，成为业主从工作场合到家的"缓冲区"，业主可以在地下大堂进行简短的休息，转换好社会角色和心情后，再回到家中（图 1-29 ～图 1-32）。

图 1-29　归家动线示意

图 1-30　南入大堂示意

图 1-31　北入大堂示意

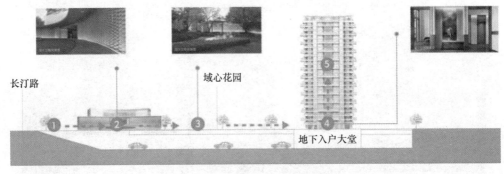

图 1-32　地面、地下流线示意

3. 好品质: 精工设计品质, 严控工程品质

(1) 设计品质。国贸天琴湾项目基于对客户洞察和对生活理解, 在建筑设计上体现态度、意蕴、气质, 在设计品质上追求建筑美学、功能、结构与环保的有机统一。

1) 国贸天琴湾立面设计。国贸天琴湾项目的立面以"立体生态住宅"为出发点, 考虑到空中花园的层高, 使其呈奇数层和偶数层排布, 错落有致, 别样生动, 美观和谐。同时, 利用刚柔并济的线条, 使立面更加现代、简洁和流畅。在屋顶设计中, 借鉴中国传统建筑的飞檐形式, 两端向上, 中间向下, 使屋顶设计更加柔和、现代。具备流动线条感的飞檐, 彰显古典和现代的极致融合。

国贸天琴湾项目建筑立面在天琴系现代简约的设计风格基础之上, 采用横线条构成框架, 将"琴键式"设计语汇融合其中, 贯穿整个建筑设计。联通、整合、柔化、变异, 消除建筑的锐度, 增强建筑的柔和感与平衡性。水平线条因曲线的融入被赋予流动性, 柔美的横向曲线与硬朗的铝板材料形成强烈的对比与融合, 将当代设计语言和精工工艺体现得淋漓尽致, 赋予建筑以灵动、舒展、典雅的气质, 并给人以无限遐思。

项目大面积使用高端的玻璃、金属漆、铝板材料, 让立面干净整洁、宛如平静的江水, 将 CBD 映射其中。而流动、柔美的横向线条, 相互穿插, 如江水中的层层波光, 使建筑更富有流动感与秩序感。建筑整体设计风格偏向冷调、简洁中性, 富有质感, 给人以未来感与时尚感。色彩以金属银、浅灰色、中灰色为主, 这种色调使得立面看起来偏冷、偏中性, 给人一种理性睿智、冷静利落的感觉, 这种理性的颜色使得项目更加耐看、隽永。

同时, 又利用落地窗和入户大门中透露出来的暖色光来中和立面的冷, 显得通透又温馨。错落有致的私家空中花园给予了立面个性, 流畅的水平线条将私家花园和公共花园串联起来, 形成一个整体, 增加立面的一体性, 显得流畅明快。圆润的转角线条, 再次减弱了立面的"冷峻感", 增加了温柔和细腻感。顶部造型提取了中国传统的飞檐屋顶的元素, 以抽象和现代的方式将其表现出来, 精致别样 (图 1-33)。

图 1-33 建筑立面效果展示

2）国贸天琴湾大门设计。

①设计灵感。国贸天琴湾大门的设计灵感源于微笑大门、宽厚之宅、"无人"大门等元素。

国贸天琴湾大门呈现"〜"形状，有以下含义：

a. 微笑。微笑形状的大门，代表着对生活的态度和对业主归家的欢迎；也代表着国贸天琴湾笑迎五洲客的气度与格局。

b. 环抱。面向闽江呈环抱造型，环抱福州的母亲河，也展现了项目包容万物之态，拥抱未来之姿。

c. 飞檐。结合飞檐曲线造型，设计为双层长弧形，底层金属层古典稳重，顶层玻璃层两端向上翘起，轻盈灵动，兼具仪式感和禅意意境。

d. 落客。微笑造型，使得大门前预留出一片广场空地，展现了豪宅的气度，也神似酒店落客区，方便业主及客人停留出行。

国贸天琴湾的物业人员都分布在大门内侧，以此呈现和外界的距离感，展现出深宅大院的气质，一定程度上也体现了项目的高端，有"无人"大门的神秘奢华感，且国贸天琴湾大门十分宽广，沿城市界面舒展打开，长长的围墙体现项目的尊贵感。项目拐角都做了如水景幕墙等领地感的特殊处理，彰显业主尊享地位（图 1-34）。

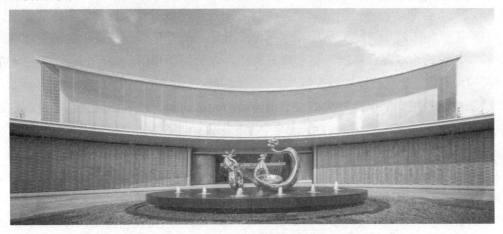

图 1-34　大门正面效果展示

②设计亮点：奢华酒店式入口。国贸天琴湾项目的正大门共有两层，底层外部临街侧全封闭，营造神秘感、距离感、领地感，保证小区私密性；底层内部为架空层、沙发等设施，打造大尺度酒店式休息区，为客户营造归家仪式感。

正大门二层功能房内外均为双层玻璃，通透而有品质，客户能通过玻璃欣赏园林美景，更能向客人展现业主如此具有仪式感的"家门"，十分体面。

③设计亮点：未来科技感。大门的未来科技感体现在选材用料上。正大门底层的金属外墙彰显低调和奢华，简洁有力；铝板编织设计，营造出三维立体感，体现手工质感，增加了大门的人文气息。

底层的金属外墙和二层的玻璃幕墙相结合，双重材质和冷暖色的交替，打造出科技感，配合长弧形的设计，营造动态的轻盈感和具有冲击力的视觉感受（图1-35）。

图 1-35　大门正面

（2）工程品质。福州国贸天琴湾项目对建筑主体施工及管理有非常高的要求，项目管控、施工程序、材料品质等均进行标准化、规范化管理，避免建筑主体有品质残缺，对防水堵漏、楼板开裂等质量通病，做到提前预防，程序到位。项目施工过程中采取以下措施保障工程质量：

①项目采用铝模板，二次结构随主体结构一次成型，模板强度高、稳定性好，脱模后混凝土表面平整度高、精度高，保证混凝土的整体强度和使用寿命，能够有效地减少结构渗漏及空鼓开裂。同时，铝模施工环境整洁，装拆操作简单，施工周期短，施工后废料少，模板材料可再生，符合绿色环保理念，可带来良好的社会效益。在与传统木模板的对比中，铝模在施工效率、施工周期、维护费用、人员要求、机械需求和重复使用次数等经济因素方面都具有优势。并且，通过残值回收和提高周转次数，铝模的总体成本可与传统的木模板体系持平甚至更低，带来较好的经济效益。

②项目采用悬挑花篮拉杆式脚手架及新型连墙件，无穿墙工字钢及穿墙连墙件。相较于不能回收，且拆除时还需要现场切割的传统斜拉绳预埋环，新型悬挑花篮拉杆式脚手架省工又节约材料，型钢支座无须埋入剪力墙处，拉杆锚点也无须在模板上开洞预埋拉环，且不存在后期补洞，又有效杜绝了外墙渗水口渗水现象，确保了工程质量。项目采用的新型连墙件，采用梁侧预埋的方式，不仅装拆便捷，还可以重复周转使用，对墙面也没有任何破坏。免去修补洞口的人工和费用，也杜绝了渗水隐患。

③项目采用石膏砂浆粉刷，抹灰石膏硬化时膨胀，黏结强度高，相比传统水泥砂浆抹灰，抹灰石膏可减少相关抹灰工程质量通病，减少空鼓、开裂。另外，抹灰

石膏与建筑物同寿命，在废弃后能够与石膏砌块一起重新破碎，经过低温煅烧后又具有胶凝性，重复使用，实现可持续利用。

④项目采用装配式建筑，部分结构被分成不同部位的构件先行在工厂以钢模浇筑生产，因此可不受现浇限制。实现比现浇应用更广的建筑方式，更能符合现代建筑要求的设计理论，且施工现场建筑垃圾更少，有利于环保。由于装配式建筑的预制件是在工厂实现标准化生产，能够形成标准化的生产标准，保证了产品质量的可控，相比较于现浇式建筑，更易于剔除不合格产品，保障建筑安全性和稳定性。

⑤项目在水电预埋施工过程中，排水管套采用成品可调试止水节预埋，严控照明点位、开关插座位置及高度精准定位。

4. 好社区：雕琢景观生态，打造智能化社区

（1）社区景观生态设计。国贸天琴湾是闽江边上的全国立体生态住宅试点。立体生态住宅有个典型的特点：每户都拥有空中花园，给予业主归家即归自然的体验，居住的舒适度大大提高。国贸天琴湾怀揣着绿色可持续的生态愿景，在景观设计层面，为客户精心打造了一片独一无二的"城市森林"，营造城市顶奢园林美学。自然与美学的完美融合，使业主归家后得以无限放松（图 1-36）。

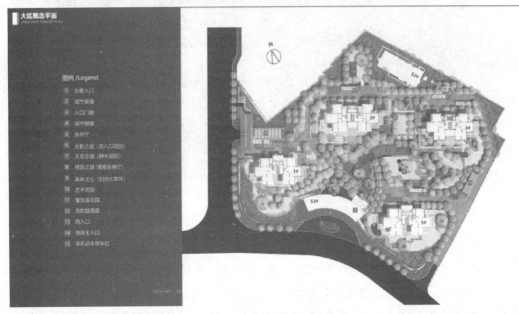

图 1-36　景观总平面图

西方园林多以几何美学为设计原则，追求数学公式完善的结构美。国贸天琴湾项目中的许多景观，都基于斐波那契数列设计生成，以恒定的、几何的、数学的美学方法，将极致现代和极致古典相融合，创造具有几何美感的现代园林，如结合城市之轴，在园区内凝练出归家礼仪轴线（满月之弧），由城市界面（入口会所）转换到生活的场景（生活庭院），都是恒定几何美学下的产物（图 1-37、图 1-38）。

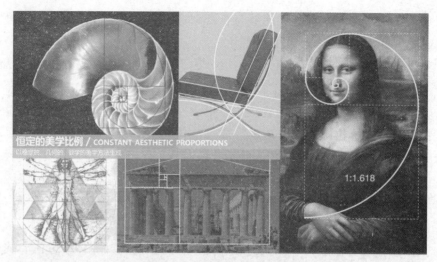

图 1-37　恒定几何美学比例

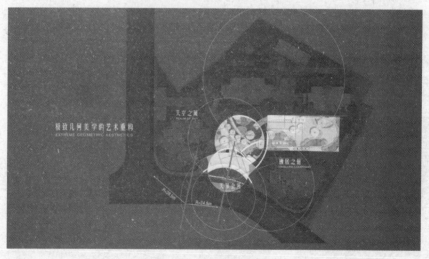

图 1-38　景观轴线设计

①2 轴 +2 核 +1 环 + 多花园的景观结构（图 1-39）。在国贸天琴湾的景观结构中，2 轴包括礼仪归家轴和诗意生活轴；2 核是指社区内的天空之境和栖居之庭，其内分别有供业主休闲放松的静水庭院、社交花园、景观会客厅和阳光草坪，是业主的核心聚集地；1 环是指包含主题链接、架空层和登高面的共享生活环；多花园包括社区内的光影庭院、艺术花园和慢生活花园。国贸天琴湾丰富的景观生态群，为有格调、懂生活的客户群体打造出"第二客厅"，为业主创造更为舒适、从容的生活体验。

②层层递进的归家仪式感。国贸天琴湾的归家动线从空间共情体验出发，共塑造了四个场景（图 1-40）。场景一：回家的拥抱，入口的"天琴会所"；场景二：遇见光，过渡"光影庭院"；场景三：走进画中，入园"天空之境"；场景四：投入自然，沉浸"栖居之庭"。

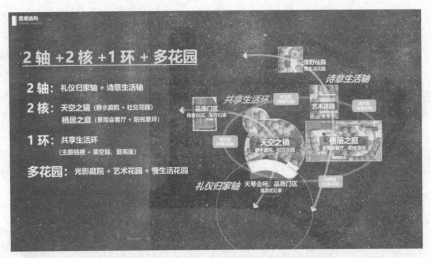

图 1-39　"2 轴 +2 核 +1 环 + 多花园"示意

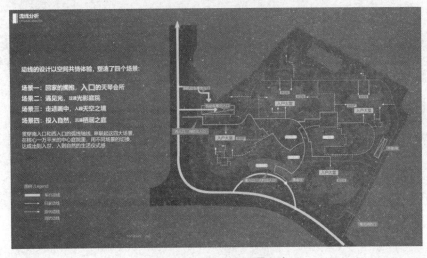

图 1-40　归家四大场景示意

项目在核心 1 万 m² 的中心庭院里，用不同场景的切换，达成出则入世，入则自然的生活仪式感。天琴会所、光影庭院、天空之境、栖居之庭，庭院层层递进，体现出强烈的归家仪式感。以下分场景进行解读。

a．场景一：天琴会所（图 1-41 ～ 图 1-44）。天琴会所作为入口门区，以定制化尺度的舒适度作为基础，结合材质肌理的层次，彰显沉稳厚重的艺术气息。门区的建筑材料大部分采用奢石面层，材质本身自然形成的纹理，体现出整体的价值感。金属景墙的比例长度都经过精心的推敲，通过数字建模进行精准计算，将金属材料编制成景墙。光线部分穿过空隙，星星点点落入门廊里面，部分经过金属反射，传递给城市空间。整个设计体现了数学美、精工美和自然光感。门区中间还有一棵精心挑选的古树，和其下方的水池相映成趣，呈现出勃勃生机的景象。门廊和古树传递着时间、生命和文化的厚度与底蕴。

图 1-41　大门示意

图 1-42　大门水景示意

图 1-43　门廊示意

图1-44　树景示意

b. 场景二：光影庭院（图1-45）。走出天琴会所，首先会进入光影庭院。此处呈狭小的口部状，绿荫摇曳，光影婆娑，营造出幽静神秘之感，又让人有着隐隐的期待。此处充分运用古代园林造景手法，光影庭院与天空之境形成"合"与"开"之境，先合，后开，由收到放，通过空间变化与明暗对比，使得途经之人有更为深切的感官体验。

图1-45　光影庭院示意

c. 场景三：天空之境（图1-46）。穿过狭长的光影庭院，视野变得开阔，光线变得明亮，豁然开朗，邂逅一座天空之境——约600 m²精奢艺术景观水庭。这里是归家的最主要通道，在此处设计一座静水庭院，为客户带来视觉震撼力的同时，尽显景观品质。天空之境的水干净清澈，树在水中映，人在画中行。小小一池水，与园林景观相得益彰，既有"虽有人作，宛若天开"的自然质感，也有"吞吐三江水，天地一勺池"的非凡气魄。

图 1-46　天空之境示意

d. 场景四：栖居之庭（图 1-47）。沉浸式体验天空之境后，转弯定格时光，来到以自然体验为主的景观社交中心，这是一片自然欢乐的诗意栖居之林。四面通透的景观会客厅，为客户提供了极致景观视野，让客户在森林中体会自然的乐趣和闲暇时光的舒适。栖居之庭是社区的户外休憩空间，半围合着纯净的阳光草坪，常绿的红豆杉和南洋杉作为草坪的背景，草坪中央的樱花树与草坪的底色产生跳色对比。草坪上的喷泉午后通过阳光作用呈现彩虹，在细微处直入人心。

图 1-47　栖居之庭示意

③森林里的有氧生活。国贸天琴湾项目园林北边分布一系列慢生活花园，更紧密地联动架空层功能空间，为客户打造森林里的有氧生活（图 1-48～图 1-50）。

图 1-48　慢生活花园示意（一）

图 1-49　慢生活花园示意（二）

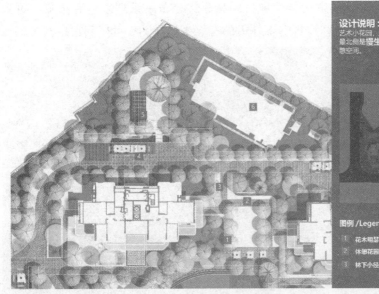
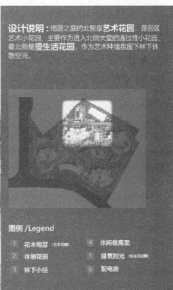

图 1-50　慢生活花园示意（三）

　　④国贸天琴湾为了更好地体现人居环境，丰富园区体验，打造四处架空层泛会所空间，营造全年龄漫赏美好生活。由于项目地块较小，园林空间有限，因此，项目创造性地将室外的景观都留给了自然，给予客户纯粹的归家体验。而将功能性区域搬进了架空层，充分利用空间的同时，也增强了业主活动的私密性。

　　国贸天琴湾共有 4 个架空层，每个架空层连接不同的室外主题花园，打造室内外联动，使空间体验更加丰富立体化。同时，架空层铺排全季节、全龄功能，兼顾老人、成年人和小孩，打造全年龄活动空间，确保社区功能完善，分布均衡价值（图 1-51）。

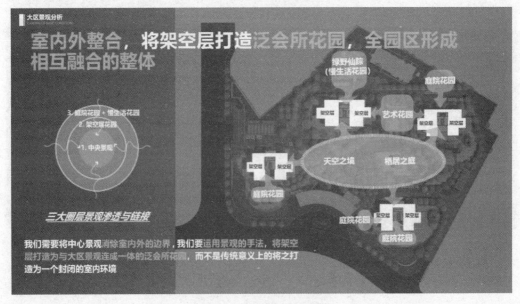

图 1-51　架空层总平面图

⑤多处人性化设计，增加居住舒适度。国贸天琴湾项目有许多人性化设计，最大限度地考虑人的行为方式，在增加居住舒适度的同时，也使客户和景观的关系变得更加融洽。

a．舒适的车行入口。天琴湾的入口区别于其他社区，充分考虑了行车的转弯半径和业主私家车的车型，弧度更大、坡度更缓，使业主可以非常舒适、轻松地开车驶入社区大门。

b．安全的弧线设计。天琴湾园区内的景墙构筑物设计大多采用弧线造型，减少尖角来保证儿童和老人的安全。

c．充足的充电插座。考虑到当下生活和工作的快节奏，业主日常使用电子设备的时间较长，天琴湾园林内的主要休憩共享区都配置有充足的电源和USB，如天空之境、栖居之庭，结合景观坐凳布置户外防水插座，有效解决了客户痛点。

d．完善的垃圾处理设施。天琴湾园林内设置有国贸专属的专业的垃圾处理设施，减少垃圾投放、处理的烦恼，同时也保证了社区的卫生。

e．室内和室外的分工协调。考虑到高端业主的私密性，国贸天琴湾的儿童玩具和成人健身器材都放置于室内的架空层，更易于清洁整理，孩子们活动也更加安全；而户外尽可能拓宽景观面积，最大机会呈现绿色。

（2）智能化社区打造。智能化社区是指能够依托各种传感与通信终端设备感知信息，利用现代安防技术、数字通信技术、多媒体技术和网络技术，实现社区内各种信息的采集、处理、传输、显示和高度集成共享，实现社区和家庭各种机电设备与安防设备的自动化及智能化监控，实现社区生活与工作安全、舒适、高效的一种丰富多彩的数字化住宅社区。智能化社区以社区居民为主体，以各种服务为目的，能够充分整合各种资源，围绕政务延伸、智能物业、智能家居、生活服务、健康服务等各大体系，为社区居民提供全方位的优质服务。国贸天琴湾项目的社区智能化设计重点包括安全防范系统、物业管理系统、综合布线系统和配套工程4个部分（图1-52）。

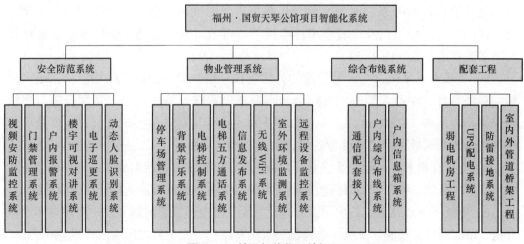

图1-52　社区智能化系统概况

①安全防范系统。智能是安防系统的发展趋势，通过开发数据整合平台，将数字社区中各种可能出现的报警模式集中起来形成一个完整的联动模式，为社区管理中心和业主提供丰富的联动控制功能。

a. 视频安防监控系统：社区配置全数字网络系统，支持 H.265 视频标准，能够对社区内各个重要部位、出入口等区域进行监视，对可能出现的事件进行预防及对事后查询、取证提供资料，可实现与周界报警系统联动。同时，该系统能够对消防车道违停、危险区域提示、老年人活动区域老人跌倒等进行 AI 视频分析，实现儿童活动中心远程视频共享，并可在 App 上查看，为业主提供智能化服务。

b. 门禁管理系统：社区人行主出入口设置电动门，并与可视对讲围墙机结合设置，小区人行次出入口设置人行通道闸门禁；小区非机动车出入口通过刷卡或人脸识别实现非机动车铁艺门自动开门，使业主高效便捷通行。

c. 楼宇可视对讲系统：社区配置楼宇可视对讲系统，建立小区访客与住户、住户与管理中心、单元出入口与住户等各方之间的内部语音通信系统，通过可视化的访客对讲装置，实现对来访人员的身份确认体系，高效识别访客身份并一键开门。另外，开门方式还包括刷卡、输入密码、手机 App 开门、访客二维码和人脸识别，免去业主忘带卡的困扰，有效地提高社区安全性与便捷性。

d. 动态人脸识别系统：在社区外围大门和单元楼栋门主入口、社区大堂都能够采用动态人脸识别开门，机器辅助身份核实，减轻管控压力。

e. 电子巡更系统：在社区周界、住宅楼周围、停车库、地面机动车集中停放区、主要设备用房等区域设置有巡更点，采用互联网电子巡更。该系统采用手机扫描二维码方式作为管理保安的日常巡更巡查。该系统基于云平台进行数据传输，巡更点和巡更路线可以根据后期物业安保管理需求进行灵活调整。

f. 户内报警系统：其由报警主机和各种前端探测器组成。

②物业管理系统。

a. 停车场管理系统：停车场采用自动识别车牌并存储进出车辆的信息，实现不停车确认放行，对外来临时车，系统可根据停车时间进行计费。地库出入口设置 1 套一进一出停车场道闸及 1 套单出停车道闸，可通过软件申请车辆锁定，防止该段时间车辆驶离车场（图 1-53）。

b. 背景音乐系统：为营造舒适的社区居住环境，兼顾消防广播功能，在小区广场、室外草坪、中心花园等位置结合步行通道设置室外草坪音箱。草坪音箱与建筑物保持一定距离（在 10 m 以上），以减少对室内业主居住生活的打扰。车库及单体楼内其他公共区域由消防专业考虑设置消防广播扬声器。

c. 电梯控制系统：业主能够通过人脸识别、门禁刷卡确认乘梯，自动呼梯到所在楼层，访客通过二维码、临时门禁卡确认乘梯或由业主通过对讲远程开放权限乘梯。

d. 电梯五方通话系统：电梯五方通话系统是指电梯紧急对讲系统，实现电梯底坑分机、轿厢副机、轿厢顶分机、电梯机房主机及监控中心主机之间的通话报警联络。

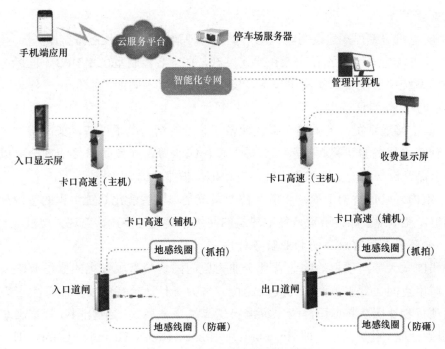

图 1-53 停车场管理系统拓扑图

e. 信息发布系统：在小区主出入口设置 1 块 LED 屏，主要面向进入小区的居民，可用于发布物业通知、天气预报、重要新闻等相关内容，快速地向居民传达及时有效的信息。

f. 无线 Wi-Fi 信号覆盖系统：主要在架空层封闭式会所等主要人员聚集场所设置无线 AP，使活动会所内随时、随地、随意地访问宽带网络。

g. 室外环境监测系统：中庭设置室外环境监测仪，可监测空气 $PM_{2.5}$、PM_{10}、温度、湿度及空气质量等级等。

h. 远程设备监控系统：对水泵房、消防泵房、电梯基坑、地库坡道集水坑进行高液位监测，并接入周界报警系统实现及时报警。

③综合布线系统。

a. 通信配套接入：社区为业主提供配套服务的通信设施，如小区通信机房、小区通信管道、小区公用电话、楼内通信管网、户内通信管网、家居配线箱等，能够满足目前用户可预见的有线和无线通信需求。

b. 户内综合布线系统：每户室内配置户内弱电箱、语音数据双口面板、有线电视面板等设备。

c. 户内信息箱系统：每户配置户内信息箱，集中管理电话线、网线、光跳线，美化室内环境，连接语音、数据、图像、安防的传输设备及用于控制管理的设备装置，从根本上改变住宅家居中用户自行布线造成图像不清楚、电话信号杂音大、宽带网络速度慢等现象。

④配套工程。

a．弱电机房工程：建设弱电机房，提供各种智能化系统控制系统服务。

b．UPS配电系统：采用UPS在线式供电，在中心控制室设置UPS不间断电源，对重要的系统中心设备，如网络设备、安防系统提供不间断电源保护，保证系统停电后2小时正常运行。

c．防雷接地系统：各个弱电系统配备了大量的精密电子设备，如网络主干交换机房、计算机服务器、视频矩阵、广播主机、UPS等，建设防雷接地系统可以在极大程度上保证设备的安全性和稳定性，有效地保护业主的设备投资。

d．室内外管道桥架工程：管道及桥架系统是小区智能化系统工程的室内外综合物理通道，使电缆线路的敷设及住宅建筑的网络布线变得整齐、美观、规范。

5．好服务：国贸服务的物业服务标准

福州国贸天琴湾项目的物业管理企业为厦门国贸城市服务集团股份有限公司，其以"城市空间运营服务商"为发展定位，致力于打造独特的物业服务生态系统。天琴湾项目物业团队将以国际管家标准打造高端服务模式，结合国际管家高端物业《5H服务管理文化》模式，即Hospitality、Home、Hotel、Health、Honor，即专业、家庭感、酒店式、健康生活、圈层价值的5线角度为业主提供高端物业服务。除优质的基础管理外，国贸服务还将提供专属的金钥匙私人管家和铂优管家"双管家"服务，满足及引领客户不断变化提升的服务需求，为客户打造高端生活链的重要一环，形成高端服务标准、作业标准、管理标准。

（1）专业服务线（Hospitality）。

①工程前期介入。国贸服务将于入伙前半年左右介入工程，通过检查现场安装调试过程、参加项目部工程例会、参与关键工序停止管控点查验、进行问题跟踪处理、跟踪关注隐蔽工程和工程进度等措施，为后期接管验收做好前期准备。

②准业主客户服务。将与业主的首次接触从以往的"办理入伙装修"阶段，提前到与准业主的沟通交流。在入伙前期就与准业主建立良好的沟通渠道，组织开展与准业主的互动沟通活动，培养物业服务人员与准业主之间和谐融洽的感情。

③日常管家服务。晨送晚迎，全天候响应业主需求，首次入住日提供以问候、小礼品和服务卡等服务。

④社区线下活动。为丰富广大业主的文化生活，共建和谐社区，物业团队将按项目群体不同的需求和传统节日而制订整年的文化活动计划表：春节的春联、元宵节的猜灯谜、妇女节的玫瑰花、母亲节的康乃馨、端午节的粽子和艾草、夏天的露天电影节、暑假期间的儿童夏令营、冬季低温天气的暖心姜茶、腊八节的腊八粥等。通过活动的举办，增加小区和业主之间的黏性，丰富业主的业余生活，同时增进邻里之间的沟通，提升业主的归属感。

⑤管家关怀服务。天琴湾项目物业团队以细致服务传递关爱，落地品质生活，为

业主提供各类关怀服务。如物业遇到业主结婚生子需要庆祝时，根据业主需求提供礼宾服务，专属管家会为业主特别策划，例如，主入口摆放花型拱门，设置庆祝水牌，张贴喜庆气氛的贴纸等，彰显喜庆氛围，体现尊贵感。管家布置大堂，准备新婚礼物等，为业主提供惊喜。天气变化时，专属管家会通过短信形式温馨提醒业主注意增减衣物、携带雨具、关闭门窗、收拾晾晒衣物等让业主感受到物业的关怀。物业团队定期为业主提供水、电、气隐患排查服务；对孤寡、行动不便的老人定期关怀慰问；为非健康及独居老人建立档案，便于紧急响应协助处理紧急事件；辖区内老年证办理等服务。

⑥访客服务。本项目将通过智慧访客管理系统实现通道、梯控、门禁、停车场等系统无缝对接，结合管家贴心引导，为来访客户提供尊贵服务。

⑦环境保障。实行"五个标准化"的管理模式推进清洁、消杀等环境管理服务，通过制度化、精细化、标准化、科技化、礼仪化的高端精细化服务来满足项目内清洁服务需求。除环境卫生管理外，天琴湾项目物业团队还提供小区绿化养护管理和私家花园养护管理服务，提供每月两次定期上门养护、每年两次季节性消杀，并定期组织开展绿植花草养护知识讲座，制订养护小常识发送业主。

⑧智能化垃圾分类。项目设置智能垃圾分类箱。智能垃圾分类箱融合了物联网、互联网技术，利用高科技手段实现垃圾分类的创新升级，不仅满足了居民的投放需求，也相应减少了垃圾分类指导员的工作量，提高了工作效率，节约了人力、物力，进而为小区居民提供了一个干净卫生的居住环境。

⑨设备维护保障。定期检修社区公共部位、供配电系统、电梯系统、给水排水系统、消防系统及弱电系统，保障机电设备高效运行。

⑩应急措施保障。物业团队制订全面的应急预案，定期组织项目人员开展各项应急演练，贯彻落实预防措施、缓冲措施及补救措施3道防线，确保突发事件处理及时、准确、有效。

（2）优家服务线（Home）。Home象征着家的温馨、体贴、放松，经由国际私人管家、项目物业团队给业主提供一系列优越的、超值的家庭定制服务，如定制花式咖啡、英式下午茶、生日／结婚纪念日聚会等，用体贴入微的关怀、尽心尽力的服务，带给客户家人一般的感受。

（3）酒店式服务线（Hotel）。星级酒店带给客人的是高效、便捷、宾至如归的体验，国际金钥匙私人管家将秉承这种理念，为项目业主提供保姆式家政服务、秘书式商务服务等全方位、一站式定制服务。

（4）健康生活线（Health）。人与环境的健康和谐是国际金钥匙私人管家服务Health理念的内涵。本项目通过贴心贴意的管家服务，带给客户关怀备至的健康关怀，提供如私人家庭医生、私人健身教练、海外保健、医疗、生育子女全程安排等定制化服务。

（5）圈层价值线（Honor）。圈层价值线是国际金钥匙私人管家服务上升为高端圈层资源共享的领域，项目通过圈层活动体验让客户感受到圈层资源的价值，如依托企业脉络建立圈层精英会、俱乐部、外联高端圈层，进入圈子可交流共享商脉、人脉等价值资源；或依托企业资源建立的泛商家联盟，涵盖衣、食、住（装修）、行等各品牌商家，客户享受优惠折扣和便捷服务。

1.4　案例总结

现阶段，随着经济发展，人们对居住环境、住宅户型等要求不断提升，高端住宅已经不只是大房子、好房子、贵房子的概念，而是一个连横合纵具有延展性的生活概念，是在营造物理上、心理上、文化上的，以让人舒适为度又具有文化韵味的空间，是一个既追求理想宜居又寻求自然、建筑和人三者和谐统一的复合概念。

国贸地产天琴系产品致力于打造新时代引领人居的高端住宅产品。其产品具有以下几点核心基础价值：

（1）对稀缺性城市景观资源、配套资源等的占有。高端住宅产品的选址大多在城市发展的稀缺位置，例如，在城市中心区、城市中轴线上、CBD区，或者在风景优美的江河湖泊、山或海边。这些位置具有特殊性和不可复制性，从而首先从地理位置的稀缺方面表现出其独特性和保值性。然而，无论地理位置如何稀缺，便捷的交通条件仍然是基地选择时必须考虑的重要因素。只有现状或预期可达到的交通便捷，方可为广大消费者接受。国贸地产天琴系产品在追求稀缺地理资源的同时，兼备完善的项目配套和周边配套，为高端圈层搭建交流共聚的场所。

（2）精细化的建筑、景观、户型和精装设计。新时代人居产品对建筑主体品质提出了更高的要求，除要加强住宅内部的舒适度规划设计等外，还要加强建筑外在的观感、宜人的审美情趣。

住宅的外观设计主要是对建筑的主体比例尺度进行设计研究，即着重建筑整体高宽比例协调，体量舒适宜人，不会给人造成压迫感或不均衡、不稳定感。天琴系产品对建筑外观立面造型进行反复推敲，追求审美情趣，讲究虚实搭配、节奏韵律、对称平衡等美学原则，并注重创造性，进行高雅舒适的色彩搭配。

另外，高端住宅对生活品质有着更高的要求，生活功能空间更加多样，对有限的建筑空间提出了更加紧凑和更加精细化的设计要求。高级住宅的功能空间常以"区"来定义，一般分为外向区、内向区和私密区三个区域，而非普通住宅"室"的概念。外向区包括门廊、门厅、客厅，是供来客和家人共同使用的区域；内向区包括家庭室、餐厅、早餐厅、厨房，是家庭生活的主体区域；私密区则包括卧室、工作室，是主人休息及工作的区域。另外，还有一些必要的辅助用房，如保姆房、储存空间等。分"区"的概念主要有两个方面的优势：一是分区明确，不同区域空间相对独立，互不干扰，主人生活的私密性和公共区域的公共性均可得到很好的保证；二是区内各室布局灵活，空间流畅，经常采用穿套等形式，在保证互不干扰的同时又获得了丰富变化的空间效果。国贸地产天琴系产品针对以高收入阶层为主的目标客户群，分析其生活模式、生活习惯、认知心理等方面对建筑设计的要求，并将这些要求贯彻到具体的功能空间的设计中，打造灵活的大空间布局户型，创造兼具舒适性与灵活性的居住空间环境。

（3）融合海洋文化，打造海洋社区。为满足新时代人们日益增长的精神需求，国贸地产创造性地提出"海洋生活美学"主张，挖掘海洋文化，将海洋文化融入住宅产品，在产品立面设计、地面铺装、植物配置、场景故事打造等方面融入海洋美学与海洋文化，给予了住宅产品以独特的文化气质与富有生命力的场景故事，在物质视觉上给人带来艺术感和特色感，增强人们的社区认同感，促进业主对海洋文化元素的感知和思索。

（4）绿色环保，立体生态。新时代高端改善性住宅产品需要拥有绿色养生建筑效果，当前"绿色"发展态势，可以满足人们在紧张生活节奏中与自然相互接触的心理，而绿色建筑在烈日炎炎下也会给人们留下清爽的感受。国贸地产天琴系产品精心挑选建筑材料，追求打造新时代立体生态住宅，合理利用垂直绿化、空中绿化等技术手段，发挥空气过滤的作用，调节空气质量，降低建筑热导效应的产生，在住宅外部利用大面积绿色植物的遮阳作用，改善室内温度变化，同时，构建属于业主的私享空间，一定数量的绿色空间对社区和城市气候的调节都会产生积极影响。

（5）高附加值的物业管理。高端住宅产品需要拥有专业、高标准的物业，能让高端人群享受到高质量、高标准的物业服务。国贸地产天琴系产品通过加强对项目高标准的物业管理、整合社区文化资源、塑造小区知名度、为小区服务注入中国金钥匙管家服务和文化内涵等方式为产品提高附加价值，最终实现为业主提供高质量、全方位、多层面、满意度高的优质服务。

人们对生活品质的追求和健康生活的向往使得市场对住宅的要求越来越高，房地产企业不断推陈出新，致力于设计具备良好的产品性能、属于自身的产品特色及提升顾客生活品质的产品风格的住宅产品。未来需要更多如国贸地产一样的房地产企业勇于进行产品创新，切实提高产品品质，引领中国新时代人居产品创新的发展方向，为建设理想居住空间而努力。

思考练习题

1. 不同家庭结构与支付能力的客群对住宅产品功能具有不同需求，具体体现在哪些方面？

2. 住宅产品概念包含核心产品、形式产品和延伸产品，这 3 个概念具体包含哪些内容？

3. 国贸地产在打造天琴系产品过程中，是如何实现"好地段、好户型、好品质、好社区和好服务"的？

4. 结合福州国贸天琴湾项目，谈谈新时代人居产品需要具有哪些设计理念和创新品质。

2 金华金茂未来科学城：

数字驱动，绿色低碳，共向未来

新型的都市人类社会要想生存和健康发展，关键在于城市中社区的发展。

——彼得·德鲁克

案例导读

社区是城市管理的最小单元。21世纪以来的社区建设，是在城市化基本完成、城乡关系发生巨变情况下进行的，同时，也是以信息技术革命为直接背景依托而展开的。一方面，城市化高速推进条件下暴露出来诸多发展弊病，使得我们深度反思迄今为止的社区发展；另一方面，在技术深度嵌入日常社会生活的条件下，我们又可以在新的理解和意义上拓展社区建设的想象空间。在此背景下，政府、市场、社会等不同主体同时指向"未来社区"建设，努力克服现代社区建设和发展所面临的问题。

在我国浙江省率先提出未来社区的建设理念和标准模式，并进行了试点实践。金华金茂未来科学城作为中国金茂打造的全域类未来社区的示范项目，顺应了时代的发展趋势，承载着金华的城市理想，围绕"数字赋能，绿色低碳"的理念进行创新，具有鲜明的金华碳中和IP特征，对于未来科学城价值提升、金华城市运营及中国金茂未来发展都具有深远影响。本案例对金华金茂未来科学城的触发契机、启动区的规划设计、东湄未来社区的场景体系及 13 km^2 远景规划进行了系统梳理，总结该案例特色和优势，为探索未来社区规划建设提供新思路，引发新思考。

2.1 未来社区及其实践

2.1.1 未来社区的提出背景

社区是城市居民的生活空间。随着城镇化快速推进，社区建设逐渐成为衡量城市品质和发展水平的重要标志。2015 年，联合国住房和城市可持续发展大会将"可持续城市与社区"列入第 11 项可持续发展目标（SDG）。同时，我国"十四五"规划提出实施城市更新行动，加强城镇老旧小区改造和社区建设，逐步迈向空间治理视角下的城市与社区更新规划阶段。目前，社区设计建设仍存在一些值得关注的问题，主要包括以下 4 个方面：

（1）社区建设与新一代信息数字技术的蓬勃发展不匹配。随着 5G 时代的到来，人工智能、物联网和云计算等一系列可见的智慧技术革命正逐步改变人们的生活方式，然而在社区建设中仅体现在建立社区宽带网、提供一些信息咨询的浅层方面，并未充分利用信息数字技术实现更深层的社区资源共享。

（2）开发商注重社区建设的经济效益而忽视构建绿色环境。传统社区中缺少绿色建筑、污水处理、垃圾分类等相关配套装置，导致建筑高碳排放、水源污染、垃圾围城等居住环境问题，影响了社区的生态环境和居民的生活品质。

（3）社区生活关系性、生活性的缺失。虽然大量的社区建设规划使得社区硬件条件获得了明显的改善，但社区中邻里关系淡漠、治理主体矛盾突出、社区文化活动缺失等问题仍未解决，居民的满意度并未明显提升。

（4）社区建设规划关注点单一，未能实现多目标系统集成。伴随着城市的建设者和管理者对未来发展模式的思考，低碳社区、共享社区、智慧社区等新概念不断涌现，但仅能实现社区治理、服务、能源等单一问题的解决，未能从总体上进行完整的统筹和谋划，缺乏系统性。

综上所述，在时代背景和现实问题作用下，"未来社区"概念应运而生。

2.1.2 未来社区的内涵

"未来"建立在时间维度上，"社区"是空间概念。未来社区，即社区尺度下的未来，是一种空间幻想，代表了人们对未来居住模式的新畅想。

目前，在全球范围内，对于未来社区尚无统一的定义。未来社区是指以人民美好生活向往为中心，聚焦人本化、生态化、数字化三维价值坐标，突出高品质生活主轴，构建以未来邻里、教育、健康、创业、建筑、交通、低碳、服务和治理 9 大场景创新为重点的集成系统，打造有归属感、舒适感和未来感的新型城市功能单元，这是浙江省关于未来社区具体内涵的首创。然而，在全球范围内社区探索实践中，有一些与未来社区相关联的概念，如生态社区，即以人与自然的和谐为核心，以现代生态技术为手段，设计、组织城市社区内外的空间环境，营造一种自然、和谐、健康、舒适的人类聚居环境的社区形态。又如在信息技术飞速发展的当下提出的智慧社区，即以提高服务水平、增强管理能力为目标，充分利用信息技术实现信息获取、传输、处理和应用的智能化，从而建立社区服务现代化和社区管理精细化的新型社区形态。

结合国内外的理论与实践，可以厘清未来社区的内涵。第一，未来社区具有全面性，有别于传统社区仅关注人的住房问题，未来社区是围绕人的全方位需求进行考量设计的家园，除居住外，还拥有多重功能；第二，具有可持续性，"未来"既代表社区的未来形态，也代表人们未来美好生活的承载之地，因此，必须具备可持续性，不能只是短期的形象工程；第三，具有前沿性，未来社区将是集合未来产品与服务的前沿阵地。由此，未来社区实质上是在当前社会语境下人们对美好生活方式的新追求，在追求跨越简单居住的基础上产生新的生产—生活—生态耦合模式。

2.1.3 国外未来社区的实践

在国外，各国对未来社区进行了早期的探索实践，并结合自身特色不断推陈出新，已经形成了一些建设标准、实践模式和发展阶段。

1. 建设标准

Sidewalk Lab 是加拿大 Quayside 未来社区的开发者。在多伦多市经过两年多的调查研究，Sidewalk Lab 提出了 IDEA 未来社区建设指标，包括 5 个一级指标和 25 个二级指标，见表 2-1。

表 2-1 IDEA 未来社区建设标准

序号	一级指标	二级指标	序号	一级指标	二级指标
1	移动交通	私人汽车出行占比下降 16.5%	14	建筑居住	缩短已有建筑改造时间 50%
2		行人和自行车全年可出行	15		提供不低于 40% 保障房
3		鼓励无人驾驶和其他创新出行模式	16	可持续性	节能建筑降低人均温室气体排放 0.96 t
4		停车位配置降级 48%	17		利用太阳能错峰供电，降低人均温室气体排放 0.05 t
5		内部物流系统降低 72% 货车运输	18		供暖系统降低人均温室气体排放 1.58 t
6		行人优先的街道	19		垃圾回收链降低人均温室气体排放 1.08 t
7	公共空间	街道行人空间增加 98%	20		雨水管理优化降低人均温室气体排放 0.01 t
8		日活动时间增长 33%，年活动天数增加 35%	21	数字革新	提供灵活、便捷的数字化基础设施
9		社区服务响应时间缩短 15%	22		节省硬件安装时间 92%
10	建筑居住	建筑工期缩短 55%	23	数字革新	使用开放、安全的数据标准
11		降低建筑废弃物排放 75%	24		建立工信的数字使用
12		减少建筑物料运输 85%	25		搭建核心数据平台供第三方应用接入
13		建设总造价降低 40%			

2. 实践模式

在全球范围内，未来社区已是全球人居新焦点，其发展并不局限于某一特定形式，如加拿大 Quayside 社区（图 2-1），位于多伦多市中心东南侧，是整个北美最大的尚未开发的城市片区，旨在通过最新的设计思路与最先进的科技手段，打造出以人为本的社区，使多伦多成为全球正在快速兴起的创新型工业城市中心，并将此作为其他社区可持续发展与经济效益的楷模。

美国波特兰珍珠社区（BLOCK）也是未来社区的代表（图 2-2），BLOCK 是 5 个单词的缩写，即 B—Business（商业）、L—Lie fallow（休闲）、O—Open（开放）、C—Crowd（人群）、K—Kind（亲和）。BLOCK 街区设计是国际上较为先进的一种开发理念，是居住和商业的集中融合，街区既要提供居住，又要有丰富的商业配套和休闲配套。

图 2-1　加拿大 Quayside 社区　　　　图 2-2　美国波特兰珍珠社区（BLOCK）

3. 发展阶段

围绕对未来社区的理论探讨及实践探索，在全球范围内，未来社区的发展大体上可以划分为由"单一"到"综合"发展转变的两个阶段，见表 2-2。

表 2-2　全球范围内未来社区的发展阶段

阶段	时间	特点
"单一视角"阶段	20 世纪末期	局限于一定的专题性领域并主要依托某种先进技术加以展开，但未能从总体上对未来社区做一个相对完整的规划。最具代表性的模式包括对"低碳社区"和"智慧社区"的实践探索
"综合视角"阶段	21 世纪以来	进入 21 世纪，社会上出现了比较活跃的关于未来社区的倡导和实践探索，例如，浙江省未来社区建设工作方案。与此前专题性、单一性的推进模式不同，此阶段推进模式最为突出的特点在于其综合性、全面性和实践性

2.1.4　浙江省未来社区的实践

在我国，浙江省首次对未来社区给出了自己的理解，2019 年，发布《浙江省未来社区建设试点工作方案》，在未来社区不断实践的过程中，提出了未来社区的目标定位、建设理念、建设标准、建设模式及政策保障体系。

1. 目标定位

未来社区是浙江省推动高质量发展的又一张"金名片",未来社区建设包括以下 4 个方面定位:

(1)未来社区是"让人民生活更美好、城市现代化"的最基本单元。它以群众满意度作为最终评判标准,让居民"搬得进、住得起、过得好",真正提升老百姓获得感、幸福感和安全感。

(2)未来社区是打好高质量发展组合拳的重要一招。促进数字智能、节能环保、绿色建筑等前沿技术大规模落地应用,促进服务业新业态、新模式的大量涌现,为统筹推进"四大"建设提供有力支撑。

(3)未来社区是基层治理体系和治理能力的一场深刻革命。着力提升基层治理体系和治理能力,提高治理的科学化、精细化和智能化水平,不断营造出"共建共治共享、交往交融交心"的良好氛围。

(4)未来社区是传承发展特色文化的重要载体。深入挖掘独特而丰富的城市历史脉络和文化肌理,更好地保护传承传统经典,更好地培育发展现代时尚,展示浙江文化的新空间,成为推动社会文明进步的不竭动力。

2. 建设理念

《浙江省未来社区建设试点工作方案》提出了未来社区建设的顶层设计,可以概括为"139"系统架构:"1"是指"以人民对美好生活的向往为中心",是根本的目标导向;"3"是指人本化、生态化、数字化三维价值坐标,是基本的方向指引;"9"是指未来邻里、教育、健康、创业、建筑、交通、低碳、服务和治理 9 大场景系统,是具体的实施载体,如图 2-3 所示。

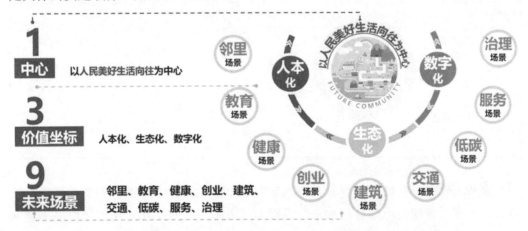

图 2-3　浙江省未来社区"139"总体架构体系

"139"建设理念的内核是"以人为本",遵循"人的需求—人的体验—人的感受"的逻辑体系。基于"人的需求",设置 9 大场景系统,从生活方式、社会关系、人居环境3个维度，可展开为人的生活需求、社交需求和安居需求。通过"人的体验"，设定"人本化、生态化、数字化"基本原则，将人的亲身体验转化为感受。立足"人的感受"，实现未来社区的建设目标，以人民对美好生活的向往为中心，以广大群众在社区中的归属感、舒适感、未来感作为衡量标准。

3. 建设标准

浙江省在首批未来社区试点工作中，提出了具体的建设指标，包括9个一级指标和33个二级指标，见表2-3。

表2-3　浙江省未来社区建设指标

序号	一级指标	二级指标	序号	一级指标	二级指标
1	未来邻里	邻里特色文化	18	未来建筑	装配式建筑与装修一体化
2		邻里开放共享	19		建筑公共空间面积
3		邻里互助生活	20	未来交通	交通出行
4	未来教育	托育全覆盖	21		智能共享停车
5		幼小扩容体质	22		功能保障与接口预留
6		幸福学堂全龄覆盖	23		社区慢行交通
7		知识在身边	24		物流配送服务
8	未来健康	活力运动健身	25	未来低碳	多元能源协同效应
9		智慧健康管理	26		社区综合节能
10		优质医疗服务	27		资源循环利用
11		社区养老助残	28	未来服务	物业可持续运营
12	未来创业	创新创业空间	29		社区商业服务供给
13		创业孵化服务及平台	30		社区应急与安全防护
14		人才落户机制	31		社区治理体制机制
15	未来建筑	CIM数字化建设平台应用	32	未来治理	社区居民参与
16		空间集约开发	33		精益化数字管理平台
17		建筑特色风貌			

另外，也有一些城市结合自身特点制定了个性化的建设标准，例如，衢州市按照联合国《可持续城市与社区标准》编制的《未来社区数字化应用场景白皮书暨九星认证（衢州）标准2019》等。

4. 建设模式

浙江省提出了整合提升型、拆除重建型、拆改结合型、规划重建型和全域类未来社区 5 类建设模式。

（1）整合提升型。整合提升型模式适合整体建筑环境品质较好，但与"美好家园"要求还有差距的存量社区。建设思路为"补短板"，整合社区现有资源，通过数字化和智慧化改造嵌入"三化九场景"功能，增补优质社区公共服务配套设施，重塑社区生活圈活力。典型案例是实现了社区数字化和智慧化治理能力提升的杨柳郡社区。

（2）拆除重建型。拆除重建型模式适合 2000 年以前建成的存在较大安全隐患的住宅小区。建设思路为"一次改到位"，系统性打造"三化九场景"体系，积极落实建设运营一体化，并兼顾未来发展，适度留白。典型案例是致力于打造成为未来浙派文化活招牌的天鑫未来社区。

（3）拆改结合型。拆改结合型模式适合存在质量安全隐患的老旧小区与建筑环境品质较好的住宅小区混杂的社区。建设思路为"统筹协调"，保留部分参考"整合提升型"，拆建部分参考"拆除重建型"，将老旧小区改造与片区联动城市有机更新相结合，系统性开展"三化九场景"功能与业态植入。典型案例是带动了瓜沥全镇和萧山区老旧小区改造热潮的萧山瓜沥七彩社区。

（4）规划重建型。规划重建型模式适合开发禀赋好的城市发展核心区。建设思路为"树标杆"，系统性打造"三化九场景"体系，立足投资、建设、运营一体化，全方位探索新文化、新技术、新业态、新模式创新与应用，逐步打造未来生活方式变革的美好家园示范标杆。典型案例是借助轨道交通优势打造 TOD（Transit Oriented Development，以公共交通为导向的发展）国际化未来社区的萧山亚运社区。

（5）全域类未来社区。全域类未来社区模式适合条件成熟的相对独立城市区域或主要平台范围。一方面，参照前 4 种类型做好单点上的创建工作；另一方面，统筹创建项目群的城市公共服务功能织补，构建完善的 9 大场景功能空间"拓扑网络"和"城市大脑"系统。典型案例是以"数字赋能，绿色低碳"为特色的金华金茂未来科学城。

5. 政策保障体系

2019 年《浙江省未来社区建设试点工作方案》中明确未来社区的建设试点目标定位、任务要求和措施保障，2022 年 4 月发布的《浙江省全域推进未来社区建设的指导意见（征求意见稿）》提出推动未来社区成为城市建设的普遍形态和普适要求。在未来社区建设不断推进过程中，浙江省提出了试点工作方案和加快推进试点建设的工作意见，有关部门相继出台公共文化空间、试点管理、财政金融支持、全过程咨询等相关配套政策，为未来社区建设提供了全方位政策保障。浙江省累计出台未来社区建设相关政策 28 项，代表性政策见表 2-4。

表 2-4　浙江省推进未来社区建设的代表性政策文件

时间	政策名称	内容概要
2019.2	浙江省人民政府《政府工作报告》	未来社区首次被写入《政府工作报告》
2019.3	《关于印发浙江省未来社区建设试点工作方案的通知》（浙政发〔2019〕8号）	明确了未来社区建设试点工作总体要求、主要任务、组织实施、保障措施。提出"139"系统框架
2019.11	《浙江省人民政府办公厅关于高质量加快推进未来社区试点建设工作的意见》（浙政办发〔2019〕60号）	提出11项指导意见。从突出群众满意导向、坚持分类统筹实施等方面高质量加快推进未来社区试点建设工作
2020.6	《浙江省未来社区试点建设管理办法（试行）的通知》（浙发改基综〔2020〕195号）	参与主体的职责划分、界定试点类型、明确试点建设流程、规范申报方案、编制实施方案、加强金融支持、强化过程监管、明确交付运营后的评估考核机制
2020.8	《关于进一步加强财政金融支持未来社区试点建设的意见》（浙发改基综〔2020〕297号）	明确重大民生工程定位、加大银行信贷支持力度、精准授信加强换代保障、畅通金融多元支持渠道、规划土地出让收益管理、建立完善监管激励机制
2021.7	《浙江高质量发展建设共同富裕示范区实施方案（2021—2025）》	提出"要全省域推进城镇未来社区建设"；浙江"未来社区"建设从试点先行迈向全域推广，肩负着"共同富裕现代化基本单元""示范区建设标志性工程"的时代使命
2022.4	《浙江省全域推进未来社区建设的指导意见（征求意见稿）》	提出全域未来社区到2022年年底、2025年年底、2035年年底的建设总体安排和年度计划

6. 发展阶段

在实践领域可以将"未来"大致划分为"远未来"和"近未来"，为了解决当前经济社会各方面的问题，浙江省未来社区的建设规划更聚焦于"近未来"，试点先试先行，分三步走稳步推进，见表2-5。

表 2-5　浙江省未来社区计划发展阶段

阶段	时间	任务
加速启动阶段	2019年年底	培育建设省级试点20个左右
增点扩面阶段	2021年年底	培育建设省级试点100个左右，建立未来社区建设运营的标准体系，形成可复制可推广的经验做法，涌现一批未来社区典型范例
全面推广阶段	2022年开始	全面复制推广，裂变效应显现，夯实未来城市发展基础，有力支撑大湾区大花园大通道大都市区建设

截至2021年年底，浙江省共发布281个省级未来社区试点，涉及多种类型，起点多元，例如，借助周边产业优势打造的产城人融合新型城市功能单元的拱墅瓜山社区、着力于"新坊巷街区"生活场景打造的上城始版桥社区等典型案例。

2.2　金华金茂未来科学城的触发契机

2.2.1　中国金茂的城市运营业务

1. 企业概况

中国金茂控股集团有限公司（以下简称"中国金茂"）是世界 500 强、中国中化控股有限责任公司旗下城市运营领域的平台企业。自成立以来，中国金茂深耕品质人居，形成了"府、悦、墅"三大产品线，持续领跑中国高端住宅市场。

城市运营是中国金茂在 2015 年确立的公司"第二增长曲线"。凭借央企的资源优势、前期积累的品牌价值和前瞻的眼光与思维，根据城市传统指标，如 GDP、人口密度、产业规划、产品匹配度、政府营商环境等，中国金茂谨慎深耕城市运营业务。截至目前，中国金茂已布局全国 55 座城市，涉足环渤海、长三角、珠三角、华中及西南等重点区域的核心城市，并在实践中不断对城市运营战略进行迭代升级，形成了一套清晰的城市运营战略执行体系。

2. 融资能力

与单个房地产开发项目不同，城市运营是片区整体的规划和开发，项目体量大、开发周期长、业态多维，因此，对开发企业的门槛要求也不同，需要企业有一定的资金实力、强大的融资能力和稳健的现金流。

在资金实力和融资能力方面，中国金茂与母公司中国中化信用高度绑定，拥有境内外全投资级信用评级，融资成本较低，亿翰智库发布的 2021 年中期 E50 房企融资成本显示中国金茂的融资能力排名第三，如图 2-4 所示；在现金流方面，中国金茂的城市运营多采取 PPP 政企合作、让渡股权引入合作方双重手法疏通现金流。

图 2-4　2021 年中期 E50 房企融资成本排名前十房企

3. 运营理念

城市运营着眼于城市发展的蓝图，需要满足城市综合功能的实现，对运营商而

言是一项复杂的综合命题。总体上，中国金茂树立了"释放城市未来生命力"的理念，将城市看作生命有机体，以生长思维实现城市动态升级。

在实施层面，中国金茂坚持"绿色品质、智慧科技"的理念，积极开拓绿色地产实践，制定公司绿色可持续战略，完善绿色战略管理制度，组建绿色团队，开发建设绿色低碳地产产品，引领中国房地产向绿色地产转型；在规划设计阶段，始终尊重城市功能、生态环境和人文思想，追求建筑与人、城市、自然的和谐共荣；在建设实践阶段，积极推动绿色科技应用，通过精细化设计，降低外部能源使用。

4. 运营体系

2021 年，中国金茂实现战略再升级，提出了"1332"全周期城市运营体系。"1"代表"城—人—产"这一城市运营的核心逻辑，坚持高起点规划、高强度投入、高标准建设；第一个"3"代表政府、企业和消费者三大类重要客户，中国金茂城市运营取得的成果，除自身拥有丰富的经验和能力外，还与政府、产业等各方协同合作有关，注重三大类客户的共同诉求，助力城市可持续发展；第二个"3"代表开发建设、城市运营及财务标尺的三大统筹；"2"代表组织和资金两大保障，实现城市运营持续向好发展。

"1332"全周期城市运营体系对中国金茂的城市运营项目获取、开发建设、持续运营具有重要的指导意义。在未来发展中，中国金茂将全力推进城市运营项目不断升级。

5. 运营模式

中国金茂的城市运营遵循"城—人—产"的运营逻辑和"两驱动、两升级"的运营模式。

（1）"城—人—产"的城市运营逻辑。与过往先以产业带动城市发展再吸引人才的"产—城—人"发展逻辑不同，中国金茂采取的是"城—人—产"运营逻辑。在此逻辑下，中国金茂通过其城市运营力，以提高城市的发展质量为基础，吸引高素质、高水平的人才流入并集聚，再通过人才集聚进一步吸引优质产业的集聚和发展，如图2-5所示。以城聚人，以城促产，从而实现城市的可持续运营和发展。

图 2-5 "城—人—产"城市运营逻辑

（2）"两驱动、两升级"的城市运营模式。"两驱动"是指资本驱动与规划驱动。"资本驱动"即中国金茂凭借雄厚的资本实力和良好的信用背书，同时依靠中国金茂资本的创新平台，积极探索城市运营的创新模式；"规划驱动"是指中国金茂基于对城市潜能的远见及实践经验，进行整体性、系统性、前瞻性、科学性的城市规

060

划，解决城市发展动力问题，以实现城市升级与产业升级的"两升级"，助力城市可持续发展，如图 2-6 所示。

规划驱动
- 国际视野的规划团队及合作单位
- 城市运营项目规划落地实践经验

资本驱动
- 金茂资本优势和信用背书
- 依托金茂资本，实现以投引产、产融结合

城市升级
- 在品质住宅、五星酒店、精品商业、5A写字楼领域具有产品优势与品牌口碑

产业升级
- 大科技产业
- 大文化产业
- 大健康产业

图 2-6 "两驱动、两升级"运营模式

6. 低碳产品模型

中国金茂坚持绿色发展，自2011年起，将绿色战略作为公司主战略之一，在"碳中和"背景下，提出了"1235"城市运营低碳产品模型（图 2-7）。"1"代表"以人为中心"的核心理念；"2"代表绿色健康和智慧科技两大驱动；"3"代表生态城市、生命建筑、零碳运营 3 大维度；"5"代表开放空间、共生空间、人文空间、科创空间和低碳社区 5 大空间。在"1235"低碳产品模型指导下，中国金茂以东湄未来社区为试点，打造中国金茂首个城市运营"碳中和"示范区。

图 2-7 "1235"低碳产品模型

7. 产品类型

中国金茂从空间、时间、内涵3个维度，定义了城市核心综合体、城市新城、特色小镇3类城市运营项目，形成涵盖住宅、商业、办公等多业态形式的综合产品体系，如图2-8所示。

图2-8　中国金茂城市运营产品类型

（1）城市核心综合体。城市核心综合体坐落于城市核心区位，以商办为主。典型案例为中国金茂北外滩项目，该项目区域拥有34栋5A级办公楼和2.2万 m² 的配套商业街，是目前亚洲最大规模的绿色商务办公建筑群。

（2）城市新城。城市新城着重产业导入和集群发展，以商住办一体为主。典型案例为长沙梅溪湖国际新城、青岛中欧国际新城等城市更新项目。

（3）特色小镇。特色小镇着重依托旅游资源，形成"旅游度假、健康休闲"于一体的特色小镇。典型案例为以旅游和康养产业为主的丽江中国金茂谷镇与南京汤山温泉康养小镇。

另外，未来中国金茂还将紧跟自贸区、数字经济、健康养老、5G、人工智能、未来社区等政策利好，积极打造城市运营项目的新标杆。

2.2.2　金华城市发展

1. 城市概况

金华古称婺州，是浙江中部重要城市，同时，也是长三角一体化发展规划27个中心区城市之一、沪杭金发展带和G60科创走廊的重要节点城市。金华市主要有以下4个突出特点：

（1）浙江中部中心城市，金义都市区建设推动区域高质量发展。金华是浙中城市群的中心城市，以金华、义乌为核心的金义都市区是浙江省四大都市区之一。2020年，《金义都市区建设行动方案》提出了"一主两带多组团"的网络化空间发展框架，如图2-9所示。"一主"即都市区主中心，以金华市区和义乌为中心；"两带"

即金兰永武缙、义东浦磐两条发展带;"多组团"包括金兰城镇、永武缙城镇等组团。根据该建设方案,金华将成为浙江高质量发展的重要增长极,辐射和带动浙江中西部发展,推动长三角世界级城市群建设。

图 2-9 "一主两带多组团"空间结构

(2)人口红利源源释放,推动城市面貌焕新。人口是地方经济社会发展的基础性、战略性资源,是一切经济社会活动的主体。第七次人口普查公报显示,金华市常住人口为 705 万人,是浙江省第四大城市;10 年间人口增长 31.5%,如图 2-10 所示,增幅居全省第二,仅次于杭州市。人口年龄结构方面,15 ~ 59 岁人口为 491.3 万人,占比 69.68%;人口受教育程度方面,拥有大学文化程度的人口为 94.95 万人,占比由 2010 年的 6.9% 上升到 13.4%。

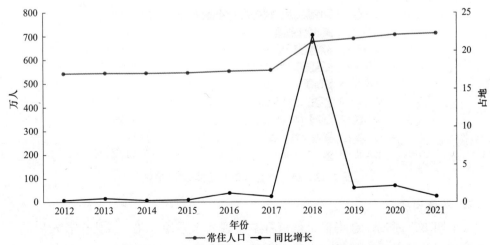

图 2-10 2012—2021 年金华市常住人口变化情况

大量的人口流入为都市区高质量发展提供了重要的支撑，推动了金华区域规划、产业规划、就业规划等方面的发展。近年来，金华市金义片区、中央创新区、东湄片区等区域开发与建设，为城市未来发展提供了新的活力。

（3）山水诗意之乡，生态文化资源禀赋突出。金华风景秀丽，名胜古迹众多，峰、洞、瀑、湖一应俱全。宋代女词人李清照曾为其咏"水通南国三千里，气压江城十四州"赞美之诗。文化底蕴方面，金华建制2 200多年，上史人物1 000多位，人杰地灵，文有宋濂，武有宗泽，素有"小邹鲁"之称。近代以来，红色翻译家陈望道、诗人艾青等著名人士闻名中外。另外，还拥有金华火腿、金华婺剧等32项国家级非物质文化遗产，如图2-11所示。

图2-11　金华山水、人文资源

（4）整体经济发展较好，县域经济特色鲜明。随着浙江城市建设的快速推进，金华的经济发展速度实现了全省最快增长，2021年GDP增速28.66%，位居浙江全省第一。同时，近年来金华加快制造业细分行业培育，新能源汽车、健康生物医药等新兴产业集群不断壮大。特别是改革开放以来，金华各县根据自身禀赋，逐渐形成了义乌小商品市场、永康五金制造、东阳木雕博览城等特色鲜明的县域经济，且经济发展成绩傲人，如图2-12所示。

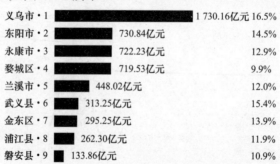

	GDP	增速
义乌市·1	1 730.16亿元	16.5%
东阳市·2	730.84亿元	14.5%
永康市·3	722.23亿元	12.9%
婺城区·4	719.53亿元	9.9%
兰溪市·5	448.02亿元	12.0%
武义县·6	313.25亿元	15.4%
金东区·7	295.25亿元	13.9%
浦江县·8	262.30亿元	11.9%
磐安县·9	133.86亿元	10.9%

图2-12　2021年金华市各区县GDP成绩

2. 发展困境

"十四五"时期，金华提出全市基本实现高水平现代化，成为全省发展的重要增长极和"重要窗口"的重要板块，实现"浙中崛起"的发展目标。但同时，金华未来的发展仍存在一些突出困境，主要有以下 4 个方面：

（1）县域经济发展良好，但都市区联动发展水平不高。义乌本来是金华市下辖县，得益于五轮县域扩权，在管理权限方面，义乌与金华市基本相同，并逐渐发展为经济强县，人均 GDP 超出浙江人均水平 1 倍，形成了"弱市强县"的发展格局。虽然浙江省城镇体系提出规划建立"金华－义乌都市区"，推进金华县域经济向都市区经济转型发展，但始终存在着金华市区经济首位度不高、县域经济溢出性弱的突出问题，亟须进一步破解协同发展困境。

（2）数字经济增长势头较好，但发展不充分且缺乏动力。近年来，金华市把数字经济列为"一号产业"重点发展，且数字经济核心制造业保持较快增长，具有一定的先发优势。但金华作为三线城市，整体的产业基础、商务配套环境及基础设施等方面相对省内一二线城市有较大差距。目前，金华市数字经济仍面临总量规模偏小，产出效率不高，高层次人才缺乏，企业数字化转型面临制约，亟须拓展数字经济发展空间，完善产业配套设施和政策，吸引一批数字产业龙头企业、高端人才，破解转型制约瓶颈。

（3）城市本底优越，但生态人文价值转化不足。金华地处浙中"三面环山夹一川，盆地错落涵三江"山奇水秀之地，拥有千年八婺文化，也是著名诗人艾青的故乡，具有得天独厚的生态资源禀赋和特色人文底蕴，但影响力不足，尚未转化为生态竞争力和人文品牌个性。金华亟须重塑现代生活方式与山水基底、八婺文化特色交融的城市发展新格局。

（4）发展空间充裕，但城市经营较为薄弱。当前，金华已通过拆迁改造城中村、旧工业区等，腾出土地超万亩[①]，为未来发展储备了空间资源。同时，随着金义都市圈的发展，武义江沿岸逐渐成为金义都市圈环形区域的重要位置，但区域的开发强度和功能要素组织与土地潜在价值仍有差距，亟须通过未来社区的创建提升发展能级，扩大辐射力。

3. 转型机遇

（1）金华市迈向"扛旗争先、崛起浙中"的历史新征程。在崛起浙中的关键时期，2022 年金华市政府工作报告确定"扛旗争先、崛起浙中"的总目标，提出了"坚定实施大都市区建设战略、坚定实施内陆开放新高地战略、坚定实施先进制造业崛起战略、坚定实施共同富裕先行示范战略和坚定实施数字化改革争先战略"5 项战略部署，树立了"争当大都市区建设示范、全国内陆高水平开放示范和长三角转型升级发展示范"等 8 项具体任务。在总目标、战略部署和具体任务的指导下，金华市将系统推进大都市区提能升级、先进制造业和数字化改革等工作，推动共同富裕现代化都市区建设。

（2）金华市新一轮城市更新行动全面开启。在国家"十四五"规划纲要关于实施城市更新行动的决策部署下，金华市第八次党代会提出推进城市更新"4321"行

①1 亩 ≈ 666.67 平方米。

动，即从 2022 年至 2026 年完成 1 km² 以上片区改造项目 40 个、投资 3 000 亿元，建成未来社区 200 个、城市风貌样板区 100 个。2022 年启动片区改造项目 20 个以上，完成城市更新总投资 400 亿元以上；启动未来社区创建 20 个，建成 10 个；启动城市风貌样板区创建 15 个，建成 10 个。

金华市重点实施东湄、长湖湾、双溪西路两侧等 10 大标志性片区改造项目。以位于金东区多湖街道的东湄工业园区为例，其地处武义江畔，毗邻主城区一环，有各类企业 130 余家，曾是 20 世纪 90 年代金华市产业兴旺的代表。但如今由于规划落后、厂房老旧、产出不高、片区城市功能不完善等问题，已成为一道"城市伤痕"，甚至制约了金东区的整体发展。早在 2018 年，金东区政府就启动了东湄区块近宅、潭头、潭头滩 3 个城中村的征收及改造工作。2020 年，东湄未来社区入选浙江省第二批未来社区试点创建项目，类型为全域类未来社区，将建设成为未来工作生活、产业创新示范、生态休闲体验的浙中产城融合样板，实现东湄区块的全面焕新。

（3）金东区迎来"三区协同"发展时代。金东区成立于 2001 年，是金华市辖区内"最年轻"的区，地理位置上西接金华城区，东临义乌，南连永康、武义，北靠兰溪。在金义都市区的建设规划中，地处"浙江之心"的金东区成了金义黄金主轴的重要节点，如图 2-13 所示。

图 2-13　金义都市区发展规划

2020 年 5 月，金华金义新区获批设立，成为浙江省第 5 个省级新区。同年 9 月，浙江自贸试验区金义片区正式挂牌，重点围绕战略性新兴产业、数字经济、信息技术等高新数字产业集群，打造国家级贸易综合改革先行区。自此，金东区、金义新区和自贸区开启了"三区协同发展"时代。未来，金东区将成为加速引领金华、义乌及周边城市走向更高层次的一体化的核心区域。

2.2.3　中国金茂与金华市的合作

对中国金茂而言，根据城市运营商多年的"造城"经验，此次主要从读城、读地、读人三个方面谋篇布局，"落子"金华。

（1）读城，把握城市的发展格局及未来走向，重视城市的特质要素及发展潜力的挖掘，以城市运营为城市发展赋能。通过梳理金华市的发展脉络，中国金茂发现与长三角其他城市相比，金华具有数字经济增长势头较好、生态人文资源禀赋突出等鲜明优势，但同时也面临着数字经济发展不充分、生态人文资源价值转化不足等发展瓶颈。面对金华对于自身未来发展的新期望，中国金茂将依照"城—人—产"的运营逻辑，以未来社区建设为契机带动金华的城市品质提高，再吸引人才、发展数字产业，实现金华城市生命力的释放。

（2）读地，研究项目地块与城市发展的关系，挖掘土地蕴含的潜在价值，打造与之匹配的产品。金华金茂未来科学城选定的东湄区域位于金义发展轴、金兰永武先进制造走廊、金义科技创新走廊的"三廊交汇点"，北接多湖中央商务区，毗邻主城区一环，战略发展潜力显著，是中国金茂打造城市运营标杆项目的佳地。中国金茂将通过省级未来社区试点东湄未来社区的规划建设实现东湄区域的全面焕新，带动东湄区域地块价值的提升。

（3）读人，尊重客群，读懂生活需求。东湄未来社区的"人"不仅包括拆迁地块的回迁居民，还包括未来入住的多元客群，社区规划不仅要满足不同的客群需求，还要使不同的需求在社区空间内和谐共存。为此，中国金茂在规划之初就对东湄老工业区的拆迁居民及未来的客群进行了走访调研，明晰客群需求以更好地将"以人为本"的理念落实到未来社区的建设实践中。同时，在未来社区内9大场景的具体设计中，中国金茂配置了便捷的交通、教育、医疗等公共资源，进行全能生活圈构建，致力于打造一个多元化需求和谐融合的美好生活共同体。

对金华市和金东区政府而言，在"城市合伙人"甄选过程中，中国金茂作为经验丰富的城市运营商，始终对产品有着高标准要求和高兑现能力，曾打造了长沙梅溪湖国际新城、宁波生命科学城等多个标杆项目，且在商业酒店、教育和医疗等板块也有一定资源优势，具备激发金华城市潜在价值，助力金东区域发展能级提升的实力，在众多房地产商中脱颖而出。

2021年1月13日，金东区政府与中国金茂正式签署协议，推进 1.84 km² 的启动区中央未来区项目开发，远景规划面积约 13.07 km²，政企强强联手，共同布局金华的理想和未来。

2.3 未来科学城启动区：中央未来区，数字低碳生活地

2.3.1 项目概况

中央未来区是 13.07 km² 远景规划的启动区，占地 1.84 km²，西至武义江，北至

环城南路，东至复兴街，南至海棠东路，紧邻多湖 CBD 及湖海塘商务区，区块价值和发展前景优越，如图 2-14 所示。预计总投资 112 亿元，将建设成为集未来工作生活、产业创新发展、生态休闲体验为一体的新型城市功能单元，涵盖省级未来社区试点、数创经济园、城市创新地标等主体工程。致力于发掘城市和地块潜在价值，将东湄片区建设成为引领金义都市区发展的标杆项目，如图 2-15 所示。

中国金茂将以浙江省未来社区顶层设计为基础，结合中央未来区地块的特点，发挥自身在规划设计、片区开发、产业导入、城市运营等方面的经验优势，读懂并实现金华的城市理想。首先，提出"人本化""生态化""数字化"3 大理念，以 TOD 规划理念的道路规划为"线"，以 7 大主体工程为"点"，照亮区域风貌，实现金华城市形象的快速升级；其次，重点关注主体工程中的东湄未来社区建设，实现美好生活共同体的人居理想，谋划"未来社区"到"未来城市"的样板；进一步展望未来，在中央未来区的基础之上布局 13.07 km² 的远景规划，全面打造多元功能融合的创新绿谷、未来之城，促进东湄区域价值和功能升级，持续释放金华城市未来潜力。

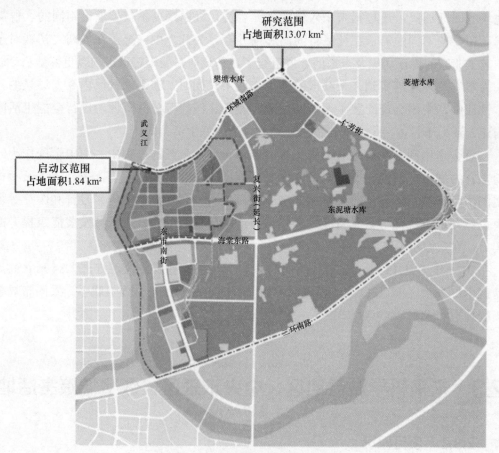

图 2-14 启动区规划范围示意

图 2-15　中央未来区总体风貌效果

2.3.2　目标定位及项目 IP

1. 发展目标

在中央未来区，中国金茂将聚焦"未来社区""未来街区""未来园区"和"未来城市"4 大空间尺度。先从生活、公共空间、产业 3 个方面进行升级，然后连缀成面，打造金华的"未来城区"。

（1）具有金华特色的未来社区。中央未来区的打造将从最急切的生活需求入手即建立未来社区，以浙江未来社区"三化九场景"顶层设计要求，但并不是简单地依照已有案例复制粘贴，而是结合人群特征和金华区域资源禀赋，探索婺城文化社区、山水绿轴社区、低碳示范社区等多元特色的社区主题。

（2）多元开放共享的未来街区。中央未来区内将采用先进理念规划街区形态，鼓励多元业态组合，创新资源整合和共享方式，因地制宜探索未来邻里、未来潮购、未来社交等场景示范，打造智慧科技、绿色宜居、弹性多元的未来街区标杆。

（3）数字产业扎根的未来园区。在园区规划方面，中央未来区将依托数创经济园、中国金茂科创园等重点区块，在其中加快布局产业链、补强创新链、完善要素链、深化服务链，拓展共享办公、个性化定制等模式，并进行数字化技术管理运营，打造"数字生活和数字生产无界链接"的未来园区样板。

（4）全面焕新的未来城区。社区、街区、园区基本上囊括了与每个人息息相关的城市空间片段。中央未来区将通过合理布局规划，整体联动，将社区、街区、园区连缀融合，在东湄区域构成一个一体化的新型金华城市生态圈。

2. 金华碳中和IP项目

（1）金华碳中和IP项目建设。金华碳中和IP项目愿景是打造全域覆盖的生活圈网络的全域未来社区，规划形成零碳示范区、"两山理论"最佳实践区。金华金茂未来科学城的碳中和建设共划定了3个层次套叠的范围（图2-16），分别制订了不同的低碳建设方案。第一，在0.0027 km²的碳中和示范区实施碳中和方案，集中落位碳中和主要应用场景，实现交付运营全周期碳中和示范展示效果；第二，在0.22 km²的未来社区实施低碳社区方案，覆盖社区低碳规划、建设、运营管理的全过程，推广低碳生活方式；第三，在1.43 km²的启动区实施生态城区方案，按照资源节约、环境友好的要求进行规划、建设、运营的城市建设区。

1. 0.0027 km²，碳中和示范区
碳中和主要应用场景集中落位，打造碳中和示范区

2. 0.22 km²，未来社区（WELL COMMUNITY）
低碳社区 应用场景落位在未来社区

3. 1.43 km²，启动区
作为生态城区打造

图2-16 碳中和建设规划范围

（2）金华碳中和IP项目的意义。金华碳中和IP项目对于金华城市运营、金华金茂未来科学城价值提升及中国金茂未来发展都具有深远的影响。

①围绕中国金茂"1332"城市运营体系，金华碳中和IP标杆项目对于金华高品质城市升级具有重大的意义，营造了金华"品质环境图景、品质社区生活图景、品质公共生活图景"的品质城市。在政府客户端，前瞻性地把握发展趋势，在零碳、人文、智慧城市3大方向协助金华政府完成目标。在多元客群端，金华碳中和IP项目坚持"以人为中心"的核心理念，调动社会各界资源参与减排行为，形成持久、普遍的绿色生活方式。在产业客户端，金华碳中和IP项目面向未来产业需求，提供功能复合、绿色健康、智能运营的新型产业空间。

②金华碳中和IP项目展示了金华项目碳中和特色，增强了绿色氛围和绿色理念的宣传，体现了中国金茂高瞻远瞩和科学谋划，在绿色地产领域抢占布局，引领行业转型发展。金华碳中和IP项目在零碳社区的营造上，通过在小户型产品开展"全

电厨房和 LDK 设计"，满足了面向"95 后"年轻客群新生活方式的新产品和新户型，促进了金华项目销售；通过可循环材料、光纤阳光导入系统、扫地机器人、ACE 环能一体机等科技亮点的应用，金华碳中和 IP 项目将是未来新赛道的试验场，形成新商业模式和业务平台，有助于实现产品升级和科技创新。

③金华碳中和 IP 项目积极运用中国金茂城市运营"1235"低碳产品模型，坚持"以人为中心"的理念，围绕绿色健康和智慧科技两个驱动，落位了中国金茂碳中和"5 个空间"营造。积极对接金茂绿建、金茂云服及相关生态科技伙伴，进行资源对接和资源整合，共同在重点区域和项目中实现绿色场景落地。同时，金华碳中和 IP 项目引入碳汇的概念，跳出零碳结果导向的碳中和，构建了建筑全生命周期碳排放模型，通过碳排放、碳汇和减碳 3 大指标，建立金华东湄碳中和社区碳排放计算清单，为未来中国金茂碳中和 IP 项目的进一步深化形成了标杆示例。

2.3.3　设计思路及结构

1. TOD 模式及选择依据

区域开发项目的建设应以空间规划为基础。TOD 模式最早由美国规划学家彼得·卡尔索普（Peter Calthorpe）于 1993 年提出。其规划设计关注生态化、人本化、低碳化等核心理念，有益于形成功能均衡、富有活力的社区环境，这与人们对未来社区的畅想"不谋而合"。在浙江省第一批试点申报通知中，就提出了"按照 TOD 布局理念，创新空间资源开发利用思路""依托社区 TOD 建立对外交通衔接"等指导意见。

根据地块特点和区位条件，金华金茂未来科学城将基于以下两个方面的考量采用 TOD 模式开发：

（1）TOD 有益于社区的步行化发展，推广绿色低碳的生活方式。TOD 模式重视通过公共空间的塑造打通区域的"任督二脉"，高度连通的街道使得居民出行路径选择较多，土地混合利用开发也让居民不需要过远出行就可满足大部分基本需求。围绕 TOD 开发理念，金华金茂未来科学城的南北向道路将提供连续商业界面，东西向道路提供更多花园空间及绿色停车空间，大大拓宽了区域内的公共空间，有助于推广步行化生活方式，如图 2-17 所示。

（2）TOD 模式可以助力打造 5 分钟、10 分钟社区生活圈理念，有助于形成开放多元的生态系统。金华金茂未来科学城项目地块已有的道路设计存在路网密度较低、道路间距较大的问题，导致街区功能相对单一，社区生活圈的构建难度较大。而 TOD 理念倡导"密路网、小街区"的规划模式，强调增强地块间的联系。金华金茂未来科学城将在原规划路网基础上，增加支路网密度，提升道路等级，分流主次干道交通量，提高城市交通的微循环效率，在增强各地块可达性的基础上构建 5 分钟、10 分钟社区生活圈，如图 2-18 所示。

街道公共空间   主要硬质广场/街道
                次要硬质广场/街道
                绿色停车空间
                街角花园

公园公共空间   城市公园绿地

地铁内半公共空间   地块内硬质联系
                   地块内绿地

图 2-17 公共空间规划

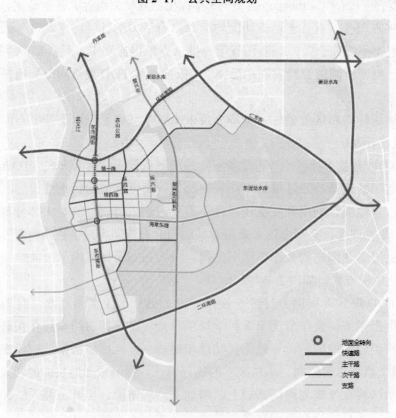

图 2-18 未来科学城道路层级图

2. 设计结构

结合项目地块特点，金华金茂未来科学城的 TOD 设计以"一横·一纵·一日字"型格局和"像素街道"生活圈为亮点，街道作为开放空间骨干，社区 9 大场景作为界面内容，打造全域覆盖的生活圈网络。

（1）"一横·一纵·一日字"型格局。根据区域内原东市南街快速路太过复杂、割裂东西的问题，项目规划设计将根据内部三横四纵主干道路打造"一横·一纵·一日字"特色网状结构。其中，"一横"为以东市南街主干道为核心打造的城市创新轴，打造城市门户形象界面，如图 2-19 所示；"一纵"为 T 形绿色城市公园组团，打造未来绿谷中央休闲带，如图 2-20 所示；"一日字"为日字形慢行生活环，不同路网形成的板块拥有不同的生活功能区，居住、工作、休闲、购物等需求都能在金华金茂未来科学城内实现，打造连续型的城市漫步体验感，如图 2-21 所示。

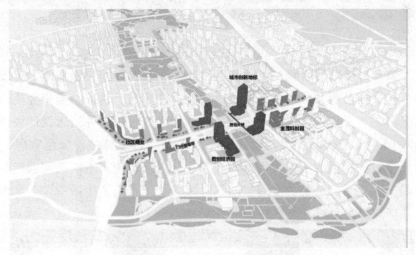

图 2-19 "一横"——城市创新轴

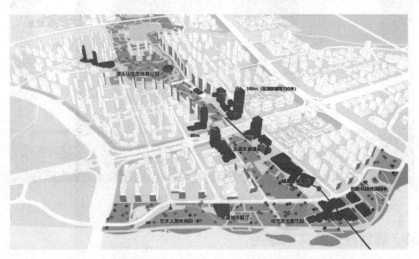

图 2-20 "一纵"——T 形公园组团

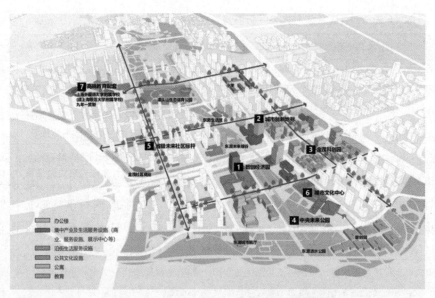

图 2-21 "一日字"——慢行街道生活环

（2）"像素街道"生活圈。我国街道过度关注系统性的交通功能，对以服务街区为主的慢行交通及服务沿街活动的场所功能关注不足。对此，金华金茂未来科学城在借鉴上海创智天地大学路、东京丸之内仲通街道等国内外街道设计案例的基础上，结合中国金茂的产品资源，设计了海绵生态、智慧科技、绿色宜居、弹性多元、全龄安全五大特色的"像素街道"框架，并以街道为基本层构建创产类、居住类、田园类三大生活圈，将"交通空间"升级为"像素街道生活圈"，实现城市空间的多元共享与弹性交融，如图 2-22 所示。

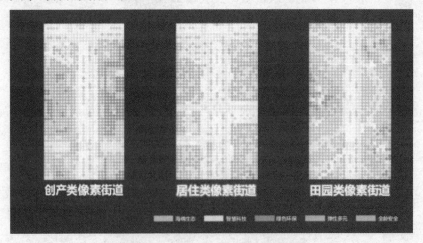

图 2-22 "像素街道"空间框架示意

2.3.4 规划理念及实现路径

金华金茂未来科学城规划以浙江省未来社区"人本化、生态化、数字化"

三化理念为顶层设计，以宜居宜业的"未来生活"、绿色低碳的"未来生态"、数字赋能的"未来生产与运营"及 6 大主体工程为三化理念的实现路径进行宏观设计。

1. 人本化——宜居宜业的"未来生活"

"十四五"时期，我国提出深入推进以人为核心的新型城镇化战略。金华金茂未来科学城规划，以人的美好生活需求为核心，从生态、交通、教育多维度出发打造居住类、创产类两大类生活圈，并根据圈内主要用地类型进行功能划分，以 5 分钟步行距离划定生活圈范围并进行资源合理配置，打造开放包容、宜居宜业的未来生活系统。

（1）居住类生活圈。从社区生活出发，构建功能多样、全龄覆盖、开发友好的社区生活体系，包括以共享开放的公共空间营造自由多元、开放包容的社区环境；以智慧的社区服务建设宜居宜业、动态成长的全年龄友好型社区；以邻里企业展示交流中心打造共享交往的生活新空间。其构建体系如图 2-23 所示。

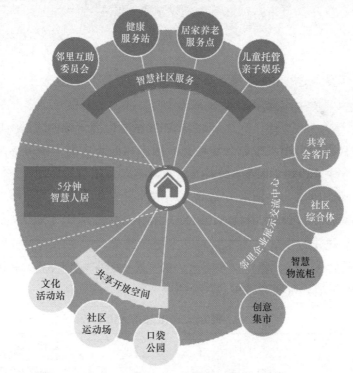

图 2-23　居住类生活圈

（2）创产类生活圈。从创新创业和产业发展需求出发，打造多业态发展、开放高效、智慧智能的创新生产生活，包括以创智交往空间构建开放高效的前沿科创新高地；以一站式园区服务加强人才与企业之间的生活联系，增强创业、办公的幸福感；以智慧化管理提高园区的运营效率，为企业发展提供便利。其构建体系如图 2-24 所示。

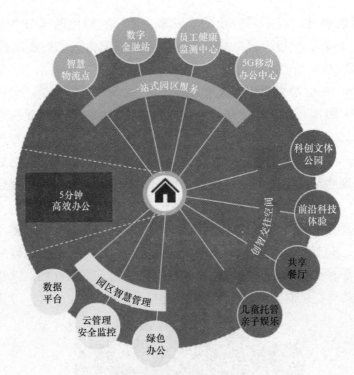

图 2-24　创产类生活圈

2. 生态化——绿色低碳的"未来生态"

我国提出"双碳"战略：二氧化碳排放力争于 2030 年前达到峰值，努力争取 2060 年前实现碳中和。根据我国"碳排放、碳中和"的要求，中国金茂采用先进的低碳理念，以金华金茂未来科学城为试点，通过金华碳中和 IP 项目，打造中国金茂首个城市运营"碳中和"示范区，引领绿色生活。

（1）碳中和示范区规划。采取购碳、运营期自中和方案，点面式结合，选取特定地块做超低能耗建筑设计，幼儿园为近零能耗建筑，潭头山作为域外碳汇。根据测算，总碳排放量（建筑、废弃物、交通、水资源、道路配套设施）和绿化固碳量、太阳能减碳量相抵消，可实现碳中和，见表 2-6。

表 2-6　碳中和示范区碳排放预测

序号	项目	碳排放 /tCO$_2$
1	D-1 地块 34#、35#	498.66
2	D-1 地块幼儿园	69.29
3	D-5 地块 1#、5#	435.26
4	绿地固碳	− 224.41
5	太阳能光伏屋顶减碳	− 112.67
6	潭头山公园固碳	− 666.13
总碳排		0

（2）未来社区规划。采取低碳社区方案，从规划建设环节起就提出高标准的准入要求，构建从低碳规划、建设到运营管理的全过程建设指标体系，约束引导低碳社区的建设。在运营管理阶段，将以控制和削减碳排放为目标，对社区内居民建筑和公共配套设施运行能效进行系统化调整与提升，完善社区低碳管理和运营模式，推广低碳生活方式，见表 2-7。

表 2-7　未来社区低碳项目建设内容

项目	建设内容
城市展示厅	东湄片区低碳数据信息中心，连接社区中心的公共服务设施，建立可调控、可反馈的低碳实施平台
区域能源站	落实冷热源，采用高效泵及蓄能落实集中供冷、供热、调峰等辅助手段
绿色建筑	通过高效的能源供给系统、可再生能源利用、智慧节能总段设施、智慧管理平台等方式提高综合节能率
垃圾分类集中地点投放	合理选择集中定点投放等垃圾分类方式，要求垃圾分类准确率达 90% 以上，生活垃圾回收率达 35% 以上
"光伏建筑一体化 + 储能"的供电系统	超低能耗建筑或集中供热（暖）、供冷
智能储能路灯	利用太阳能电池板和光感开关识别系统，实现人性化节能调节
海绵城市	通过中央绿轴、屋顶花园、下沉绿地等生态措施，达到雨水收集、净化和"弹性"可抗自然灾害等城市功效

（3）启动区规划。采取生态城区方案，在空间布局、基础设施、建筑、交通、产业配套等方面，按照资源节约、环境友好的要求进行城市建设区规划、建设和运营。建立包括土地利用、生态环境、绿色建筑、资源与碳排放、绿色交通、信息化管理、产业与经济、人文 8 大类指标的体系，对城区进行系统性评价。

3. 数字化——数字赋能的"未来产业与运营"

数字技术的发展给各行各业带来了无限畅想，同时，也给城市和社区发展带来更多可能。中国金茂将在"城—人—产"逻辑的指导下，以数字创新赋能为驱动核，首先，通过区域空间面貌的焕新和激励政策的导入，提供宜居的生活环境、充足的发展空间、完善的政策激励，筑巢引凤；其次，发展"数字 + 产业"，引入信息产业、智能制造、智慧农业等新兴数字化产业并对传统产业进行数字化改造，拉动金华市数字产业崛起。进一步将数字经济发展与城市发展紧密结合，以数字化体系赋能城市运营，创建数字之城。

（1）数字经济发展的区域空间建设和政策导入。为构建数字化产业生态开拓发展空间，中国金茂将在中央生活未来区的生活、生态的空间规划基础上再建设多个数创园区，并在 TOD 创产生活圈的规划理念下打造一站式园区服务、配备共享智厅

等公共空间、运用智慧化技术运营园区，为数字化产业发展配套齐全、功能完备、业态复合的空间载体，引领城市创新要素集聚。

制定完善的数字化产业发展政策，吸引产业高端资源集聚。中国金茂联合政府出台了加快总部经济发展和数字经济"一号产业"腾飞的扶持政策，包括科研经费补助、用地用房支持、融资贷款优惠等多方面，以期缔造总部经济空间，并吸引人工智能、区块链、大数据、物联网等数字化企业入驻，为金华数字经济创新资源不断注入新动能。

（2）"数字＋产业"。数字化产业全面发展包括新兴数字产业的引入及传统产业的数字化升级。一方面，中国金茂将聚焦人工智能、大数据、物联网、区块链等前沿数字技术，引入新兴数字化企业带动区域产业生态重构，目前已签约中国最大的智能语音技术提供商——科大讯飞，成立全国首个未来社区研究院，并且发挥母公司中国中化集团资源优势，引入了中化控股旗下的全球农化先正达集团，搭建MAP智慧农业平台，进行科技化、网络化、技术化管理，建成现代智慧农业的中枢动力引擎；另一方面，中央未来区的数字化产业规划还注重"数字＋传统产业"的融合，通过对区域内原有的纺织服饰业、装备制造业、电气产业、汽摩配产业进行改造升级，打造实体经济新模式。

（3）"数字＋城市大脑"。数字化是现代社会的重要发展趋势，金华金茂未来科学城在以数字技术赋能产业转型升级的同时，也注重利用数字化城市大脑赋能城市精细化管理运营。城市大脑是面向城市治理和服务现代化需求，利用新一代信息技术推动城市数据资源汇聚融合和运行态势全域感知，实现城市治理能力提升，是城市新一代的数字基础设施、现代化治理和服务的智能中枢。利用其可以实现对城市的24小时智慧管控，如车流、人流、产业分布、人员构成、用水用电、公共区域监控等。基于数字化思维，中国金茂将城市分为信息层、建筑层、交通层、植被层和管网层5个层次，并将各个层面的信息集成于城市大脑运营，依托城市大脑通过数据库更好地实现城市公共资源的调配，如图2-25所示。

图2-25 城市大脑及其可视化展示示意

2.3.5 七大主体工程

在中央未来区的建设规划中，初期选定了东湄未来社区、中央未来公园、艾青文化中心、高端教育配套、数创经济园、城市创新地标、中国金茂科创园 7 大主体工程。

1. 东湄未来社区——省级未来社区蓝本

东湄未来社区总占地面积约 21.6 万 m^2，建筑面积约 76.64 万 m^2，涵盖商住混合用地和居住用地，布局特色邻里中心、创业人才公寓、低碳幼儿园等子项目，建成具有创业活力的省级未来社区标杆，如图 2-26 所示。

图 2-26 东湄未来社区风貌效果

2. 中央未来公园——城市中轴低碳版图

中央未来公园由潭头山生态公园、东湄中央绿谷、东湄公园 3 大公园体系构成，作为板块内城市中轴景观，以互动、科技、艺术的形式语言，让休闲中带上科技的力量和美学，打造低碳生态绿色版图。其营造理念主要有以下两点：

（1）绿色低碳示范区，打造国际都会山水绿廊。创造城乡融合带，成为区域生态休憩骨干。以两条城市公共服务廊道、花园式的城区环境为城市界面，创造郊野休闲区，承接乡村休闲服务功能，打造田园里的城市、市中心的田园，用农业生态化、文旅化改造乡村，用乡村的生态与文化涵养城市。

（2）原生态山湖江田园，特色农业和艺术融合聚集区。融合赤山公园、东泥塘水库、武义江山水田园原生态，以未来农业理念打造大地艺术祭、田园有机体验等田园城市范本。

3. 艾青文化中心——城市文化展示厅

建筑规模约2.8万㎡的艾青文化中心，将以金华在地文化为引领，成为打造市民文化社交的重要场所，采用国际招标方式进行选拔，由法国包赞巴克、丹麦B.I.G、美国墨菲西斯、英国罗杰斯4家国际著名设计单位进行设计竞标，计划2022年内完成方案比选，如图2-27所示。

图 2-27　城市文化中心风貌效果

4. 高端教育配套——金华未来高教区

高端教育配套包括幼儿园、九年一贯制中小学、留创园等，为社区居民提供以高端教育为内核的生活配套，如图2-28所示。高端教育配套项目包括以下几项：

图 2-28　高端教育配套风貌示意

（1）养育托管点。确保安防监控设备全覆盖，引入公益性、普惠性、高端性等多层次托育机构。

（2）未来社区幼儿园（学区划分以教育部门公告为准）。应用绿色建材打造绿色三星幼儿园，做到安防监控设备全覆盖，并接入社区智慧平台，全方位呵护儿童成长。

（3）九年一贯制中小学（学区划分以教育部门公告为准）。拟引入优质教学资源，九年一贯制学校，丰富教育资源。

（4）城市图书馆。可享受全天自助借书、还书的借阅服务，同时，应用无纸化阅读设备，让浏览阅读更便捷。

（5）留创园。以数字产业为核心，依托已落地的科大讯飞语音智能等产业头部IP的全球领先技术优势，力引"高知名度、高科技感、高未来感"数创科技企业入驻。

5. 数创经济园——第四代智慧园区

数创经济园总建筑规模约为 16.3 万 m^2，面向浙中区域五大核心产业门类的头部企业，打造高品质、花园式的第四代智慧园区办公空间，数创产业的规模化、现代化集聚平台，吸引充满活力和热情的创新类企业进驻，如图 2-29 所示。

图 2-29 数创经济园风貌示意

6. 城市创新地标——城市创新风貌代表

城市创新地标毗邻中央绿轴，最高建筑高度达 100 m，总体量约为 11.9 万 m^2，打造数字服务及科技金融创新地标（东西双塔）。东塔将导入国际国内知名数字企业服务部门，搭建城市数字服务平台，发展数字服务产业集聚，助力企业和城市服务转型升级，打造金华数字服务创新地标。西塔导入金融服务相关资源，搭建创新金融发展平台，助力金华本土双创企业发展升级，如图 2-30 所示。

图 2-30　城市创新地标风貌示意

7. 中国金茂科创园——数字能源综合园区

中国金茂科创园总体建筑规模约为 18.5 万 m², 以数字创新智能制造和新能源为核心, 聚焦新能源研发、智能家居、机器人、大数据处理、农业创新应用等领域, 打造数字能源创智带、共享型产业内庭, 提供产业创新源动力, 打造数字能源综合园区, 带动城市升级, 如图 2-31 所示。

图 2-31　中国金茂科创园风貌示意

2.4　未来社区试点区: 东湄未来社区, 美好生活共同体

2.4.1　项目概况

东湄未来社区是浙江省第二批未来社区试点项目, 总占地面积约为 21.6 万 m², 是中央未来区的子地块, 涵盖商住混合用地和居住用地(图 2-32), 计容建筑面积

约为 50.41 万 m²，容积率为 2.1 ～ 2.8，总投资预计 88.3 亿元。

图 2-32 东湄未来社区规划范围

东湄未来社区项目的地块规划及 9 大场景落位如图 2-33 所示。项目总建筑面积约为 76 万 m²，以 9 大场景的功能空间规划划分 D1 ～ D5 五大地块，强调生活系统的多元集成，将超强城市复合功能微缩于社区，从依托外部城市配套的传统社区升级为配套齐备的像素城市单元。

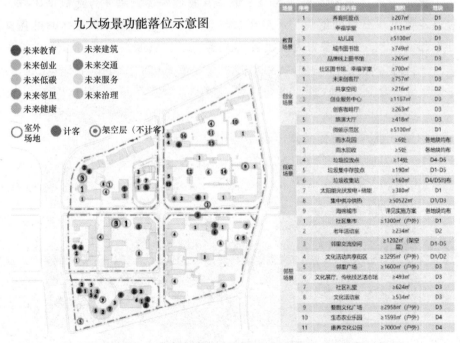

场景	序号	建设内容	面积	地块
教育场景	1	养育托服点	≥207m²	D1
	2	幸福学堂	≥1121m²	D3
	3	幼儿园	≥5100m²	D1
	4	城市图书馆	≥749m²	D3
	5	品牌林上图书馆	≥265m²	D3
	6	社区图书馆、幸福学堂	≥700m²	D4
创业场景	1	未来创客厅	≥757m²	D2
	2	共享空间	≥216m²	D2
	3	创业服务中心	≥1157m²	D3
	4	创客茶咖厅	≥263m²	D3
	5	路演大厅	≥418m²	D3
低碳场景	1	微碳示范区	≥5100m²	D1
	2	雨水花园	≥6处	各地块均布
	3	雨水回收	≥6处	各地块均布
	4	垃圾投放点	≥14处	D4-D5
	5	垃圾集中存放点	≥190m²	D1-D5
	6	垃圾收集站	≥160m²	D4/D5均布
	7	太阳能光状发电+桩架	≥380m²	D1
	8	集中供冷供热	≥50522m²	D1/D3
	9	海绵城市	详见实施方案	各地块均布
邻里场景	1	社区集市	≥1300m²(户外)	D1
	2	老年活动室	≥234m²	D2
	3	邻里交流共享街区	≥1202m²(架空层)	D1-D5
	4	文化活动共享庭园	≥3295m²(户外)	D1/D2
	5	邻里广场	≥1600m²(户外)	D3
	6	文化餐厅、传统技艺活态馆	≥493m²	D3
	7	社区礼堂	≥624m²	D3
	8	文化活动室	≥534m²	D3
	9	艺朝文化广场	≥2958m²(户外)	D3
	10	生态农业乐园	≥1593m²(户外)	D4
	11	康养文化公园	≥7000m²(户外)	D4

图 2-33 东湄未来社区地块规划及 9 大场景落位（以实际规划为准）

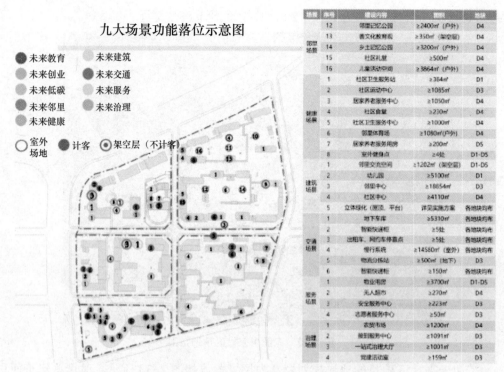

九大场景功能落位示意图

● 未来教育　● 未来建筑
● 未来创业　● 未来交通
● 未来低碳　● 未来服务
● 未来邻里　● 未来治理
● 未来健康

○ 室外场地　　● 计客　　◉ 架空层（不计客）

场景	序号	建设内容	面积	地块
邻里场景	12	邻里记忆公园	≥2400㎡（户外）	D4
	13	善文化教育点	≥350㎡（架空层）	D4
	14	乡土记忆公园	≥3200㎡（户外）	D4
	15	社区礼堂	≥500㎡	D4
	16	儿童活动中心	≥3864㎡（户外）	D4
健康场景	1	社区卫生服务站	≥364㎡	D1
	2	社区运动中心	≥1085㎡	D3
	3	居家养老服务中心	≥1050㎡	D4
	4	社区食堂	≥230㎡	D4
	5	社区卫生服务中心	≥1000㎡	D4
	6	邻里体育场	≥1080㎡（户外）	D4
	7	居家养老服务用房	≥200㎡	D5
	8	室外健身点	≥4处	D1-D5
建筑场景	1	邻里交往空间	≥1202㎡（架空层）	D1-D5
	2	幼儿园	≥5100㎡	D1
	3	邻里中心	≥18654㎡	D3
	4	社区中心	≥4110㎡	D4
	5	立体绿化（屋顶、平台）	详见实施方案	各地块均布
交通场景	1	地下车库	≥5310㎡	各地块均布
	2	智慧快递柜	≥5处	各地块均布
	3	出租车、网约车停靠点	≥5处	各地块均布
	4	慢行系统	≥14580㎡（室外）	各地块均布
	5	物流分拣站	≥500㎡（地下）	D3
	6	智慧快递柜	≥150㎡	各地块均布
服务场景	1	物业用房	≥3700㎡	D1-D5
	2	无人超市	≥270㎡	D4
	3	安全服务中心	≥223㎡	D3
	4	访客者服务中心	≥50㎡	D3
治理场景	1	农贸市场	≥1200㎡	D4
	2	接邻服务中心	≥1091㎡	D3
	3	一站式治理大厅	≥1001㎡	D3
	4	党建活动室	≥159㎡	D3

图 2-33　东湄未来社区地块规划及 9 大场景落位（以实际规划为准）（续）

（1）生态方面，项目西濒浙中生态廊道的武义江，北倚金华市内最大的公园赤山公园，东临潭头山，南靠金华市城市绿楔和文创绿廊，生态禀赋突出。

（2）交通方面，东湄未来社区位于金义发展轴、金兰永武先进制造走廊、金义科技创新走廊的"三廊交汇点"，属于金华金茂未来科学城的核心区，北接多湖商务区，毗邻主城区，发展潜力大，如图 2-34 所示。

图 2-34　东湄未来社区区位

2.4.2 目标定位

在金东区政府和中国金茂指导下，东湄未来社区形成以下两个方面的目标定位。

1. 城市转型升级先行区、金东乃至金华地区的人才策源地

东湄未来社区地处金华市"三廊交汇点"，承担着金华城市向东发展，共建和美金东、希望新城，争创高质量发展，建设共同富裕示范区的历史使命。结合项目区位和历史使命，金义新区将其定位为"城市转型升级先行区、金东乃至金华地区的人才策源地"，致力于打造成需求旺盛的创业试炼场、智慧科技的未来生活圈、雅致的生态栖息地。2019 年，金东区成立东湄中央未来区开发建设指挥部，进行区块征迁、城中村改造，邀请全国知名建筑设计机构 AECOM 对原东湄区块规划设计方案进行优化升级，表明了当地政府推进区域革新的决心。

2. "未来社区"到"未来城市"的样板

东湄未来社区是中国金茂在浙江省第二个未来社区项目，也是金华市首个百亿级片区投资项目，后期投资预计达 500 亿～ 1 000 亿元。根据企业在长三角地区城市运营战略和项目自身特点，中国金茂将其定位为"未来社区"到"未来城市"的样板，为中国金茂在浙江省城市运营项目示范案例。规划建设将以高品质生活发展为主轴，以未来社区"三化九场景"为顶层设计，致力于通过多层级的公共服务体系、灵活共享的创业空间、超低能耗的建筑设施等焕新传统社区生活，将其建成省级未来社区标杆，以局部焕新带动金华城市整体生活风貌升级。

2.4.3 场景体系

未来社区承载着人们对更高品质生活的向往和追求，东湄未来社区规划以浙江省提出的 9 大场景为核心，运用社区规划的"三体"理念指导场景落地。"三体"理念下，社区的建设包括硬体、软体和韧体。"硬体"是指社区内有形的物理空间，如各种公共设施和建筑，包括建筑、交通、低碳、教育、创业、健康场景；"软体"是指社区的无形资源，如社区公约、文化风貌，包括邻里、服务场景；"韧体"是指社区的内在关系，如社区的权力结构和组织关系，包括治理场景。

从"三体"着力，中国金茂将打造一个软硬皆宜、柔韧有度的社区，一个有归属感、舒适感和未来感的生活共同体，生动描绘未来社区全生活链图景，引领金华城市生活的变革。

1. "硬体"场景

（1）建筑场景。社区建筑具有土地集约利用效率低、建筑品质不高、建筑风貌缺乏特色、公共场所与开放空间不足等痛点，东湄未来社区的建筑场景将通过创新空间集约利用和功能集成，打造"绿色低碳、艺术与风貌交融"的高品质社区未来建筑场景。

①绿色公共空间渗透，打造低碳节能建筑群体，并设置楼体垂直绿化景观带，丰富景观效果；将绿色公共空间与邻里中心、广场、住宅、写字楼、沿街商业等各类建筑和场所进行串联，形成有机整体，如图 2-35 所示。

图 2-35 街道绿色公共空间风貌

②混合开发，垂直利用，推广集约高效 TOD 布局模式，围绕公交站点等 TOD 设施，进行梯度混合开发；将公共服务设施与交通站点、垂直交通和建筑间立体交通无缝衔接，提高土地集约利用率。

（2）交通场景。针对停车难、公共交通出行不便、物流配送服务不完善等社区交通问题，突出差异化、多样化、全过程特点，构建社区出行生活圈。

①构建"5、10、30 分钟出行圈"。建立 1 套智能停车系统，同时集成（加油、加气、充电）服务站，"车"实现"5 分钟"取停车；建立 2 个便民公交站点，家门口步行 10 分钟内到达对外交通站点，路口间距不超过 300 m，"人"实现"10 分钟"到达对外交通站点；试点无人车、无人机送快递、外卖服务，消除快递"最后一公里"问题，"物"实现"30 分钟"配送入户。

②创造连续的步行系统。在重要建筑功能区之间建设风雨连廊和通道，通过"一环一路一网"建设，打造绿色景观环路、沿江漫步道及日字形慢生活环。

（3）低碳场景。响应国家"双碳"战略，聚焦多能集成、节约高效、供需协同、互利共赢，构建"循环无废"的未来低碳场景。

①社区内植入碳中和规划区。在未来社区内建立一个约为 0.22 km^2 的碳中和规划区，包含 1 个幼儿园微碳示范区和 4 座特定建筑，从低碳规划、建设到运营管理的全过程构建建设指标体系来约束引导低碳社区的建设。

②全方位低碳项目建设。利用中国金茂大厦具有的绿色科技系统和低碳运营经验，在东湄未来社区内采用光伏发电、海绵城市生态系统、智能储能路灯等设备和措施，集成一个智慧服务平台，通过光伏、区域能源站、垃圾循环回收等技术的落位实施实现低碳运营，如图 2-36 所示。

图 2-36 建筑节能技术应用示意

（4）教育场景。以服务社区全人群教育需求为出发点，采取多项举措解决优质教育资源稀缺、课外教育渠道有限、覆盖人群少的问题。

①配置高质量教育资源。围绕 3～15 岁年龄段教育需求，引入华东师范大学第二附属中学等优质教育资源，奠定从幼儿园开始的数创人才培养体系；在社区开设四点半课堂，聚集民办教育资源、专业社工、大学生志愿者等资源为小学生提供学后辅导和看护服务。

②搭建共享学习平台。在邻里中心打造建筑面积约 1 000 m² 的网红图书馆（图 2-37），建立 4 个共享智慧书屋和社区幸福学堂，为社区提供更多轻松的文化休憩场所；将四分之一的空间作为线上图书馆，放置无纸化阅读机，让浏览阅读更便捷。

图 2-37 网红图书馆

③营造数字化教育氛围。依托浙大金华研究院、浙大科技园等科研机构，导入更多的多元数字化人才和更多科技成果，以论坛、数字化课程等模式形成数字职业教育氛围，针对不同年龄段开展教育活动。

（5）创业场景。面对金义新区创业环境缺乏、人才公寓等配套设施供给不足的问题，社区内将配置共享创业空间，设立社区众筹平台，助力居民创业。

①配置社区"双创空间"。搭建涵盖未来创客厅、创业服务中心、创业路演中心、共享办公室的"双创"空间；建立两个创业集市，定期举办双创大赛，邀请行业精英入驻运营；邀请第三方为创业者提供品牌设计、专利申请、架构等全要素服务。

②设立社区众筹平台。创业者发布项目，多轮路演，设定筹集目标，社区业主优先出资众筹，并获得收益。

③配套创业者住房供给。为社区居民创业提供价格低、运维周到的办公场所，实现"创者有其屋"。

（6）健康场景。针对传统社区医疗资源"看得起"但"看不好"，以及养老设施与服务设施缺失等问题，面向全人群与全生命周期，构建"全民康养"的未来健康场景。

①"线下＋线上"医疗系统。线下端在社区内建立一个社区医院，未来将与当地三甲医院合作形成健康联合体，实现"名医名院零距离"服务；线上端引入中国金茂战略合作单位平安好医生，由专业医疗团队远程开具电子处方，24小时自助购药，即买即取，并建立数字健康平台，实现对未来社区全周期、高质量的医疗问诊、监护功能，如图2-38所示。

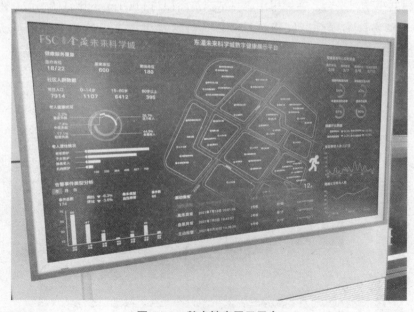

图2-38　数字健康展示平台

②搭建公共运动空间。在社区内建立一个运动活力中心，配置智能健身绿道、健身舱、全息互动系统，并依托 TOD 规划布局，构建 5 分钟步行到健身点，15 分钟步行到球类场馆的运动设施生活圈。

③配建健康养老设施与服务。打造面积约 1 000 m² 健康服务场景，建立五星级养老服务机构，提供全托、日托、医疗、护理、餐饮、娱乐等一站式专业照护服务，并将适老化住宅与普通住宅混合布局，实现老人离家不离亲，拉进与子女的距离。

2. "软体"场景

（1）邻里场景。传统社区邻里关系淡漠，缺少文化交流载体平台等，通过构建邻里公共空间，营造交往、交融、交心的人文氛围，重构未来邻里场景。

①邻里贡献积分机制。居民可以通过参加政府或社区发布的公益任务获得积分。积分可以兑换物品和服务，也可以通过中国金茂荟 App 在东湄未来科学城多项配套之中流通。

②特色邻里空间。公共空间是邻里场景构建的重要载体，东湄未来社区的建设借鉴了新加坡模式的邻里空间经验，通过构建婺剧广场、公园等公共空间促进邻里交流，打造具有金东文化特色的邻里中心，构建熟人社会。具体包含 1 个 TOD 邻里中心、1 个未来公园、2 个文化广场、2 条邻里街区、N 个口袋公园、N 个架空层，如图 2-39 所示。

图 2-39　邻里中心风貌

③打造邻里互助社群。制定邻里公约，建立邻里社群，发挥居家办公人员、自由职业者、志愿者及退休专业人员等群体的特长优势，为居民提供放心安全的服务，打造邻里互助生活共同体。

（2）服务场景。针对社区中物业服务满意度低、便民服务覆盖不全等问题，围绕社区居民 24 小时生活需求，高起点建设公共服务设施，打造"优质生活零距离"的未来服务场景。

① "平台 + 管家"物业服务模式。建立社区数字化运营中心和物业管家中心，成立了科大讯飞未来社区研究院，借助科技使管家服务更贴合当地居民的需求。例如，运用科大讯飞特有语音服务技术，服务于本地家庭。

② "便民惠民"社区服务。线上以多层次、高性价比为主要标准，精选各类商业和服务配套优质供应商（菜场、便利店、日杂店、物流配送终端、社区健身场所、共享单车等），并在社区推广，线下结合 O2O 模式应用。

③ "无盲区"安全服务网。社区设备采用摄像头、智能门锁、电子围栏等设备全覆盖模式，实现消防预警、地图定位、一键式求助、联动报警等多项功能。

3. "韧体"场景

聚焦传统社区物业、居委会、业委会管理矛盾突出、效率低下的痛点，通过构建社区数字精益管理平台，实现"政府导治、居民自治、平台数治"的社区治理场景。

（1）建立未来社区数字中心。通过未来社区数字中心建立"采集 + 提交办理 + 审批 + 对接"的业务流程，网格化管理，办事不用出社区，如图 2-40 所示。

图 2-40　政务服务自助终端

（2）构建"1+3+X"一核多元社区治理结构。"1"——一站式社区综合服务中心（涵盖街道服务中心、社区会客厅、党建工作室、社区议事会、居民自治俱乐部）；"3"——3 个志愿者联络中心；"X"——成立社区治理委员会，包括居委会、社区工作站、业委会、驻辖区单位、社会组织及社区贤能人士各类治理服务主体，建立自下而上的考评机制，形成"多方协商，人人参与"的矛盾调节中心，共同治理社区。

2.5　远景规划：13 km² 全域未来社区

围绕"三年成势、五年成城"的总体目标，利用土地和环境的天然禀赋及发展机遇，在金华金茂未来科学城启动区基础上，中国金茂谋划了 4 大片区，共 13 km² 的远景规划，包括已经启动的中央未来区（金华金茂未来科学城）、依托高校形成的高教创新区、整合村落和苗圃的智慧农创区及肩负城市南拓使命的数创活力区，共同构成全域未来社区畅想，如图 2-41 所示。根据规划，将提供 4 个居住生活圈、8 个创产类生活圈和 5 个乡村类生活圈，共同打造系统联动的生活圈网络；预计投资规模 500 亿～1 000 亿元，将以"公园里·知识城"为建设目标，打造成为金华市区的创新绿谷、未来之城。

图 2-41　远景规划整体分区

从动态规划视角来看，中国金茂将以中央未来区（金华金茂未来科学城）为先行区，以东湄未来社区作为打造美好生活共同体的标杆，未来再循序渐进融入数创活力区、智慧农创区、高教创新区三大板块，不断丰富金华城市运营的新思路，实现各个圈层协同运营，形成"城—人—产"融合的可持续发展。

2.5.1　远景规划一：数创活力区

将打造浙中数字制造街坊、东湄魅力谷、浙中数字创新谷、数字制造服务基地、浙中数字能源绿色基地等数字产业发展主体工程和产服体系，夯实数创产业基础，如图 2-42 所示。

图 2-42　数创活力区布局规划

2.5.2　远景规划二：智慧农创区

　　整合东湄文化村落，设立 MAP 研发及技术服务中心，打造农业主题休闲商业综合体、大地艺术祭及中化农业创新示范基地，夯实智慧农业产业的同时，补充农业休闲产业，导入农业艺术文化，提升板块活力，如图 2-43 所示。

图 2-43　智慧农创区布局规划

2.5.3　远景规划三：高教创新区

　　配备高新创业园、学院社区、科研创新产业园，依托浓厚的教育氛围，力求打造产学研一体化社区，如图 2-44 所示。

图 2-44 高教创新区布局规划

2.6 案例总结

社区是城市的基本单位，也是城市文化融合、市民凝聚力和幸福感提升的重要场所。未来社区作为社区尺度下的"未来"，不仅代表愿景、理想的方向，更是"当下"棘手问题破解之道的实现路径。金华金茂未来科学城的建设融合了金华特色和中国金茂逻辑，围绕"绿色低碳、数字赋能"的核心理念，以及"三年成势，五年成城"的动态规划，首先在"社区"空间内集成"社区的未来"，并由社区的未来牵引"房地产业未来"和"城市未来"。

2.6.1 社区的未来

（1）民生痛点的集成解决。分析浙江省对于未来社区的定义可知，未来社区本质上是一项民生工程，应坚持以人为本的第一要义。东湄未来科学城的全程规划都秉持"以人为核心"的理念，从需求侧出发聚焦人民美好生活向往。启动区中央未来区（金华金茂未来科学城）围绕人本化、低碳化、数字化 3 大理念，从居民的生活、生态、交通等多维度日常需求出发，构建宜居宜业、绿色低碳、数字赋能的未来生活系统。东湄未来社区的9大场景规划与居民最关切的民生痛点相对应，以"三体"理念打造全生活链场景，覆盖居民物质和精神生活的方方面面。全域类未来社区的规划则是对未来设想的进一步扩大，在中央未来区（金华金茂未来科学城）的基础上构建数创活力区、智慧农创区、高教创新区3大板块，连缀成面，构建新型功能单元基底交互融合、要素融通的"城—人—产"融合的可持续发展格局。

（2）数字赋能的集成应用。东湄未来社区以"数字+"为基底，不仅在社区范围内为数字技术提供了具体的应用场景，丰富和改善了社区居民生活服务，还以全域类未来社区建设的巨大需求市场为契机，通过"数字+产业"吸引新兴数字化企业和人才落户，推动金华市数字经济的发展。进一步，"数字+城市大脑"所依托的城市大脑的运营系统不仅可以有效整合社区内的各种资源和信息，还可以将未来社区的数字化运营经验推广到整个城市的数字化运营平台搭建，推动从社区的数字化逐渐走向城市的数字化。

（3）绿色低碳的集成规划。金华金茂未来科学城建设积极响应国家"两山"理论和"双碳"战略，激活了金华的生态禀赋，制订了全面的低碳建设方案。一方面，立足金华的城市生态肌理，将潭头山生态公园、东湄未来绿谷、东湄滨水公园3大公园作为核心生态节点连成T形的绿谷中央休闲带，在城市空间中融入自然生态，优化碳汇空间格局，打造城市样貌、未来人居的综合体验；另一方面，通过低碳规划明确了碳中和的具体路径，打造零碳示范区，树立城市碳中和标杆，在未来社区中发挥中国金茂绿色建筑技术优势，为低碳技术提供了应用场景空间，并在启动区将绿色低碳指标融入规划、建设和运营指标体系，将碳中和要求落实至单元。

（4）以空间规划统筹理念规划。与已有的TOD规划相比，未来科学城的TOD规划提升了出行效率，同时，注入了"以人为本、生态、数字"理念。"一横·一纵·一日字"型的格局疏通了区域的"毛细血管"，营造多维度的慢行步道和活动空间，打造生产、生活、生态相融合的生活圈网络，激活了城市的空间价值。"像素街道"的规划打造了具有"海绵生态、智慧科技、绿色宜居、弹性多元、全龄安全"五维价值理念的街道，在依据地块特征划分功能分区的基础上，将公共空间"点缀"在不同功能空间之中，从而实现街道功能空间有机结合，更广泛地影响个人、社区和城市的方方面面。

2.6.2 房地产业的未来

经历了版图扩张、做大规模的1.0阶段，以及业态多元、开辟新增长点的2.0阶段，如今房地产业正走向企业内核升级、更注重长远价值的3.0阶段。同时，在"房住不炒"调控政策总基调下，城市升级、产业培育、社会治理、文化交融、智慧应用等都对房地产业创新提出了更高的要求。未来社区模式的探索，或许能成为房地产业新的市场和转型契机。

对开发模式而言，未来社区的建设具有一定的城市"门面"意义，由此决定了它的开发并不是房地产商孤立行动，而是与城市决策者同心共谋。对具体规划建设而言，未来社区不是简单的立面、石材、精装的社区住宅建设，而是更广、更深的探索。房地产商不是单纯的"修楼工"，而是"造社区""造生活"，实现全方位生活场景体系的构建，担当起产业升级、生态升级时代任务的"城市运营商"。

金华金茂未来科学城，正是中国金茂继城市运营战略转型升级后又一次提升企业内核的关键探索。得益于政企间的良好互动，规划建设中数字低碳的交叉融合，以及中国金茂释放城市未来生命力的美好初心，中国金茂以金华金茂未来科学城为阵地实现了"土地开发＋产业培育＋城市功能"的有机结合，打造了具有金华碳中和 IP 项目特征的未来社区，为房地产业探索转型之道提供了示范。

2.6.3　城市的未来

城市是社区发展的依托空间，应在城市的禀赋、特征、潜力基础上研究社区建设，只有更美好的城市，才会有社区的未来。在中国金茂"城—人—产"城市运营逻辑指导下，金华金茂未来科学城将未来社区放在未来城市的尺度里考量，通过社区更新激活城市活力，从"未来社区"建设推动"未来城市"发展。

对于金义都市区联动发展水平不高的困境，金华金茂未来科学城抓住了金华城市向东拓展、金东区进入"三区协同发展"的时代机遇，通过焕新东湄片区实现将金华现有城市中心版图向东扩展，为加速引领金义都市区一体化发展注入了新力量。对于金华市数字经济发展动力不足的困境，一方面，以"数字＋"实现产业价值增能；另一方面，利用"城市大脑"推进新一代数字基础设施建设，也为城市数字化场景运营管理积累技术经验。对于生态人文价值转化不足的问题，依靠城市生态本底布局了 3 大公园，以点串线，打造一条生态绿色走廊，辐射带动金华全域生态品质提升。对于金华城市运营薄弱的问题，在一定程度上，金华金茂未来科学城建设可以成为金华城市振兴的一项标杆产品。

综上所述，"未来"是天马行空、不拘一格的，对于未来社区的建设和运营，我们会有更多的期待。浙江省未来社区建设进入全面推广阶段，金华金茂未来科学城的规划运营思路可以成为未来社区的建设参考，也可以作为房地产企业城市运营典型案例。近年来，浙江省未来社区建设涌现了许多优秀案例，但是，在整体上我国未来社区建设处于探索阶段，仍有许多问题需要思考，例如，在推动数字未来社区建设中各方责任不明、治理端和服务端"最后一公里"尚未完全渗透、TOD 理念在实际建设中被标签化等很多现实问题。希望浙江省在未来社区实践中不断发现问题并总结经验，启发和推动其他地区更多地实践，开启新时代中国居住社区建设新未来。

思考 练习题

1. 与传统社区相比，未来社区有什么特点？
2. 分析金华金茂未来科学城如何贯彻"人本化、数字化、低碳化"规划理念。
3. 中国金茂"城—人—产"运营逻辑对社区和城市建设提供了哪些经验和启示？
4. 根据东湄未来社区规划，分析全域类未来社区的建设思路及要点。
5. 思考我国推进未来社区建设可能遇到的关键问题及解决方案。

第2篇 新空间

肇庆万达国家度假区项目

深圳远洋天著

3 肇庆万达国家度假区项目：

乘势而起，高质量打造中国南方冰雪之都

> 我们为祖国服务，也不能都采用同一方式，每个人应该按照资源禀赋，各尽所能。
>
> ——歌德

🏛 案例导读

中国度假旅游正在形成以国内大循环为主体、国内国际双循环相互促进的新发展格局。为进一步实现人民的美好生活愿望，国家正推动文化和旅游融合发展，建设一批富有文化底蕴的世界级旅游景区和度假区，打造一批文化特色鲜明的国家级旅游休闲城市和街区。

2022年冬奥会在北京举办，极大地带动了广大中国人民的冰雪运动热情。与此同时，国家层面开始重视冰雪产业的发展和规模效应，一系列的政策出台使冰雪产业正式进入市场化发展，未来市场前景十分乐观。

万达集团以既有的、中国领先的文化旅游全产业链体系为基础，凭借丰富的旅游度假区，尤其是冰雪项目等方面的建设和运营经验，依托历史名城肇庆现有的"山湖城江"，通过大胆的项目定位和科学的项目产品体系规划，努力打造中国南方的冰雪产业链，改变肇庆城市格局，"冰雪下南国"，倾力打造"肇庆万达国家度假区项目"。

同时，"肇庆万达国家度假区项目"在推广上善于借势、造势和攻心，在销售上勇于攻坚、创新和迎难而上，通过令人瞩目的网络营销手段，战胜疫情带来的不利影响。

旅游度假区是指具有良好的资源与环境条件，能够满足游客休憩、康体、运动、益智、娱乐等休闲需求的，相对完整的度假设施聚集区。

3.1　新时代背景下旅游度假区发展趋势：世界级

3.1.1　旅游度假区发展的时代背景

在以习近平同志为核心的党中央坚强领导下，在各级党委政府重视支持和社会各界的共同努力下，我国文化和旅游发展稳中有进、繁荣向好，为全面建成小康社会提供了强有力的支撑。

《中共中央关于制定国民经济和社会发展第十四个五年规划和二○三五年远景目标的建议》提出，要加快构建以国内大循环为主体、国内国际双循环相互促进的新发展格局。中国度假旅游正在形成以国内大循环为主体、国内国际双循环相互促进的新发展格局。中国 14 亿多人口、4 亿多中等收入群体，是此新格局形成的重大保障。

与此同时，以国家级旅游度假区建设为旗帜的全国旅游度假区发展良好。国家级旅游度假区是为了适应我国居民休闲度假旅游快速发展需要，为人民群众积极营造有效的休闲度假空间，提供多样化、高质量的休闲度假旅游产品，为落实职工带薪休假制度创造更为有利的条件而设立的综合性旅游载体品牌。创建国家级旅游度假区是促进和引领旅游行业由观光型向休闲度假型转变的一项重要工作，对我国旅游产品体系的建设和完善具有重要的意义，是适应我国城乡居民消费升级、提升生活品质、创建美好休闲度假生活的客观需要。国家级旅游度假区与 5A 级景区分别代表了中国旅游度假产品和观光产品的最高等级，也将和 5A 级景区一样，实施动态管理、退出机制，是旅游产品改革创新、提档升级的重要抓手。

自 2015 年 10 月国家旅游局宣布首批 17 家国家级旅游度假区以来，全国各地省级旅游度假区纷纷启动创建工作，以期早日达到国家级标准。截至 2020 年 12 月 28 日，我国已有 45 家国家级旅游度假区，分布在全国 23 个省区市，涵盖多种度假类型，其中河湖湿地类 16 家，山林类 8 家，温泉类 6 家，海洋类 5 家，冰雪类 3 家，主题文化类 5 家，古城古镇类 1 家，沙漠草原类 1 家。据文化和旅游部资源开发司有关负责人介绍，国家级旅游度假区的建设和发展对于优化旅游产品结构、引导全国度假休闲旅游发展、促进旅游业的转型升级具有重要的意义。

2020 年 10 月，党的十九届五中全会通过的《中共中央关于制定国民经济和社会发展第十四个五年规划和二○三五年远景目标的建议》中明确提出，"推动文化和旅游融合发展，建设一批富有文化底蕴的世界级旅游景区和度假区，打造一批文化

特色鲜明的国家级旅游休闲城市和街区……",进一步明确了旅游度假区发展的要求,为旅游度假区发展摹画了蓝图、明确了路径。

3.1.2　旅游度假区的分级与分类

根据《旅游度假区等级划分》(GB/T 26358—2022),我国的旅游度假区划分为两个等级,从高到低依次为国家级旅游度假区、省级旅游度假区。其中,国家级旅游度假区是地方发展的金字招牌,是产业转型升级的品牌。

旅游度假区也可以根据旅游度假区的资源来进行分类。旅游度假区的资源是指能够提供游客主体休闲度假产品的关键吸引物,包括自然资源与人文资源两大类。其中,自然资源包括海洋、内湖、山地、滑雪地、森林、温泉、草原 7 小类;人文资源包括乡村田园、传统聚落、主题运动(指人工环境下的主题运动,如高尔夫等)、主题娱乐(如赛马、影视城、主题乐园等)、人文活动(指以人为媒介的传统习俗、非物质遗产等)5 小类。

3.1.3　什么是"世界级旅游度假区"

目前,关于世界级旅游度假区并没有形成一个统一的概念和标准,并没有形成如国家级(省级)旅游度假区一样的打分标准和审核流程。但是,"世界级"项目不等同于大项目、土豪项目和主题不明确的大杂烩项目。

首先,世界级项目应该具有"世界级的文化主题"。鲁迅先生在《且介亭杂文集》中说:"只有民族的,才是世界的。"对在地文化的挖掘、演绎,将在地文化与现代需求相结合,实现体验升级,是项目具有世界性的第一要务。所以,充分挖掘在地文化的内涵,增强其文化力、传播力、感染力,是迈向世界级的第一步,也是让文旅项目永葆魅力和持续生长创新的源泉。

其次,世界级旅游度假区都应该努力向"旅游目的地"转变,使旅游资源同旅游专用设施、旅游基础设施及相关的其他条件更好地结合起来,配套服务,具备"世界级的品质"。

最后,在文旅消费升级和构建国内国际双循环相互促进发展的新格局下,世界级的文旅项目应围绕满足国人美好生活和国际游客休养需求,双向推进。因此,智慧化、多元化、国际化、创新化的体验模式也是项目具备世界性的重要内涵。

在"十四五"的开年之际,《中共中央关于制定国民经济和社会发展第十四个五年规划和二〇三五年远景目标的建议》提出培育世界级旅游景区和度假区,是在充分结合我国文旅产业发展的实际情况和特殊阶段,并在吸收旅游发达国家成功的发展经验的基础上,做出的正确战略部署,是文旅深度融合和高质量发展的又一风向标型的发展路径。通过世界级旅游景区和度假区的培育,对于充分发挥我国独特的自然环境和厚重的文化内涵有着深远的意义,对于自然资源和文化资源的充分融合有着强有力的推动作用，同时，也是实现我国从旅游资源大国向旅游资源强国转型的必由之路。

3.1.4　设立旅游度假区的条件

1．气候、地理因素是度假区及旅游项目发展的先决条件

在旅游度假区选址研究时，地理和气候是最重要的影响因素。对一个区域的发展，影响最大的是那些长期性的因素。这里的长期不是指几百、上千年的历史文化因素，而是指几千万、上亿年才形成的诸如地质、地缘、矿产、水土、气候等长期性因素。这些长期性因素虽然变化非常缓慢，但对区域和城市的发展起到底层的、基础的、至关重要的作用，并很大程度上决定了区域的产业结构、文化和历史特质。例如，气候条件成为人们选择度假地的关键因素，人们在度假时无论户外休闲还是游乐、运动都需要一个宜人的气候环境。大型旅游度假区都需要在基础设施建设、度假酒店建设、环境整治等方面进行大规模投入，如果度假气候适宜期不够长，经营期较短，将直接影响文旅项目的投资意向和经营收益。

2．主题度假资源是现代度假区发展的关键性因素

主题度假资源即通过创意性、启示性整合度假区自然资源、人文资源及其他资源，而形成的既适合本土发展，又具有强烈个性和普遍适宜性的系统化的旅游资源。世界知名的度假区都有自己鲜明的主题度假资源，这些主题度假资源能满足度假游客放松身心、康体休闲、文化娱乐和服务等的核心诉求。成功的主题旅游度假区经验表明：主题必须鲜明，针对特定的、细分的旅游市场，满足特定客源的需求，主题结构可以是一个主题多个次主题，也可以是多主题平行。

3．度假酒店是最核心的度假产品

度假旅游与走马观花式观光旅游模式有很大的不同。通常，度假旅游模式是游客选择一家度假酒店入住，然后以度假酒店为大本营享受悠闲的度假时光。因此，考核旅游度假区的核心指标是过夜游客量，这也是体现度假区和观光旅游区根本区别的指标。

现在国际顶级的度假酒店，例如，地中海俱乐部、PVCP度假村等，基本都提供"一站式服务"，即以度假酒店为中心，提供从住宿、餐饮、会务到运动、游乐、教育等全程和全面的服务。另外，在成熟的度假区内往往会形成度假酒店集群，不同星级、品质、主题的度假酒店互为补充，给游客提供多种体验选择。

3.1.5　高品质旅游度假区

高品质旅游度假区不能只满足于国家级要求，应争取成为"中国一流、国际知名"品牌的世界级旅游度假区。一流的旅游度假区某种意义上也是一流的旅游目的地。为此，应努力做到"九个一"。

1．一流的形象

旅游度假区形象要让消费者"有感"，这样才能有市场号召力。有市场号召力才能为周边配套引流，才能有价值变现的机会。

2．一流的生态

没有好的生态就不会有好的休闲度假，不能只停留在资源层面上，最终要落实在生态旅游产品上。生态旅游作为一种发展理念，是指在旅游活动全过程及旅游经营管理的各环节，均以生态保护为首要原则，突出环境责任、社会责任和文化责任，强调天人合一，追求可持续发展；作为一种旅游产品，主要是指采用生态友好的方式，为消费者提供高质量生态体验的服务和要素组合；作为一种旅游活动，是指到具有生态价值的地区，用生态友好的方式，体验生态之美的行为。

3．一流的文化

文化覆盖各个方面，深入挖掘，研究主题，推进文化建设。自然不宜改变，感受应当深化；历史不可重演，体验应当升华。传统文化，现代解读；传统资源，现代产品；传统产品，现代市场。历史价值、考古价值、科研价值和审美价值、休闲价值、市场价值不能等同。让历史变得时尚，让文化变得可亲，让自然可以接触，让休闲融入生活。

文化的旅游价值，可以通过"四个五"实现：一是"五看"，想看、可看、好看、耐看、回头看；二是"五可"，可进入、可停留、可欣赏、可享受、可回味；三是"五度"，差异度、文化度、舒适度、方便度、幸福度；四是"五力"，视觉震撼力、历史穿透力、文化吸引力、生活沁润力、快乐激荡力。

4．一流的产品

通过充分挖掘度假资源，群策群力，创新设计出一流的产品。度假区主体诉求就是要休养和游玩，仅仅观光是不够的。

5．一流的标准

标准其实是一套信号机制。对于一流的旅游度假区来说，一流标准不只是执行现有行业大标准，还需要创建自己的企业标准，用标准保障品质。

6．一流的游客

一流的游客通常具备一定的消费技巧和度假能力，追求休闲度假的生活方式。一流的旅游度假区，通常能为游客提供展现其技巧和能力的空间，为他们实现休闲度假生活提供可能。

7．一流的企业

高质量的旅游度假区具有一流的吸引力、品牌力，能引起市场消费者的关注，也就能吸引一流的旅游类企业入驻，形成一流的市场需求。一流品牌需要一流的创意和广阔的视野。

8．一流的融合

观光旅游出人气，休闲度假出财气，文化旅游出名气；乡村休闲跟进，商务休闲主导，特种旅游补充等。深度整合、利用资源，跨界融合，让大家做各自擅长的事情，形成合力。

9．一流的生活

在高质量的旅游度假区度假，就是在一个地方长时间停留，将疲惫的身心放下。随着社会经济发展，未来这种美好生活方式可能成为日常状态，引领生活品质。

3.2　万达的旅游度假区项目之旅：不忘初心，业态融合

3.2.1　万达集团简介

万达集团创立于 1988 年，已发展成为以现代服务业为主的大型跨国企业集团，旗下包括万达商管集团、万达文化集团、万达投资集团。其中，万达投资集团立足城市发展，以前瞻的视野布局建设大型城市综合体、大型文旅城市项目、城市精品高端住宅项目，释放城市消费潜力，引领城市生活品质潮流。

3.2.2　万达旅游度假区发展沿革及经验

万达集团拥有中国领先的文化旅游创意、规划设计、建设、运营全产业链，已在全国建设和运营 10 余个大型文旅项目，见表 3-1，积累了丰富的旅游度假区的建设和运营经验。

表 3-1　万达文旅项目表

序号	项目名称	开业时间	项目简介
1	武汉中央文化区	一期开业：2011 年；二期开业：2013 年	位于武汉市核心地段；项目占地 1.8 km²，总建筑面积为 340 万 m²；以文化为核心，集文化艺术、旅游休闲、商业娱乐、商务办公、高端居住 5 大功能于一体的世界级文化旅游项目
2	长白山国际度假区	一期开业：2012 年；二期开业：2013 年；三期开业：2014 年	首批国家级旅游度假区；位于吉林省抚松县松江河镇，长白山西麓；项目占地 21 km²；由大型滑雪场、度假酒店区、旅游小镇等组成
3	丹寨万达小镇旅游度假区	2017 年	精准扶贫的核心产业项目；位于贵州省黔东南州丹寨县东湖湖畔；项目占地面积 400 亩；建筑采用苗侗风格，引入丹寨特有的国家非物质遗产项目、民族手工艺、苗侗美食、苗医苗药等内容，并配套建设四星级万达锦华酒店、多家客栈、万达宝贝王、万达影城等，形成独具特色的综合性商业、旅游目的地

续表

序号	项目名称	开业时间	项目简介
4	兰州万达城	2021 年	位于兰州市七里河区；项目占地 1 300 亩；由万达茂、度假酒店群、旅游观光塔、酒吧街、旅游集散中心等组成
5	延安红街	2021 年	位于延安市高新区；以红色文化为主题，集民俗文化体验、旅游休闲度假于一体的大型红色文化旅游项目
6	万达文旅城	2021 年	位于武汉阳逻核心板块；定位为世界文旅新名片，华中欢乐聚集地；由滑雪场、射击乐园、影视乐园、卡丁车乐园、特色商业街、奢侈品小镇、温泉度假酒店等组成
7	潮州万达城	2022 年	位于韩江新城意溪镇；总建筑面积约为 340 万 m^2；集文化体验、传播、交流的平台于一体的世界级文旅目的地
…	……	……	……

万达文旅项目经验：一是依托本地，突出特色发展；二是以产业带动地产，以地产做活产业；三是融主题项目与多业态组合于一体，实现多元化体验；四是鼓励多方参与，推动产业链完善；五是长期致力于冰雪特色项目开发与运营，功力日深，独树一帜。

3.3 项目缘起：冬奥魅力，湾区活力

3.3.1 冬奥魅力，冰雪热潮

近年来，我国冰雪旅游经济不断发展壮大。2018—2019 年，冰雪季我国冰雪旅游人数达到 2.24 亿人次，冰雪旅游收入为 3 860 亿元，同比分别增长 13.7% 和 17.1%。据不完全统计，2018—2020 年，我国冰雪旅游投资总规模超过 9 000 亿元，冰雪旅游成为资本和市场关注的热点。按照联合国世界旅游组织测算，2021—2022 年，冰雪季我国冰雪旅游带动冰雪特色小镇、冰雪文创、冰雪运动、度假地产等相关产业的产值达到 2.92 万亿元。

根据国家体育总局发布的《冰雪运动发展规划（2016—2025 年）》推行"校园冰雪计划"，将以政府购买服务方式，支持冰雪运动教学活动的开展，全国中小学校园冰雪运动特色学校计划 2020 年达 2 000 所，2025 年达 5 000 所。同时，规划指出，通过冰雪运动普及度的提高，到 2025 年，努力实现"全国直接参加冰雪运动的人数超过 5 000 万人，并'带动 3 亿人参与冰雪运动'"的发展目标。

习近平主席会见国际奥委会主席巴赫，指出："2022 年冬奥会在北京举办，是中国体育和经济社会发展同世界奥林匹克运动发展开创双赢局面的重要契机，预计将带动中国 3 亿多人参与冰雪运动，我们将为世界奉献一届精彩、非凡、卓越的冬奥会。"

如图 3-1 所示，我国国家层面开始重视冰雪产业的发展和规模效应，一系列的政策出台使冰雪产业正式进入市场化发展，根据国家规划，我国冰雪产业在 2022 年进入高速发展期，未来市场前景十分乐观。

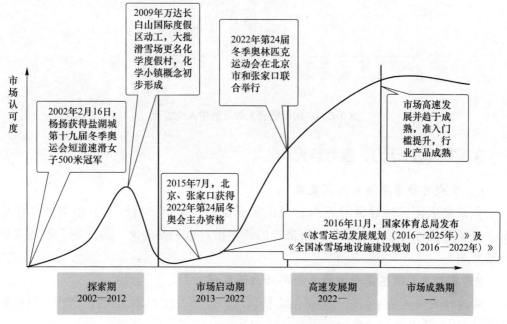

图 3-1　中国冰雪产业发展历程

3.3.2　2019 年中国滑雪场数量、滑雪者人数及滑雪人次

2019 年，国内滑雪场新增 28 家，包括 5 家室内滑雪场，总数达到 770 家，增幅 3.77%。新增 28 家滑雪场中，有 5 家建设有架空索道，另有 1 家已开业滑雪场新建架空索道。截至 2019 年年底，全国 770 家滑雪场中，有架空索道的滑雪场达到 155 家，相比 2018 年的 149 家增长 4.03%。国内滑雪场的滑雪人次由 2018 年全年的 1 970 万人，上升到 2019 年的 2 090 万人，同比增幅为 6.09%。

与此同时，各项滑雪推广活动朝着纵深化方向发展，初学者转化率有明显提升。如图 3-2 所示，2019 年全年国内滑雪者约为 1 305 万人，相比 2018 年的 1 320 万略有下浮。其中，一次性体验滑雪者占比由 2018 年的 75.38% 下降为 72.04%，滑雪爱好者比例有所上升。2019 年，滑雪者在国内滑雪场的人均滑雪次数由 2018 年的 1.49 次上升为 1.60 次。

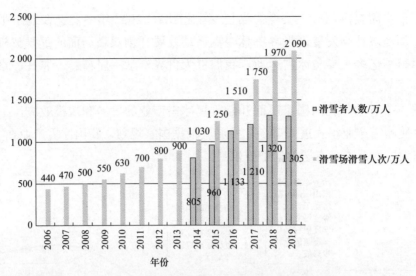

图 3-2　中国滑雪者人数及滑雪人次统计

3.3.3　湾区活力，潜力巨大

1．中央力推粤港澳大湾区发展

粤港澳大湾区建设是习近平总书记亲自谋划、亲自部署、亲自推动的国家战略，是新时代推动形成全面开放新格局的新举措，也是推动"一国两制"事业发展的新实践。

2．粤港澳大湾区是中国最具经济活力的区域

粤港澳大湾区是中国最具经济活力的区域，仅凭占比 0.6% 的国土面积，贡献率占全国 GDP 总量的 12.57%。

粤港澳大湾区土地面积为 5.65 万 km^2，大于纽约、旧金山和东京 3 个经济区的面积总和。2018 年，粤港澳大湾区在世界湾区中整体影响力指数排名第二。2019 年，粤港澳大湾区 GDP 达 11.62 万亿元，已超过旧金山湾区，接近纽约湾区水平。预计到 2030 年，将超过东京、纽约和旧金山，成为全球影响力最大的湾区。

3．大湾区冰雪运动人次增幅位居全国第一

如图 3-3 所示，在全国冰雪旅游 20 大客源城市中，广州排第二位。广东冰雪游人均消费超 4 600 元，排行全国第三位。2019 年，广东省滑雪人次数达 65 万人次，同比 2018 年 8 万人次，增速为 712.5%，位居全国榜首。

4．国家规划支持，大湾区冰雪产业前景广阔

国家体育总局发布的《冰雪运动发展规划（2016—2025 年）》明确提出全面推进冰雪运动"南展西扩"战略，以京津冀为引领，以东北三省提升发展为基础，发挥新疆、内蒙古等西北、华北地区的后发优势，带动南方地区协同发展，形成引领带动、三区协同、多点扩充的发展格局。

排序	省份	2019 滑雪场数量/个	2019 滑雪人次/万人	2019 滑雪人次增幅/%	2018 滑雪场数量/个	2018 滑雪人次/万人
1	河北	61	243	15.62	59	210
2	吉林	45	215	16.85	43	184
3	北京	25	189	7.27	24	176
4	黑龙江	124	186	−16.06	124	221
5	新疆	65	122	26.88	60	96
6	浙江	20	111	10.50	19	100
7	内蒙古	42	101	3.27	42	98
8	河南	44	96	2.78	43	93
9	山西	49	95	−18.01	48	116
10	山东	67	88	−6.38	65	94
11	陕西	35	74	−9.76	34	82
12	四川	12	68	−5.28	11	72
13	辽宁	38	67	−8.22	38	73
14	广东	3	65	712.50	2	8
15	甘肃	22	60	−8.46	21	65
16	江苏	18	54	45.92	17	37
17	天津	13	46	4.55	13	44
18	湖北	16	43	79.17	11	24
19	重庆	16	35	−12.50	16	40
20	湖南	10	34	−14.76	9	39
21	贵州	10	32	−3.03	10	33
22	宁夏	14	22	9.00	13	20
23	青海	8	15	20.00	8	13
24	安徽	3	12	20.00	3	10
25	云南	5	9	8.75	4	8
26	广西	2	5	−16.67	2	6
27	江西	2	4	−20.00	2	5
28	福建	1	2	−50.00	1	4
合计		770	2090		742	1970

1 上海		2 广州	
TOP3	北京	TOP4	南京
TOP5	武汉	TOP6	杭州
TOP7	深圳	TOP8	长沙
TOP9	郑州	TOP10	成都
TOP11	南昌	TOP12	重庆
TOP13	贵阳	TOP14	合肥
TOP15	厦门	TOP16	昆明
TOP17	西安	TOP18	无锡
TOP19	天津	TOP20	南宁

图 3-3　滑雪场人次分布和 2020 年冰雪旅游 20 大客源地城市

3.4　项目选址：选址肇庆，万达助力

3.4.1　肇庆发力，冰雪南国

1. 重新定义城市

如图 3-4 所示，肇庆是山水历史文化名城，从不缺山水之美。近年来，肇庆政府促推城区"全域旅游化"，发展成果丰硕。与此同时，为了顺应国家战略，响应政府关于发展冰雪产业、全力举办 2022 年冬奥会的战略决策；为了推动经济发展，实现全国 3 亿人上冰雪，实现万亿冰雪产业总规模；为了呼应社会需求，丰富人民精神文化生活，增强人们的幸福感，肇庆拟依托现有的"山湖城江"，努力打造中国南方的冰雪产业链，改变肇庆城市格局，使之在概念上，由"山水肇庆"向"中国南方冰雪之都"转变，形成肇庆城市新名片，如图 3-5 所示，吸引大湾区乃至全国客流，大大提升肇庆城市影响力及市场投资预期。

图3-4　山水肇庆和历史肇庆

图3-5　"冰雪下南国"宣传

2. 肇庆冰雪产业体系

为实现"中国南方冰雪之都"目标，肇庆拟搭建功能完备的冰雪产业体系，努力打造五大冰雪产业平台，如图3-6所示。

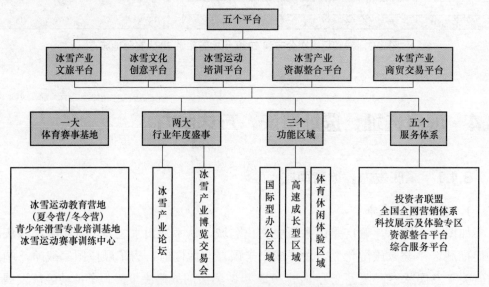

图3-6　肇庆冰雪产业体系五大冰雪产业平台

（1）冰雪产业文旅平台：非单一的滑雪场，而是以冰雪产业为基础，构建全业态文旅大城，大力推行一站式、沉浸式的文旅体验。

（2）冰雪文化创意平台：挖掘南国冰雪特点，联动合作各大品牌文娱产业，开发独有的有全国影响力的文化IP。

（3）冰雪运动培训平台：与体育学院、省／市体育局等机构合作，落成冰雪赛事基地、训练中心、青少年冰雪教育等。

（4）冰雪产业资源整合平台：打通上下游渠道，整合全国冰雪产业资源，为中小型冰雪行业创新机构提供全渠道、全资源平台。

（5）冰雪产业商贸交易平台：提供市场渠道，通过企业资源池或定向对接，为企业打通产业上下游及走向市场的业务渠道，通过举办"冰雪博览会"等手段达成交易。

3. "七个一"工程打造肇庆城市新名片

（1）一个有高度、有热度的全国发布会。举行中国冰雪产业中心落户大湾区发布会，邀请奥运冰雪体育明星、冰雪明星、权威专家及官方媒体参会，打造全国影响力。

（2）一个大湾区冰雪产业基地的落地。邀请冰雪产业联盟及行业领袖汇聚，在肇庆打造大湾区冰雪产业基地（中国南方冰雪产业协会、冰雪产业运动协会等组织），推动中国冰雪运动大众化、生活化，助力冰雪文化在中国的普及和冰雪产业在中国的发展。

（3）一个中国南方冰雪训练基地的诞生。邀请中国南方乃至北方各省、市的冰雪队，将肇庆万达国家度假区滑雪乐园打造为专业冰雪队训练基地，推动中国南方及整个国家的冰雪事业发展。

（4）一场冰雪产业品牌的战略签约。通过与冰雪产业的超级品牌，如三夫、牧高笛等品牌等的签约，与世界著名冰雪旅游国家，如与挪威、瑞士、奥地利等签订战略合作协议，提升城市的冰雪产业品牌高度。

（5）一个全产业链的招商引资。规划冰雪产业园区，利用鼎湖区双创园办公室，组建肇庆冰雪产业招商引资小组，大力引进知名冰雪品牌商家、装备器械制造厂家等，完善冰雪产业链。

（6）一会一论坛的年度 IP 产业盛会。依托冰雪旅游度假区，每年举办大湾区冰雪产业论坛、冰雪产业博览会等系列产业盛会，打造城市冰雪文旅休闲品牌，持续扩大影响力。

（7）一个肇庆冰雪产业规划的超级智囊团。联合滑雪产业专家伍斌、卡宾冰雪产业研究院、安泰雪业、雪族科技（ISNOW／滑雪族）、冷山、滑呗、马蜂窝滑雪、携程旅游、尖锋旱雪、雪乐山等机构，对肇庆进行冰雪产业规划。

3.4.2 万达助力，冰雪落地

2021 年 1 月 18 日至 19 日，习近平总书记在北京和张家口考察冬奥会、冬残奥会筹办工作时发表重要论述："把我国冰雪运动，特别是雪上运动搞上去，推动建设体育强国，中国冰雪，加油！加油！加油！"

为响应习近平总书记号召和指示，万达携手肇庆市政府，推动冰雪产业快速落地。

1．借成功经验，促肇庆冰雪落地

万达集团在冰雪项目建设和运营方面，成绩斐然：万达长白山国际滑雪场总面积为 93.5 万 m²，可同时容纳 8 000 位滑雪者，是中国排名第一的室外滑雪场。广州万达城雪世界（现融创雪世界）是世界第二大室内滑雪场，年均客流超 100 万人次。

2．聚集团之力，兴肇庆冰雪运动

万达集团在冰雪、足球、铁人三项等 20 多项体育运动上，具有深厚的运营能力，在足球运动的赛事转播、营销领域位居世界第一，是冬季运动 7 个主要国际协会的战略合作伙伴。万达集团将成熟的体育赛事举办、运动员经纪、赛事营销、赛事转播的体育产业链引入肇庆。

成立万达冰雪俱乐部，邀请世界范围内滑雪爱好者加入，同时聘请专业滑雪教练做技术支持。同时，联动国内其他著名滑雪俱乐部，如 1031、北京虾滑国际滑雪俱乐部等，每年举办肇庆万达国家度假区滑雪锦标赛，扩大影响力（图 3-7）。

3．携品牌资源，推产业蓬勃发展

图 3-7 "万达集团一号工程"

依托大湾区庞大的冰雪消费市场，万达协助引进全球冰雪品牌资源，如图 3-8 所示，包括造雪机、压雪机、魔毯、索道、滑雪板、冰雪运动服饰等，形成完整的产业链。为肇庆建成 3～4 个冰雪装备研发、生产基地，打造 5 家以上年营业收入超亿元的冰雪装备企业。

volcom

colmar

kolon sport

始祖鸟

图 3-8 万达协助引进的全球冰雪品牌

3.5 项目概况

3.5.1 项目定位：世界级度假目的地

肇庆万达国家度假区定位"世界级度假目的地"。项目拟以世界首创山体室内滑雪乐园为核心业态，商业中心、室外水乐园、特色小镇、温泉酒店群、住宅等业态为支撑，充分整合当地优美的自然景观和丰富的广府文化资源，打造中国文旅第一品牌。通过本项目，"把肇庆打造成为国际著名度假休闲目的地，重塑肇庆城市和旅游发展格局，成为空前绝后、不可复制、创造奇迹的高端大型文旅综合项目"。

3.5.2　项目区位：交通便捷的湾区门户之地

如图 3-9 所示，肇庆是粤港澳大湾区 "9+2" 城市群重要节点城市，紧邻中国香港、深圳、广州等世界一线城市，是粤港澳大湾区面向西南的门户枢纽。拥有 "3 机场 +4 高铁 +7 高速 +1 城轨 +1 水道" 海陆空综合交通体系（大湾区一体化 1 小时交通体系），30 分钟速达广州、60 分钟畅达珠三角城市，全面融入广佛肇 "半小时"、粤港澳大湾区 "1 小时" 生活圈及港深广肇黄金走廊，3 小时通达全国主要城市。

图 3-9　大湾区一体化 1 小时交通体系

3.5.3　项目规划

项目总投资为 500 亿元，总用地面积约为 7 500 亩，位于肇庆鼎湖区坑口下湾片区、罗隐滨江新城片区、桂城 TOD 片区、桂城沿江片区和端州羚羊山片区，规划建设 "一区五中心"，打造具有综合性、独特性、唯一性的高端大型度假、文化、旅游综合项目。

1. 集 7 大功能于一体

项目集度假、体育、文化、旅游、会议、教育和商住 7 大功能于一体。

2. "一区五中心"

"一区五中心" 是指肇庆国家度假区、国家度假中心、国际赛事中心、特色文化中心、商业消费中心和国际会议中心。

3. 12大度假休闲的世界终极旅游目的地

12大度假休闲分别是山水间展示中心、室内乐园、室外水乐园、特色小镇、温泉酒店群、国际会议中心、大型演艺剧场、滨江景观带、西江观光走廊、商业中心、多项国际体育赛事和运动休闲。

4. 全球向往的生活胜地

肇庆万达国家度假区集10大核心价值体系于一体，如图3-10所示，提供自住、康养、度假、投资的完美模式，是理想的生活胜地。

图3-10 肇庆万达国家度假区10大核心价值

3.6 项目产品体系

3.6.1 12大度假休闲产品

1. 山水间展示中心

山水间展示中心建筑面积为5 000 m²，由世界顶级设计大师倾力打造，融合肇庆本土文化，结合诸多高科技手段，打造古今一体的城市地标性建筑。七星岩是肇庆著名的风景区，素有"岭南第一奇观"的美誉。荷花是肇庆市的市花，"宝月荷香"更曾是肇庆 8 大景观之一。山水间展示中心如图 3-11 所示。其设计提取了荷花、荷叶的波状外缘及七星岩山峰陡峭的特征，以"七峰绕莲"为设计理念，打造了"顶看涟漪侧看峰，荷塘月色映七岩"的特色建筑。

图 3-11　山水间展示中心

2. 室内乐园

室内乐园包括滑雪乐园、滑冰乐园、体育乐园、射击乐园、雨林乐园和儿童乐园。

（1）滑雪乐园：万达集团在滑雪乐园设计、建设及经营方面世界领先。在肇庆规划世界首创的山体室内滑雪乐园，如图 3-12 所示，雪道落差约为 200 m，长度约为 1 km，均为世界第一，拥有高级道、中级道、初级道、初学者道等多条雪道，并规划娱雪滑道、下雪体验等创新项目，体验极其丰富，万达拥有独家知识产权。在滑雪场最高处设置特色山顶餐厅，建成后必将成为世界滑雪爱好者的网红打卡圣地。

图 3-12　滑雪乐园

（2）滑冰乐园：设置冰上嘉年华、滑冰、冰球、冰舞表演等项目。

（3）体育乐园：汇集冒险世界、大冲关、激情赛道等创新项目。

（4）射击乐园：集实弹射击、军事素质培训、国防教育于一体。

（5）雨林乐园：将神奇探险、动物互动、主题演艺相融合，是家庭亲子的欢乐天地。

（6）儿童乐园：创新儿童娱乐、实景体验、科技展示和科普教育。

3. 室外水乐园

室外水乐园如图3-13所示，占地约为370亩，引进世界最新的水中游乐设施，设有水磁火箭过山车、飞碟滑道、双重螺旋大浪板、旋风大喇叭等多种最新游乐项目，是大湾区设施最先进的室外水乐园。

图3-13　室外水乐园

4. 特色小镇

特色小镇如图3-14所示，占地约为330亩，长度约为1.8 km，一端连接鼎湖山景区入口，一端连接滑雪乐园，双向拉动人流，集文化、美食、娱乐、休闲于一体；采用传统的"广府文化符号"+"现代时尚潮流元素"相结合的建筑风格，设有5大广场和5大文化场馆。

图3-14　特色小镇

5. 温泉酒店群

温泉酒店群如图 3-15 所示，占地约为 450 亩，设有超豪华六星级酒店，配有独栋别墅客房及总统套房 100 间；五星级嘉华酒店客房 250 间、四星级锦华酒店客房 400 间、三星级美华酒店客房 300 间，共 4 座，合计客房 1 050 间；并设有豪华温泉 SPA 中心，地上面积达 8 000 m²。

图 3-15　温泉酒店群

6. 国际会议中心

国际会议中心规划最大会议厅面积为 3 000 m²，可同时容纳 5 000 人。

7. 大型演艺剧场

大型演艺剧场如图 3-16 所示，将承载世界级大师倾力打造的顶级舞台秀，如武汉中央文化区项目的"汉秀"是世界顶级舞台秀，将创作一台比汉秀更为出色的大型驻场演艺秀，利用国际顶级高科技舞台设备，结合广府文化，将肇庆演艺水平提升到国际一流。

图 3-16　大型演艺剧场

8．滨江景观带

度假区规划约为8 km景观水系，如图3-17所示，游船从下湾水库直达鼎湖山，搭配多种水上运动比赛，让每位游客不虚此行。

图 3-17　滨江景观

9．西江观光走廊

沿西江规划20 km观光航线，如图3-18所示，串联端州古城、羚羊峡、砚洲岛等著名旅游景区，打造西江旅游观光走廊，让人沉醉其中、流连忘返。

图 3-18　西江景观

10．商业中心

万达广场为度假区项目商业中心之一，是第四代万达广场，如图3-19所示，配有大型奢侈品折扣店、大型运动装备店，拟打造成为大湾区商业新中心。

图 3-19　万达广场

11. 多项国际体育赛事

万达利用体育资源在肇庆举办国际田联团体锦标赛、世界摩托车越野锦标赛、体操世界杯挑战赛等6~8项年度国际赛事，将肇庆打造为中国体育赛事名城（图3-20）。

图 3-20　足球赛

12. 运动休闲

度假区规划约 22 km 环度假区塑胶跑道、骑行道及约 30 km 环羚羊山跑道，为广大市民及游客打造健康休闲运动空间（图 3-21）。

图 3-21　运动休闲

3.6.2　度假住宅：万达·西江府

1. 一线西江天幕，八大极致资源

万达·西江府占地约为 337 m²，如图 3-22 所示，是肇庆万达国家度假区首批次度假物业，东瞰一线西江、旅游小镇，南望羚羊峡、滑雪乐园，西眺鼎湖山，北望砚洲岛，占据项目最优质地块，近享"山、湖、城、江、雪、园、秀、镇" 8 大极致生活元素。

2. 精致户型，优质文旅资产

万达·西江府一期，精心设计出功能合理、风格各异、精致考究的 12 种户型：

A1、A2、B1、B2、C1、C2、D1、D2、E1、E2、F1、F2，面积为 70 ～ 148 m²，是不可多得的优质文旅资产。

图 3-22　万达·西江府区位

（1）A2 户型：1 房 2 厅 1 卫，70 m²。特点：百变空间，赋予生活万种可能；功能分区合理，用心规划生活的每一寸空间；L 形厨房，人性化动线设计，美味一步上桌；方正卧室与客厅相依，亦动亦静瞬间切换；主卧全景大飘窗，把居住变成风景（图 3-23）。

（2）B2 户型：2 房 2 厅 1 卫，86 m²。特点：中庭户型，私享园林景观，四季美景相伴；户型方正，结构紧凑，空间利用最大化；独立玄关入户，人性化空间设计，用细节装点生活；客厅直连观景阳台，宽敞视野，通透明亮；主卧阳光飘窗，让生活起居真正亲近自然（图 3-24）。

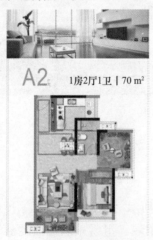

图 3-23　A2 户型

图 3-24　B2 户型

（3）C1 户型：2 房 2 厅 2 卫，97 m²。特点：大气两房格局，多阳台设计，赋予生活百般乐趣；户型动静分区，以科学空间赋予生活私密；独立玄关入户，藏风纳气，尊崇与生俱来；餐厅、客厅直连观景阳台，恢宏尺度纵览极致美景；主卧空间开阔，配备独立全明卫浴，最大化生活享受（图 3-25）。

（4）D1 户型：4 房 2 厅 2 卫，119 m²。特点：奢阔四房格局，满足二胎三代同堂，尽享天伦之乐；户型轩敞方正，开合有序，方寸间尽显尊崇；三大阳台，清风穿堂，拥揽更多风景；独立书房，可收纳私人爱好和生活志趣；豪华主卧套房自在起居，尽享舒展生活格局（图 3-26）。

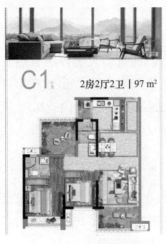

图 3-25 C1 户型

图 3-26 D1 户型

（5）E1 户型：4 房 2 厅 2 卫，127 m²。特点：端方四房格局，全明空间，阳光、清风肆意流淌；动静科学分区，生活、娱乐互不干扰；餐厅、客厅一体化，直连两大阳台，大气通透；超大瞰景阳台，纳景入室，拥抱四季风光；明朗次卧，与阳台相通，阳光充足，居住惬意（图 3-27）。

（6）F1 户型：4 房 2 厅 2 卫，147 m²。特点：户型结构方正大气，采光通风兼备，随时感受温馨阳光；3 大阳台，多重可变空间，予生活更多可能；分区合理，人性化布局，合理利用每一寸生活空间；卧室均设景观飘窗，阳光清风流转于此，随心入户；豪华主卧套房，步入式衣帽间、独立卫浴间，私享尊贵（图 3-28）。

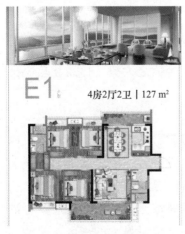

图 3-27 E1 户型

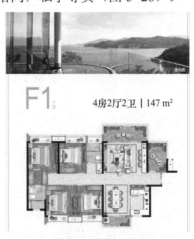

图 3-28 F1 户型

3.7 住宅项目推广与销售

3.7.1 总思路：冰雪下南国

1．现状梳理：空有宝山而不得用

肇庆是一座具有 2 000 年深厚文化底蕴的城市，拥有得天独厚的自然资源环境和海陆空一体的交通优势。但是，肇庆城市经济发展相对落后，房地产市场容量有限：2020 年 GDP 总量为 2 312 亿元，排名大湾区倒数第一；2010—2020 年人口增长 19.5 万，排名大湾区倒数第一；旅游业为主导产业，年游客 4 200 万人次，但过夜游少。

2．问题提出：如何操盘破局

肇庆鼎湖区 2020 年住宅区 108 万 m²、成交额 60 亿元。肇庆万达国家度假区是千亿级的大型文旅项目，万达集团定出的住宅项目年度指标为 30 亿元，占区域年度去化总量 60 亿元的 50%，实现目标难度大，该如何操盘破局呢？

3．总思路核心：冰雪下南国

从产业打造的高度，以冰雪为爆点，将项目升级为城市经济新的支柱产业；从城市运营的高度，以文旅为抓手，将肇庆打造成世界度假旅游名城。如此，肇庆万达国家度假区项目，将承载城市的核心产业，突破房地产楼盘的概念，成为大湾区面向世界的文旅地标和亮丽名片。

住宅项目的推广与销售，在保证高品质的基础上，依托肇庆万达国家度假区核心业态：山体室内滑雪乐园，操盘破局，实现年度指标。既以世界级滑雪场为龙头，全面强化冰雪这一最核心、最大差异化优势，再辅以肇庆生态、人文优势，热推、热销住宅项目。

3.7.2 项目推广：借势 + 造势 + 攻心

借"天地人和"之顺势，造城市、项目、价值之大势，体系化攻心推广，使项目深入人心。

1．借顺势

（1）天时——借国家战略之势。中国度假旅游需求旺盛，正在形成以国内、大循环为主体、国内国际双循环相互促进的新发展格局。2022 年北京冬奥会，国家大力推动冰雪运动、发展冰雪产业，掀起了全国冰雪运动的高潮。

（2）地利——借湾区发展之势。中央力推粤港澳大湾区的发展。粤港澳大湾区是中国最具活力的区域，未来有望成为全球经济体量最大的湾区。粤港澳大湾区的冰雪运动发展态势良好。

（3）人和——借肇庆崛起之势。"湾区科技看深圳，湾区商贸看广州，湾区产业看佛莞，湾区文旅看肇庆"。千年国家历史文化名城的肇庆，正快速绿色崛起。

2. 造大势

（1）造城市之势——挺肇庆、立万达。立足湾区，面向全国，重塑肇庆城市品牌，焕新肇庆城市形象。项目从国家"十四五"规划高度落子，因地制宜，打造中国"世界级度假目的地"文旅项目，实现肇庆旅游振兴，站稳大湾区。

项目已于肇庆市委宣传部、市旅游局成立肇庆万达国家度假区项目宣传小组，计划联合媒体，挺肇庆、立万达，一起发声造势。同时，举办湾区沸雪演唱会、全国龙舟邀请赛等活动，面向大湾区，面向全国，合力宣传美好肇庆。

（2）造项目之势——"世界级文旅 IP"、主题推广。打造空前绝后、不可复制、创造奇迹的高端大型文旅综合项目，成就"世界级文旅 IP"（网络语言，意思为最优秀的世界级文旅项目）。项目超前规划，创新设计，取得多项世界第一、中国唯一，不仅超越竞品，更全面超越以往的万达城项目。

大力开展"当山水肇庆遇见世界乐园"主题的推广活动：结合 12 大自持物业特色业态，以冰雪为最大亮点，提炼"律动世界的山水乐章"，将 12 个特色"乐章"贯穿全年营销内容，让项目"月月有好戏"，精彩不断。

（3）造价值之势——生活价值、投资价值。住宅项目大力宣传项目"独一无二的生活价值，绝无仅有的投资价值"。项目比邻 3 大国际城市（港、广、深）和两大 5A 景区（七星岩、鼎湖山）（图 3-29）。与一般远郊度假区项目不同，本项目规模大，且位于未来城市中心，既拥有便利的交通和城市生活配套，还拥有种类丰富的文化旅游度假业态，集居住、度假、康养、投资多重价值于一体，全面超越单一功能产品，宜居、宜业、宜游。

图 3-29　肇庆德庆三元塔、四大名砚之首端砚、肇庆"七星岩"

3．体系化攻心推广

（1）推广的内容：冰雪定位和律动的产品。

（2）冰雪定位推广：一次差异化的定位。

（3）以"冰雪"为亮点，以前所未有的湾区雪都冰雪奇迹，占位大湾区；将项目定位提升为城市定位，打造肇庆文旅名片。

（4）律动的产品推广：一套系统的价值包装——律动世界的十二乐章，见表3-2。

表3-2　律动世界的十二乐章内容表

序号	律动世界的十二乐章	推广活动
1	【山水间展示中心】奇迹前奏曲	规划VR滑雪体验、端溪书院、智慧小镇体验、5G赛事直播体验、山顶餐厅沉浸体验等7大主题展馆
2	【室内乐园群】雪上华尔兹	世界首创山体室内滑雪乐园，雪道垂直落差约200 m，长度约为1 000 m，拥有高级道、中级道、初级道、初学者道等多条雪道，并规划娱雪滑道、下雪体验等创新项目，建成后必将成为中国滑雪胜地。此外，室内乐园还包括滑冰乐园、雨林乐园、体育乐园、射击乐园和儿童乐园
3	【室外水乐园】乐园欢乐颂	大型室外水乐园设有水磁火箭过山车、飞碟滑道、双重螺旋大浪板、旋风大喇叭等多种最新游乐项目
4	【特色小镇】广府交响曲	旅游小镇长1.8 km，规划端州、狮王、广府、七星、鼎湖5大主题广场，汇集非遗、文化、美食等业态，每周举办群众文化活动，评选季度、年度冠军
5	【温泉酒店群】温泉奏鸣曲	温泉酒店包括一座六星、一座五星、一座四星、一座三星度假酒店和温泉SPA中心
6	【演艺中心】秀场幻想曲	大型演艺节目展现广府文化，将肇庆演艺水平提升至国际一流
7	【8 km景观水系】江上四重奏	度假区规划8 km景观水系，游船可以从下湾水库直达鼎湖山，沿西江还规划游船线路，串联端州古城、羚羊峡、砚洲岛等景区
8	【羚羊山徒步】山地协奏曲	沿羚羊山规划登山步道、骑行道，打造全球集结的山地户外运动目的地
9	【西江观光游】西江小夜曲	沿西江规划游船线路，串联端州古城、羚羊峡、砚洲岛等景区
10	【绿道骑行】绿道练习曲	度假区规划22 km塑胶跑步、骑行道，以及30 km环羚羊山漫步道
11	【商业中心】购物狂想曲	度假区商业中心规划第四代万达广场，配有大型奢侈品折扣店、大型运动装备店，打造大湾区商业新中心
12	【超级体育赛事】冠军进行曲	万达利用体育资源在肇庆举办国际田联团体锦标赛、世界摩托车越野锦标赛、体操世界杯挑战赛等多项年度国际赛事，将肇庆打造为中国体育赛事名城

（5）推广方法：体系化、时代化、创新的推广方法。

①一条播放千万次的视频。2021 年 5 月 19 日，项目联合肇庆市文化广电旅游体育局、视频头部企业"星球研究所"共同打造央视级城市大片——《肇庆，让世界听见大湾区的美》，"519"中国旅游日正式发布，火爆全网，被肇庆市政府采用为官方对外宣传片。

"星球研究所"大 V 号、今日头条、知乎、新华网客户端、腾讯企鹅号、新片场、抖音、秒懂百科、人民日报客户端、百家号、网易新闻、哔哩哔哩全网等同时发布，累计观看量破千万。

②一系列标新立异的推广动作。冰雪造梦：5 大冰雪主题活动，造梦湾区。激活 8 000 万湾区人的"冰雪"梦，10 万人到访。

主题一："湾区雪都"正式亮相。如图 3-30 所示，4 月 10 日，联动国家级媒体新华社，举办冰雪产业落户大湾区发布会"肇庆万达国家度假区展示中心开放"，借力新华社及下属 100 多家媒体，实现全网发声，全面启动项目宣传及蓄客。全网获得 5 900 万次播放量，媒体报道最高阅读量突破 380 万，累计到访 2 万人。

图 3-30　"湾区雪都"正式亮相

主题二：持续以"冰雪"引爆湾区。如图 3-31 所示，"五一"期间，举办湾区冰雪美食节，以"万份冰激凌免费派"为爆点，配合销售动作"示范区开放"，以创意视频为提前宣传进行活动预热，吸引大量客流，实现活动期间到访 3 万人以上。

主题三：冰雪梦想逐步呈现。如图 3-32 所示，5 月 29 日，"湾区冰雪嘉年华"暨极地冰雪体验馆开放，以端端 & 庆庆 IP 形象盛大发布、现场真极地企鹅导流、世纪冰雪婚礼造势等为活动爆点，联合垂直类滑雪达人进行直播，实现活动当天到访 1 万人以上。

图 3-31　湾区冰雪美食节

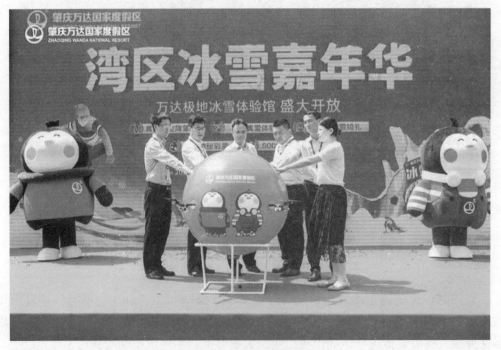

图 3-32　湾区冰雪嘉年华

　　主题四：冰雪魅力势不可挡。如图 3-33 所示，7—8 月，举办湾区冰雪夏令营，进行线上＋线下销售冰雪馆体验券，6.66 元／张，最大化利用冰雪馆进行现场导客，实现日均千人排队体验盛况。

图 3-33　湾区冰雪夏令营

　　主题五：滑雪场动工。如图 3-34 所示，7 月 16 日，"世界奇迹，肇亮湾区"滑雪场动工仪式"冰雪梦"启航，全国见证。全网传播 579 篇次，总阅读量约为 346.9 万次，总点赞量约为 51.2 万次，总评论量约为 3.97 万次。

图 3-34　滑雪场动工仪式

③全国造势，矩阵传播，立体造势。"湾区雪都世界新奇迹"全网 10 亿曝光量。

a.官媒树权威：央视、人民日报、新华社、南方日报、羊城晚报等百余家媒体，持续报道"湾区雪都"、滑雪场动工等，形成全国影响力。

b.新媒体造声势：通过大数据分析，在抖音、小红书等平台，邀请百位网红站台，全网热议"湾区雪都"，2 次聚焦炒作，曝光量在 6 亿以上。

c.自媒体传播：高度重视万达星球运营，3 个月时间，项目的关注人数、卖券等指标，位居全集团前列；6 月 12 日首开，通过万达星球实现投资集团首次自有平台大规模线上开盘、远程认购签约。

d.创意视频传播：在湾区雪都定位亮相的传播动作上，联动品牌、网红、用户三端共同发声，通过短视频传播、在线直播方式，借此将湾区雪都新名片的亮相打造成为社媒平台上的声量狂欢，刷爆网络。

e.集团资源整合发声：利用集团官网、手机报等宣传项目信息，7 月 16 日全国 382 座万达广场 LED 大屏共贺滑雪场动工。

④一对代言冰雪的 IP 形象推出——端端 & 庆庆。为突出项目滑雪乐园的差异化价值，打造具有唯一性的自主知识产权（IP）形象：帝企鹅——端端 & 庆庆（图 3-35）。以穿越的手法、拟人的方式，形成项目独特的视觉符号，代言项目精神，前置运营思维，让其成为项目未来场景营造的主要元素，贯穿始终。

图 3-35　帝企鹅端端

3.7.3　项目销售：攻坚 + 创新

1. 攻坚销售：三大攻坚蓄客战役

疫情之下，打响肇庆、湾区、全国 3 大蓄客战役。

（1）肇庆本土战。深入拓展肇庆及鼎湖区 80 个政府部门。本地 100 家事业单位、100 家大型企业拓展。本地 80 家商会协会拓展。

（2）湾区登陆战。大湾区实力分销联动。万达商管、酒店联动万达老业主挖掘。万达广场巡展，旅行社跨界合作。

（3）全国爆破战。重点城市分销平台。开发线上购房小程序，置业顾问和"大V"直播卖房。提供全国看房游政策支持。

2. 创新销售：首开创新、渠道创新

（1）首开创新。6 月 12 日，创新首开三部曲：

第一部曲：分批次提前锁客。已预定客户按 5 个类别细分，分批次落位，每类采取不同的销售策略，确保最大化成交。

第二部曲：5 大会场，线上线下，同时开盘。其中，肇庆主会场：已选房未签订协议客户的预定；未选房客户前往现场参与项目首开活动；通过热销的氛围促进成交。广深莞佛 4 大分会场：4 大城市预定及意向客户由分销单位进行集中邀约组织；以分销门店为聚集点集中观看项目开盘直播盛况，促进成交。千人观看开盘直播：与房产类"大V"合作，进行开盘现场直播，营造火爆抢购氛围。

第三部曲：达人纳哥，现场助阵。邀请 400 万粉丝大V"纳哥看房"全程现场抖音直播，万达星球、肇庆万达视频号等端口全部导流进抖音直播，提升开盘网络势能。现场抖音直播曝光频次 20 万，观看人数 1.5 万，峰值人数 2 300 人以上，点赞数 1.8 万，评论人数 329 人，网络成交 12 套。

注： "万达星球"是万达地产北区重磅打造的线上营销中心和业主生活平台，通过整合线上资源，集在线售楼、直播看房、线上课堂等暖心服务于一体，官方咨询一应俱全。

（2）渠道创新。创新渠道合作模式，与分销单位以"对赌兜底"方式进行合作，激励分销单位，保证销售业绩。组织 3 场千人誓师大会、近 100 场培训会，成为湾区渠道单位最愿意推售的热盘。与此同时，做细销售指标日分解、每天复盘，确保指标完成。截至 7 月 31 日，48 天内 3 次开盘，成交量超额完成。

3.8 案例总结

（1）项目在整体策划思路上，响应中央的号召，迎合地方的需求，顺势而为。为响应习近平总书记的号召和指示，万达携手肇庆市政府，以冰雪概念为中心，整合资源，并做到：助力打造肇庆为中国南方冰雪之都；联动政府，推动冰雪产业（设计、制造、研发、品宣、赛事等）在肇庆落地；通过打造冰雪之都，推动南方全民冰雪运动的发展；通过冰雪延展的冰雪文化，与肇庆当地的文化旅游深度融合，推动肇庆成为全新的有全国影响力的旅游城市，吸引更多的人来肇庆旅游度假。

（2）项目在规划上，充分借鉴了企业既有项目的成功经验，展现了企业的资源禀赋优势。经过30多年的努力，万达集团在商业地产、高级酒店、文化旅游、连锁百货、体育赛事运营等领域，积累了宝贵的经验和社会资源，取得了非凡的成就——中国商业地产"领头羊"、全球最大的五星级酒店业主、亚洲一线文化产业投资商、世界领先的城市综合体开发企业、世界领先的体育公司等。这些经验和资源为项目成功奠定了厚实的基础。

（3）项目在营销推广上，与时俱进，创新地、体系化地采用网络营销推广方式，效果斐然。我国的网民规模巨大，除去岁数太大上不了网的老人和年龄太小的婴幼儿，基本上人人都是网民。网络营销推广是以网民为对象、以互联网为媒介的一种推广方式，即在网上把自己的产品或服务利用网络手段与媒介推广出去。肇庆万达国家度假区项目在网络营销推广过程中，关注点击量、点赞量、评论量等指标，并与现场到访量、签约量等指标进行相关对比分析，动态调整营销推广措施，虽然受到疫情的影响，但也超额完成指标。

思考练习题

1. 你认为高品质旅游度假区应具备哪些特征？
2. 简述拟打造的肇庆冰雪产业体系。
3. 通过本案例的学习，请分析为什么万达敢于在肇庆"冰雪下南国"。
4. 什么是网络营销？本案例中都采用了哪些网络营销手段？
5. 通过本案例的学习，在项目推广与销售方面你有哪些收获？

4 深圳远洋天著：

以建筑·健康助力城市更新

城市一旦发展，它们就像花儿那样呈星状开放，在金色的光芒间交替着绿叶。

——帕特里克·格迪斯《进化中的城市》

案例导读

"十四五"时期，我国已经步入城镇化较快发展的中后期，城市发展由大规模增量建设转为存量提质改造和增量结构调整并重。实施城市更新成为我国适应城市发展新形势、推动城市高质量发展的必然要求。远洋集团早在21世纪初，就积极布局城市更新领域。远洋集团的城市更新遵循城市有机体内在的发展逻辑和规律，逐步形成了拆除重建、存量盘活、社区焕新3种更新模式，在北京、武汉、深圳、成都等不同城市，打造了成都太古里、武汉远洋里、深圳远洋天著等一系列城市更新标杆项目。本案例在回顾远洋集团城市更新的探索与实践基础上，以深圳远洋天著项目为例，从规划、建筑、社区服务等方面来探析其产品力，为城市更新提供可借鉴的经验。

4.1 城市更新 & 深圳先行

我国已经步入城镇化较快发展的中后期。截至 2020 年年末，我国常住人口城镇化率已经达到 65.22%，发达地区（如珠三角）的城镇化率已经达到 87.51%，进入成熟城镇化阶段。我国城镇化已经告别了以增量为主的发展阶段，进入提质改造和增量结构调整的新阶段。我国的大型、超大型城市，包括北京、上海、广州、深圳等，面对土地资源短缺、产业结构迭代、城市病多发等问题，唯有存量提质优化，才能在新一轮的城市竞争中立于不败之地。

从全球化大都市发展规律看，普遍经历过空间的重构与焕新，城市更新成为大都市更迭重构的重要选择。第二次世界大战以来，法国、德国、日本、英国、美国等发达国家的城市更新实践已有 70 余年，城市更新先后经历了政府主导的拆除重建、自下而上的邻里更新、可持续性城市综合复兴、竞争力导向的地区更新及城市更新多元化等阶段。在时代变迁与不断试错的过程中，城市更新在城市空间结构的重新布局，土地资源的重新开发，经济利益的重新分配和区域功能的重新塑造中，各国城市更新逐步形成了充分考虑不同城市的更新需求，各具特色、体系完整的城市更新模式。

"十四五"时期，我国正式实施城市更新行动。《中华人民共和国国民经济和社会发展第十四个五年规划和二〇三五年远景目标纲要》明确提出，要加快转变城市发展方式，统筹城市规划建设管理，实施城市更新行动，推动城市空间结构优化和品质提升。实施城市更新行动是以习近平同志为核心的党中央站在全面建设社会主义现代化国家、实现中华民族伟大复兴中国梦的战略高度，准确研判我国城市发展新形势，对进一步提升城市发展质量做出的重大决策部署，为"十四五"乃至今后一个时期做好城市工作指明了方向，明确了目标任务。

中国城市更新已进入加速阶段。城市更新更有利于释放发展潜力，而这个过程需要更多的"共建者"来共同培育城市发展新动能。随着我国房地产市场进入存量时代，城市土地红利逐渐消失，而城市更新作为房地产企业未来发展的第二曲线，越来越多的企业将城市更新作为业务发展的新赛道，打造新的增长极。政策层面对城市更新的支持力度越来越大，为房地产企业布局城市更新新赛道提供了坚实的政策保障与投资信心。包括远洋集团在内的房地产开发企业在城市更新的机遇中，实现了社会效益与经济效益的双赢。

探索未来中国新时代下的城市更新之路，房地产开发企业应始终坚持站在长远和战略高度，系统地理解和谋划城市更新及城市发展的未来走向，保持安全底线，勇于改革创新，以新理念、新模式和新方法，推动城市更新行业和整个城市的健康有序与高质量发展。

改革开放以来，深圳从一个南海渔村快速发展成为一座现代化国际都市，创造了世界城市发展史上的"深圳速度"。经过 40 余年的高速发展，深圳城市发展逐步受制于产业迭代、资源承载、土地短缺等一系列新的问题。早在 2005 年，深圳市委、市政府就明确提出，深圳城市发展面临"四个难以为继"：土地有限，难以为继；资源短缺，难以为继；人口不堪重负，难以为继；环境承载力严重透支，难以为继。其中，土地资源的"难以为继"尤为严重。深圳市的行政区陆域面积只有 1 991 km²，是北京的 1/9，上海、广州的 1/3。2018 年年底，深圳的建成区面积占比就达到 46.5%，远高于同期北京、上海和广州的 9%、19.5% 和 17.5%。拥有 1 756 万常住人口的深圳，已成为中国人口密度最高的城市。以城市更新加快破解发展瓶颈、优化城市结构、完善功能体系、提升居住品质、实现精明增长，成为深圳建设中国特色社会主义先行示范区的重要支撑。

回顾深圳 30 多年的城市更新历程，恰如深圳的发展，从起步探索、积累经验，到不断完善、快速推进，为我国城市更新提供了先行的经验与教训。1990 年，深圳开始探索城市更新；2004 年，深圳市开始在全市范围内全面推进城中村改造，城市更新进入试点发展阶段；2009 年，国土资源部与广东省开展部省合作，启动"三旧"改造试点工作，确定了城市更新成为深圳城市建设的重要方向；到 2020 年，深圳以地方立法形式颁布实行《深圳经济特区城市更新条例》，标志着深圳城市更新正式进入高质量发展阶段。

1. 深圳城市更新的历程

深圳城市更新改造的 4 个阶段大致可分为起步探索、试点发展、快速推进、全面推动。

（1）起步探索阶段（1990—2003 年）。随着深圳特区的快速建设与发展，大量的土地资源被消耗，带来的是原农村的集体土地被逐步征用作为城市发展用途，原居民居住点在城市快速建设过程中被孤立成一个个"旧村"。为有效地解决"旧村"问题，深圳市政府于 1991 年 5 月 24 日成立了旧村改造领导小组，负责全面统筹全市的"旧村"改造工作，至此拉开了深圳城市更新试点探索阶段的序幕。该阶段的改造对象聚焦于"旧村"，方式以拆除重建为主。

（2）试点发展阶段（2004—2009 年）。2004 年 10 月，深圳市委、市政府召开"全市城中村改造暨法建筑清查工作动员大会"，成立市城中村改造工作办公室，拉开了在全市范围内全面推进城中村改造的帷幕，深圳城市更新进入试点发展阶段。该阶段改造对象拓展至城中村、旧城、旧工业企业 3 种类型，方式拓展至全面改造（拆除重建）和综合整治两种。

（3）快速推进阶段（2009—2018 年）。2009 年 8 月，深圳吹响了快速推进"三旧"（旧城镇、旧厂房、旧村庄）改造的号角。《深圳市城市更新办法》（简称《办法》）于 2009 年 12 月 1 日正式施行，为深圳城市更新活动的开展奠定了重要的法律基础。该阶段形成了以《办法》及其《实施细则》为核心的系统政策体系。《办法》作为国内首部关于城市更新的政府规章，提出了城市更新的概念，适用的更新对象实现全覆盖，包括旧村、旧城、旧工业区等多种类型。

（4）全面推动阶段（2019 年至今）。为不断适应城市社会经济形势的变化和应对城市更新工作中面临的突出问题，陆续出台了相关措施，以"打补丁"的方式不断深化完善城市更新政策体系，保障城市更新工作的合法规范。随着深圳城市更新改造范围的逐步扩大，旧城、旧住宅区也被纳入更新范畴。深圳市人大常委会于 2020 年 12 月 30 日颁布的《深圳经济特区城市更新条例》，标志着深圳市城市更新正式进入全面推动阶段。

回顾深圳市 30 多年城市更新的历程，城市更新的对象由以"旧村"为主逐渐转变为"旧村、旧城、旧住宅区、旧工业区"等多种类型，更新方式以拆除重建为主拓展至拆除重建、综合整治和有机结合等多种类型灵活使用，为我国城市更新提供了一个个鲜活的案例。

2．深圳市城市更新的特点

在不同阶段的经济社会发展阶段和城市治理需求下，深圳市不断调整更新治理结构，促进经济社会高质量发展，注重城市发展品质，将历史保护融入文化产业发展，调整公共资源满足多元社会需求，寻找和使用契合当时发展环境的城市更新治理方法，无不彰显着城市更新的深圳特色。

（1）城市更新促进经济社会高质量发展。城市更新着力盘活存量用地，整合并活化利用闲置资源，通过做好统筹规划设计，引导政府、企业、社会组织等多个主体去推动开发，大力发展新兴产业，激发城市经济活力，释放居民消费潜力。面对城市中的老旧小区、旧工厂、普通平房等处于低效使用中，没有发挥应有的价值，深圳以微更新模式对城市低效资源进行再开发，转换功能业态，置入文、商、旅、创等新业态、新功能，提高资源利用率。城市更新重塑城市产业结构、提升消费水平。逐步淘汰、转移城市"高耗能、高污染"项目，并促进高附加值的现代服务业和高新技术产业向城市聚集，构建集办公、科研、商务、休闲、娱乐于一体的城市产业聚集区，创造出更加有生命力的城市经济区域。

（2）深圳城中村改造注重城市发展品质。城市基础设施建设是推进城市化进程必不可少的物质保证，也是经济社会发展的基础和必备条件，而基础设施更新建设不及时，则可能成为制约发展的瓶颈。深圳通过城市更新，使得一些"脏乱差"的城中村、"老破小"的旧工业区的面貌焕然一新。全市已规划配建了 1 000 多万 m² 的各类保障性住房及中小学 162 所、幼儿园 335 所、公交首末站 256 处、社康中心 328 家、医院 4 所等大量公共设施。累计完成固定资产投资超过 8 400 亿元，不仅能提升人民幸福感，又能增强城市综合承载能力、造福广大群众、提高城市更新质量，为深圳市的发展增添后劲。

（3）深圳城市更新将历史保护融入文化产业发展。深圳的城市更新突出对历史风貌区和历史建筑的保护与活化利用，鼓励实施主体参与文物、历史风貌区、历史建筑的保护、修缮和活化利用及古树名木的保护工作。实施主体应在城市更新中承担文物、历史风貌区、历史建筑保护、修缮和活化利用。观澜版画村就是一个鲜活的例子，保护历史文化并开发艺术旅游项目和生态观光景区。作为一种新的综合整治实践，将历史保护与经济发展有机结合，探索出一种"古民居建筑群 + 文化产业"发展新路径。

（4）深圳城市更新强调多元共赢。城市更新不是简单的建筑形式上的"新"，而是理念的"新"，核心就是这一轮的城市更新应该符合人与环境和谐这一根本规律。城市更新的成功需要政府、村集体、原业主与开发企业合作共赢，而不是激化利益冲突。2020 年，国家发改委在 532 号文件中提出"探索在政府引导下工商资本与农民集体合作共赢模式"，但尚未有具体的实施细则落地。而深圳市创设的城市更新单元制度，协调各方利益，保障公共利益，最大限度地争取多元群体之间的利益和需求平衡。深圳城市更新各方主体之间的关系如图 4-1 所示。

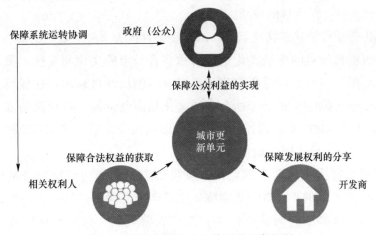

图 4-1　城市更新各方主体利益平衡机制

深圳市城市更新面临错综复杂的利益冲突与协调，需要政府、市场和公众三方利益主体之间合作。在深圳，一个成功的城市更新项目，尤其需要关注村集体、村民与企业之间如何建立起利益分配的公平性和公正性。对房地产企业来说，需要化解村民、集体组织的各种利益诉求；对村民来说，同意房地产企业实施更新，是对企业的极大信任。因此，优秀的房地产企业需要勇于承担社会责任感，平衡社会、集体与企业利益。

4.2 远洋集团的城市更新实践

4.2.1 远洋集团与城市更新

远洋集团作为国内最早参与城市更新项目的企业之一，经过 20 年的布局与实践，练就了一套远洋城市更新的"绝技"。结合城市文化与特色，采用拆除重建、存量盘活、社区焕新 3 种模式的灵活选择，遵循城市有机体内在的发展逻辑与规律，循序渐进地推动城市更新与发展，秉承"建筑·健康"核心理念，促进人与建筑、城市的有机成长，实现整体环境的健康发展，为城市注入更多活力。

1. 远洋的城市更新理念

远洋集团作为"建筑·健康"的践行者，始终以"建筑健康和社会价值的创造者"为战略愿景，将"建筑·健康"作为品牌核心理念。作为具有强烈社会责任感的市场化公司，远洋集团不但将健康的元素引入城市更新项目中，更坚持 6 大核心要素，遵循城市有机体内在的发展逻辑和规律，以 6 大核心要素为城市更新中的理念，循序渐进地推动城市更新项目的成功。

（1）保护传承传统建筑文化遗产。城市更新片区大多处于城市的既有成熟区域，拥有久远的历史和珍贵的建筑文化遗产，承载着城市的文化与文脉。采取"在保护基础上的再利用"的原则，对既有建筑遗产进行创新性再利用，在保留其核心特色的基础上，充分发掘遗产在当今社会中的文化和商业价值，对片区的复兴起到积极的催化作用。早在 2001 年，远洋集团就探索旧新融合改造，将北京京棉三厂厂房改造为远洋艺术中心，成为国内城市更新的知名项目。

（2）呈现非物质文化遗产的内涵。城市历史片区作为当地居民世世辈辈生活的空间载体，孕育了许多经典的非物质文化遗产，充满了独特的、有温度的文化记忆。更新后的片区必须能对非物质文化遗产妥善处理，保持片区原有的温度，进一步将其发扬光大。在武汉，远洋归元寺综合体项目，融合千年荆楚文化与宗教文化，焕新城市活力空间，打造了远洋·东方镜世界观、武汉远洋里和远洋国际中心等项目，重树曾经拥有千年商贸辉煌历史的汉阳古城西大街，呈现非物质文化内涵。

（3）有效承载现代化的城市功能。城市中待更新片区往往面临建筑破败、产业凋敝、人口迁离的现实困境。找到历史片区自己的功能定位，引入合适的产业，融合更多现代的功能，通过建筑改造、公共空间营造来承载新的功能，将片区重新纳入城市有机整体，让古老的躯壳内重新焕发生机，呈现出新时代的活力。

（4）带动周围街区的综合发展。远洋集团相信更新片区是城市既有体系和脉络不可分割的一部分，一个好的更新片区不仅是自我的重生，还能够给周边的街区以回馈，在新旧互动中产生化学反应，带动周边街区的共生共享。

（5）注重城市设计。在城市设计层面，更新后的片区应该在保持原有街区机理的条件下，密切与周围街区衔接，人流、车流、货流组织有序，各得其所，使城市活力自然而然地浸润到更新片区内。

（6）打造城市名片。在保存当地建筑传统特色，延续历史文脉的同时，通过可持续的有机更新策略，尤其是将文化消费、休闲消费、体验消费注入历史文化街区，打造后消费时代城市新的名片。

远洋城市更新的理念，根植于对城市的历史、文化和居住于此的人的尊重，并非对建筑物等物质实体简单的改造，而是包括对历史文脉、空间形态、游憩设施、人居环境等多方面的综合改造与延续。6 大核心要素指引下的健康的城市更新，需要所有参与者的协同合作、循序渐进，才能实现更新项目的成功。

2. 远洋的城市更新模式

近年来，伴随着城镇化进程的快速推进，人口的持续流入，城市土地供应日渐稀缺，城市土地红利逐渐消失，城市发展开始从增量时代迈入存量时代，以往粗放式的发展模式难以为继，亟须寻找更加高质量的发展新路。城市更新成为品牌房企纷纷涉足的领域，除拥有丰富旧改经验的房企外，也不乏新进但发展迅速的参与者。顺应趋势发展，远洋集团积极布局城市更新领域，根据项目的不同特征，归纳出拆除重建、存量盘活、社区焕新 3 种模式，见表 4-1。

表 4-1　远洋城市更新的三种模式

类型	项目	改造前	改造后
拆除重建模式	远洋太古里	旧市井 + 老旧历史建筑	建成集文化、购物、休闲、娱乐、餐饮为一体的开放式、低密度的街区形态购物中心
存量盘活模式	北京京棉三厂项目	旧式厂区建筑	创造性地将部分厂房改造为远洋艺术中心，建成集住宅、商业为一体的新式社区
社区焕新模式	北京远洋天地小区	老旧小区	建成健康绿色、环保、舒适的"新"社区

（1）拆除重建模式。拆除重建类项目是通过对原有项目进行全部或部分拆除，以重新建造的方式实施城市更新。该模式注重人居环境改造和历史文脉传承，在项目区域内开展以综合整治为主，融合辅助性设施加建、功能改变、局部拆建等活动。远洋集团的此类项目在部分保留原有结构和建筑风貌的基础上，做以产业升级为特征的内容置换。实现历史风貌街区的商业设施的盘活和老工业厂区的商业再利用。

（2）存量盘活模式。远洋集团聚焦一线及强二线商办市场，选取具有改造价值及增值潜力的存量物业，发挥自身在定位、设计、改造、运营方面的丰富经验，最大化地挖掘物业空间价值，实现物业资产增值，优化城市、区域的商业及办公环境，实现经济价值和社会价值的双重提升。

（3）社区焕新模式。远洋集团积极响应国务院 2020 年《关于全面推进城镇老旧小区改造工作的指导意见》，联合多方资源共同升级推出"老社区新绿色健康+"环保公益项目，聚焦老旧小区改造更新，以建设舒适健康、绿色环保的社区为己任。在过去 10 多年的时间里，远洋集团已在 17 个城市、800 个社区开展老社区改造活动，至少 4 000 万人受益。

3. 远洋城市更新中的具体实践

早在 2001 年远洋集团就在北京将京棉三厂厂房改造为远洋艺术中心（图 4-2），巧妙探索了建筑空间旧与新的融合之路。艺术中心的前身是建于 1986 年的纺纱厂，位于北京东四环路东侧基地，是一幢典型的 20 世纪 80 年代的工业建筑。北京的远洋艺术中心属于旧建筑改造项目，改造中巧妙地将新的建筑元素融入原有建筑的空间体系，让一座废弃的厂房变成一个现代艺术中心，实现了从工业建筑到展览性建筑的跨越。在如何既尊重老建筑又满足新的使用要求方面，远洋集团早在 20 年前就交出了满意的答卷，为旧建筑改造积累了经验。

图 4-2　北京远洋艺术中心

此后，远洋集团更加积极布局城市更新领域，以京津冀为基本盘，进入华南、华中、西南等区域。

2005 年 6 月，远洋集团进军华南，首先落子广东中山。2010 年，远洋集团进入深圳，收购位于龙岗的南联小学旧改项目，建成大型城市综合体项目远洋新干线。此后，接连推出远洋新天地项目、远洋天著、远洋滨海大厦等项目，并将远洋华南的"大本营"正式转移至深圳。截至2022年年底,远洋集团已在深圳获取6个城市更新项目。

在西南区域,远洋集团率先落子成都。2010年年底,远洋集团联合太古地产,成功获取了成都大慈寺地块。项目获取之初,区域内还是熙熙攘攘的破旧棚户区,历史悠久的大慈寺与6座历史建筑镶嵌其间,浓厚的旧市井气息与悠久的历史文化枝连理结。在保护悠久历史文脉的基础上,项目设计引入现代设计灵感,将历史文化与现代商业共融共生,历时多年,成功将川西"快耍慢活"的全新生活方式融入新的街区氛围,驱动了春熙路板块的整体焕新,成为全国知名的城市更新标杆项目。图4-3所示为成都远洋太古里。其后,远洋集团又拿下青白江公园城市有机更新项目,以生态为引领,从"城市中建公园"到"公园中建城市",推动公共空间与城市环境相融合。该项目规划还突出了"科技"与"文化"的产业融合,通过营造高品质科创空间,激发产业集聚动力,力争成为青白江区的"城市大脑"和产业中枢,再造成都新名片。

图4-3 成都远洋太古里

2010年,远洋集团进入华中,先后开发武汉远洋庄园、远洋世界等多个知名项目。在城市更新领域,借鉴成都远洋太古里模式,打造新城市名片——远洋·东方境世界观,如图4-4所示。远洋里处于武汉西大街的文脉发源之地,充分尊重本土文化特色,针对地块上的历史文物进行保护性开发,从精神层面激活区域。作为汉阳最大的城市更新项目,项目以"远洋国际中心+远洋里"的双轮驱动发展策略,打造全球商旅新高地,助推区域金融商务产业链发展。

图 4-4　远洋·东方镜世界观

4.2.2　远洋在深圳城市更新中的探索与实践

2020 年年初，远洋集团宣布启动全新 5 期战略，提出"聚焦主业、实现高质量规模发展""南移西拓"等规划思路。为顺应 5 期战略要求，集团区域组织架构形成了北京、环渤海、华东、华南、华中、华西 6 个开发事业部。华南事业部依托深圳、广州、中山 3 大支点，辐射佛山、东莞、珠海、江门、惠州等城市，全面布局大湾区，拥有项目达 40 个左右，其中 50% 以上为旧改等城市更新项目。图 4-5 所示为远洋华南事业部大湾区城市布局。

图 4-5　远洋华南事业部大湾区城市布局

深圳作为华南事业部在大湾区的支点城市，具有极为重要的战略地位与标杆价值。早在 2010 年，远洋就进入深圳，收购位于龙岗的南联小学旧改项目，建成大型城市综合体——远洋新干线，开启了在深圳的城市更新之路。2014 年之后，远洋以深圳城市更新为突破口，积极参与深圳旧改，接连拿下远洋新天地项目、远洋天著、远洋滨海大厦等项目，并将远洋华南事业部大本营正式迁址深圳。截至 2022 年年底，远洋仅在深圳的旧改土储便达到 432 万 m^2。其中，已获取 6 个项目，土储面积共 107 万 m^2；锁定 5 个项目，建筑面积共 325 万 m^2。深圳远洋新干线、深圳远洋新天地、深圳远洋滨海大厦、深圳远洋天著 4 个城市更新项目在 2020 年为远洋贡献了 119 亿元的销售额，远洋在城市更新业务中的超前布局正迎来收获期。

1. 深圳远洋新干线

其改造前是南联小学段旧村。旧村形象无法匹配片区规划定位，严重影响城市面貌；生活设施严重缺乏，周边社区氛围薄弱；急需区域形象、人居生活改善、商业及产业配套的引入和升级。整体改造后将建成总建筑面积约为 57 万 m^2，集萃高端住宅、菁英公寓、商务写字楼及风情街区商业的城市综合体，如图 4-6 所示。

图 4-6　深圳远洋新干线

2. 深圳远洋新天地

其改造前是龙岗南联片区盛平工业园，城中村破旧感严重，产业密度高，生活设施简陋。改造除原住民拆迁安置问题外，核心需解决的是就业配套问题。远洋新天地的项目建设结合远洋集团产品打造优势，首次引入 WELL 健康标准，提高住宅精装品质。改造后项目将建成总建筑面积超过 30 万 m^2，集住宅、公寓、街区、盒子商业、超甲级办公室于一体的城市综合体，如图 4-7 所示。

图 4-7　深圳远洋新天地

3.深圳远洋滨海大厦

其改造前是临自贸区、南山脚下的城中村，旧村区域形象与所处的自贸区区域位置形象不匹配，生活配套简陋老旧，与周边的居住小区环境形成鲜明对比，也与前海的形象严重不匹配，村民改造的意愿非常强烈。项目团队对原城中村进行整体拆迁改造，充分利用位于大南山脚下的稀缺景观资源，利用邻近地铁口的交通优势，打造高端写字楼与公寓物业结合的超高层建筑体，展现前海门户形象。改造后将建成总建筑面积近 12 万 m^2，集高端公寓、写字楼一体，并配套商业的综合业态项目，如图 4-8 所示。

图 4-8　深圳远洋滨海大厦

4. 深圳远洋天著

其改造前是众冠红花岭工业区北区厂房，利用率低，3 km 范围内的留仙洞总部基地以研发办公为主，亟须补充住宅产品，提升该区域人员的居住品质；周边西丽湖水库、大沙河绿道、塘朗山等景观资源丰富，具备改造成人居典范的优美环境。项目在高容积率的条件限制下，保证幼儿园独立占地的同时实现高品质住宅。改造后，将建成总建筑面积约为 24 万 m²，华南区域远洋健康豪宅标杆项目，如图 4-9 所示。

图 4-9　深圳远洋天著

深圳城市更新案例的成功，展现了远洋在城市更新领域的出色成绩，是远洋撬动城市更新的重要杠杆。在华南区域，远洋集团布局超 18 年，项目超 40 个，秉承"建筑·健康"理念，与历史交融、与自然和谐、与城市共生，着力打造健康人居新标杆，已成为湾区房企中一支不可忽视的力量。

4.3　深圳远洋天著：以建筑·健康助力城市更新

4.3.1　项目概况

远洋天著项目改造前是众冠红花岭工业区厂房，项目位于深圳市南山区西丽桃源街道办留仙大道与丽山路交汇处北侧。20 世纪 90 年代初，兴建工业园是社区经济与深圳工业化、城市化发展搭脉的重要路径。在深圳纷纷上马工业园的浪潮中，红花岭工业园区应运而生。红花岭工业园区原业主单位为众冠股份。

众冠股份作为西丽的本土企业，诞生于20世纪90年代，通过南山北部片区10家村集体股份有限公司，利用政府统征返还的部分工商发展用地和部分征地补偿款，联合组建而来。自1992—1996年众冠股份兴建了红花岭工业园区，该工业园区占地25万 m^2，总建筑面积近40万 m^2，由南区、北区、西区共3部分组成，是当时深圳特区范围内建设规模较大、生活配套设施较为齐全、高新技术企业较为集中的工业园区之一。

2010年以后，红花岭工业区因厂房建筑年代久远，利用率低，旧工业区与现代都市区面貌格格不入，城市更新成为工业区最好的选择。由于园区具有独特区位优势、稀缺景观资源、极佳通达性和完善配套设施，更新部分土地又属于深圳市政府返还给西丽街道及各村的征返还用地，故西丽街道及下属各村通过众冠股份有限公司进行统一开发，更新后与市政府、村集体实现三方共赢，兼顾商业、住宅、产业园区多种业态。红花岭工业园区更新项目整体分为3期开发。3期项目区位图如图4-10所示。天著华府项目属于第二期开发部分，是政府归还土地类的城市更新项目。

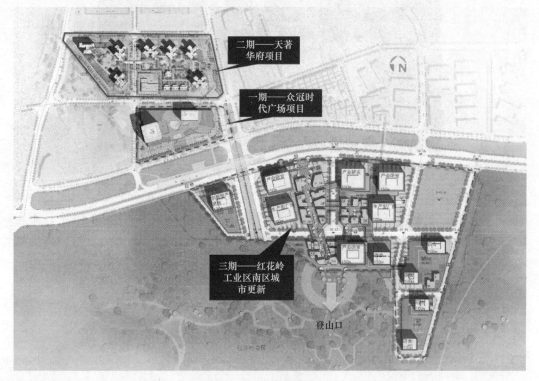

图4-10 三期项目区位

（1）一期——众冠时代广场项目：众冠时代广场项目位于西丽主干道留仙洞大道，占据了极佳的地理优势，是南山区"十二五"规划重点工程，也是南山"大沙河创新走廊"上规模最大的综合体商务、商业项目之一。众冠时代广场项目周边如图4-11所示。

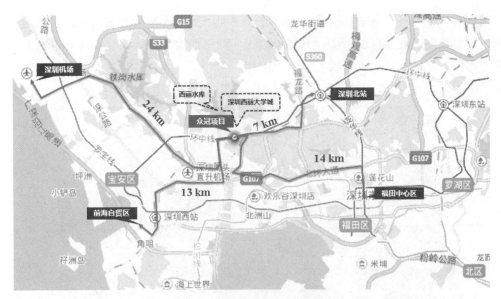

图 4-11　众冠时代广场项目周边

　　项目首期占地 2 万 m²，总建筑面积超过 20 万 m²。由 5 层商业裙楼和两栋超高层塔楼组成，与地铁 5 号线无缝连接，业态包括时尚购物中心、精品商务酒店、标准甲级写字楼和高级商务公寓。未来随着众冠时代广场二期、三期的陆续开发，众冠时代广场（图 4-12）将融合时尚购物中心、精品商务公寓、生态园林住宅及优创基地，打造西丽百万级国际创新型综合体。深圳众冠时代广场不仅是众冠从西丽走向全国的一个新的发展里程碑，而且将成为大沙河创新走廊上一颗璀璨的明珠。

图 4-12　众冠时代广场

（2）二期——天著华府项目：项目位于深圳市南山区留仙大道北侧，接驳地铁环中线大学城站，北靠西丽水库，南望塘朗山，西临西丽高铁站，东临深圳北站，自然环境优美，地理位置优越。项目总占地面积为 3.89 万 m^2，总建筑面积为 24.5 万 m^2，容积率为 4.7，业态含超高层住宅、叠墅、底商。天著周边如图 4-13 所示。

图 4-13　天著周边

深圳远洋天著项目是远洋集团在深圳首个高端楼盘项目之一，以远洋健康建筑体系为基础，远洋天著融合"高知——注重圈层打造、健康——倡导健康社区生活营造、时尚——呈现前沿艺术风格、国际——展示国际化水平" 4 个维度于一体。建立高知、健康、时尚、国际四位一体的产品 IP。其效果图如图 4-14 所示。站位高远，致力于为深圳乃至华南地区建立一处圈层人居豪宅标杆新领地。在项目层面，将天著的价值体系通过规划、装修、产品、服务等内容突出表现。

图 4-14　天著项目效果

（3）三期——红花岭工业区南区城市更新项目：项目位于深圳市南山区西丽街道，北接塘兴路，南临留仙大道，西临丽水路，距离地铁 5 号线大学城站仅 150 m。工业南区目前总建筑面积仅为 15.8 万 m²，其中厂房为 14.13 万 m²，配套宿舍为 1.67 万 m²。红花岭工业区南区及其周边如图 4-15、图 4-16 所示。

图 4-15 红花岭工业区南区

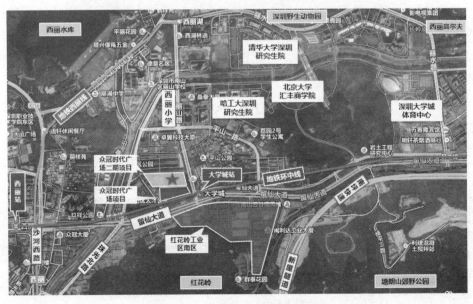

图 4-16 红花岭工业区南区周边

拟拆除重建用地面积为179 355.91 m²，据规划，拟拆除重建用地范围内应移交给政府不少于54 973.5 m²道路用地及公共绿地用地。更新方向为新型产业，工业园区主要引进高新电子产业，重点发展计算机核心零部件、数字通信设备、网络设备、新型电子元器件4大类产品。

3期项目将打造成集科研、办公、学习、居住、会议、购物、休闲、健身、娱乐于一体的超百万级综合性片区，打造未来城市生活范本，为高知人群定义都市生活的另一份健康与时尚潮流。

4.3.2　远洋天著的价值愿景

1.社会价值：与政府、原住民的三方共赢

红花岭工业园区发展至今，原有的厂房形象已不适应现代化的城市，亟须进行城市更新。而远洋集团协助深圳市政府完成该地块城市更新项目，活化再利用老工业园区，转变为健康宜居的远洋天著项目。这体现了远洋集团注重社会责任、社会地位和社会影响，立足长远，与政府、村民合作，树立企业自身的品牌形象，为社会做出贡献的决心。项目实践中，楼盘东区主要用于回迁。其中房源共1 542套，可售房源仅700多套，有3.5栋楼房都是要返还给村民的，整个小区回迁房的比例多过商品房。返还给村民回迁的房源与集团销售的产品一模一样，如拥有同样的房屋尺寸和装修效果、建筑物周边拥有同样的环境和配套设施，以及物业服务等。远洋集团追求更高的社会责任，不简单追求盈利，不是传统开发的"快生意"，而是与村集体和谐共赢，体现了远洋集团健康、共赢的企业理念。

2.产品价值：高起点、高标准、高要求

远洋集团在多年的探索和发展中，打造了多个顺应时代发展的产品。远洋集团心系社会，注力健康这一理念，营造悠闲舒适的生活时光，将"建筑·健康"作为产品方向，持续打造高质量产品，持续深耕精研。远洋各系列产品线的理论定位与价值愿景见表4-2。

表4-2　远洋各系列产品线的理论定位与价值愿景

远洋产品线	理论定位	价值愿景
山水系	健康生态品质社区	追求静默的山水与恬淡的心境，将情怀融入山水，品味山水之余还原城市生活
万和系	高端改善型健康住宅	以"健康生活家"为理念，致力于通过健康的产品与服务，为客户打造健康生活的家园
春秋系	人文格调高端住宅	构建起自然、建筑与人之间的健康和谐的春秋盛曲，营造美好生活体验
椿萱茂	养老社区	蕴意着对父母身体健康、快乐长寿的美好祝愿，凸显在养老方面无微不至的人文关怀

续表

远洋产品线	理论定位	价值愿景
未来系	时尚生活社区	追求品质和商业化，融入全新生活理念
堤港系	生活体验商业综合体	借助艺术提高品牌差异化形象，破局同质化，凸显远洋历史文化底蕴和艺术调性
国际中心	高端健康商务社区	打造更健康、更艺术、更高端的商务品牌

远洋天著春秋是春秋系品牌更新迭代后的全新产品，在多个城市都取得了成功，如北京远洋五里春秋、济南天著春秋、南昌远洋天著、天津天著春秋等。

（1）北京远洋五里春秋。周边景观资源丰富，法海寺、八大处公园、西山森林公园、香山等景区均在地块 5 km 范围以内，同时，项目周边拥有良好的教育资源与丰富的医疗资源。该项目延续春秋系的别墅标准精心打造，处处充满艺术气息，如图 4-17 所示。

图 4-17 远洋各系列产品线的理论定位于价值愿景（一）

（2）济南天著春秋。济南天著春秋，承袭盛唐千载文脉，以新中式风格规划，并将唐代建筑风格融入建筑肌理，还原千载盛唐的雄浑气象。春秋品质，一脉相承。济南天著春秋，秉承春秋系一贯严苛的择址观、产品观、服务观，以城市浅山之上的唐风院墅，礼献济南，如图 4-18 所示。

图 4-18　远洋各系列产品线的理论定位于价值愿景（二）

（3）南昌远洋天著。南昌远洋天著传承天著系的品牌基因和理念，借鉴中国古典建筑和园林精髓，构建当代高端中式院落，中而不古，新而不洋。被定位为"大都市圈的城市中心花园""都市生态涵养区""城郊休闲度假区"，如图 4-19 所示。

图 4-19　远洋各系列产品线的理论定位于价值愿景（三）

（4）天津天著春秋。天津天著春秋是远洋集团在天津开发区打造的都会精品住宅项目。环绕项目的城市主干道无缝对接津滨、京津塘两条高速，多维复合交通网络，让滨海与北京、天津主城区的通勤更加便捷，助力大北京生活圈形成。项目北侧是百米绿化带，城市绿肺近在咫尺，如图 4-20 所示。

图 4-20　远洋各系列产品线的理论定位于价值愿景（四）

深圳远洋天著项目肩负远洋业绩和远洋品牌双重使命，具有高起点、高标准、高要求的性质。华南事业部突破市场瓶颈，角逐豪宅市场席位，因此，产品力升级，为深圳豪宅市场注入远洋品牌的强音，建立区域豪宅标签是集团的目标。远洋天著肩负华南区域远洋健康标杆重任与使命高要求。

①"高知"：产品的核心目标客群和圈层范畴，一般为高级知识分子或高端人才。该群体普遍具有学历高、收入高、知识面广、视野开阔、兴趣广泛等特征。他们更加注重圈层环境，提升个人及家庭成员的修养和品位。因此，天著打造的是符合当代高知阶层的审美倾向，符合其对生活和美学追求和精神向往的产品。

②"健康"：产品的立身之本，健康理念贯穿落实到远洋产品的每一处细节。在满足基本生活需求上，高知人群对内部社区空间建设、户型空间、装修标准、智能社区等方面都更关注健康概念的落地及未来生活中的健康体验。以远洋健康建筑体系 1.1 版为基础，结合国内外最新健康建筑理念、健康建筑标准、后疫情建筑配置提升、深圳属地特性及华南健康建筑实践与沉淀，将为住户在身体、精神和社会交流等方面处于良好的状态提供有力的场所支持。

③"时尚"：产品的审美志趣，紧跟当代潮流，引领生活风尚。时尚引领潮流，是流行文化的表现；时尚不再局限于穿衣风格、新奇造型，运动、健康、环保、公益逐渐成为时代风尚。项目打造不仅注重物质上的审美品位，更追求一种精神风尚，融入人文艺术的因子，特别结合当下流行运动健康理念及方式，引领一种远洋

式的时尚生活。

④"国际"：产品的时代性，好的作品应当具备与时俱进的时代态度。国际化设计手法的融入，通过空间感传递国际视野和生活美学，提升项目的格局；引入国际先进管理理念，为客户提供个性化专属高端服务。站在全球化的时代背景，以世界前瞻的视野，国际一流的设计理念、建造标准、管理和服务，打造深圳乃至华南地区人居标杆。

在全球化背景下，高知与国际化并行；在后疫情时代，健康成为一种生活时尚。远洋天著融合"高知——注重圈层打造、健康——倡导健康社区生活营造、时尚——呈现前沿艺术风格、国际——展示国际化水平"4个维度于一体（图4-21），站位高远，致力于为深圳乃至华南地区建立一处圈层人居豪宅标杆新领地。

图 4-21　项目 IP"高知、健康、时尚、国际"

4.3.3　远洋天著的产品力

远洋天著项目聚焦大湾区时代的新语境，深挖客户特征和需求，打造华南远洋健康人居新标杆。项目的地段优越、交通便利、自然景观丰富，具备完善的生活配套设施；不仅如此，项目设计向更高层迈进，提升居住的空间感、舒适性及社区智能服务；是一个集运动休闲、文化艺术、生活美学与国际视野于一体的健康宜居之地。

1．规划

（1）规划设计超高层点式围合式布局，充分融入城市自然肌理。设计将二期两地块与一期时代广场两栋超高层塔楼一体规划，采用超高层点式围合式布局（图4-22），最大限度地拉开楼栋距离，对外景观视野通透，充分融入城市自然肌理；对内围合形成私密中心大花园。

图 4-22　点式围合式布局

（2）层层递进的归家礼序，如图 4-23 所示。繁华与宁静间转换的仪式感。进入社区，归家流线铺展而出。空间规划采用中国自古以来尊崇的礼序观念，现代简约的建筑形制，通过空间的转换和景观的演进，营造层层递进的空间礼序。考究的空间尺度、精致的细节雕刻，让高知业主感受到回家的尊贵礼遇，快速建立起社区的心理归属感和自豪感，产生"此心安处是吾乡，此身安处是吾家"的心理健康感情归属。

尊贵大门　　　　　迎宾水院

礼宾前厅　　　　　归家林径

全景花园　　　　　轻奢入户

图 4-23　归家礼序

①科学的交通组织——人车分流（图4-24）。市政道路标高上功能完善的车行路线规划，花园平台标高上线型流畅便利的人行通道，以及无障碍通道，构成了人车分流系统。精致简雅的花园景观、绿色环保的健身步道，都鼓励人们绿色出行，享受步行所带来的乐趣，促进安全健康人居生活。

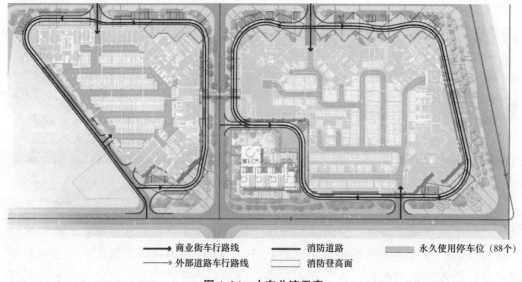

| →商业街车行路线 | ——消防道路 | ▒ 永久使用停车位（88个） |
| ⇢外部道路车行路线 | ▭ 消防登高面 | |

图4-24　人车分流示意

②科学的交通组织——无障碍慢行系统（图4-25）。在大小地块均设计了环形健身步道，通过过街天桥，把两个地块的步道联系在一起，形成一体化系统，同时，加强居住人群之间的互动交流，增进园区社群健康活力。

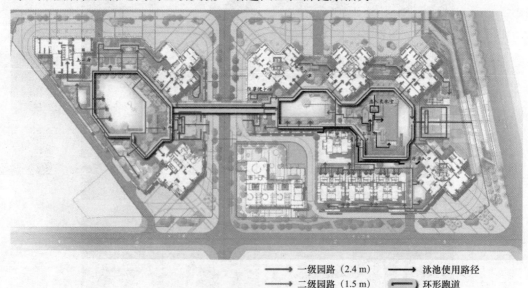

| →一级园路（2.4 m） | →泳池使用路径 |
| ⇢二级园路（1.5 m） | ⬭ 环形跑道 |

图4-25　无障碍慢行系统

2. 建筑

将建筑设计内容细分为立面、户型、设备、车库、公区五大项，逐项拆解成 30 多条细项，将 4 个 IP 理念融入设计，如图 4-26 所示。

总项	分项	高知	健康	时尚	国际
建筑设计	立面设计		外墙、外窗保温隔热	时尚商业街区	公建化外立面风格
	户型设计	动静分区 隔声降噪	窗墙高比例 常规使用空间净高大于2.8 m 常规使用空间75%的范围位于景观窗附近	系统推拉门设置	预制装配式建筑
	设备体系		同层排水系统 太阳能发电、热水系统（多层有） BIM管线综合 VRV-PE生态模块 户式直饮水系统		
	车库设计	车库搬家流线	电动汽车充电桩 舒适的停车尺度	阳光车库 高挑空精装双大堂	BIM技术应用
	公区设计	无障碍设计 适老设计 架空泛大堂配置会客厅、儿童活动区、老年活动等公共空间	公区通风 公区空调 雨水回收系统 无柱大跨空间	泛光设计 一体化标识系统打造	

图 4-26 4 个 IP 理念融入建筑设计

如图 4-27 所示，建筑借鉴现代国际化前沿设计手法，采用当下豪宅立面的主流形式——公建化立面，以 150 m 的绝对高度傲立于城市界面，极富线条美感，高耸挺拔的建筑形象在区域内脱颖而出，简约大气、精致优雅的观感定义深圳科技中轴线上的标杆。

图 4-27 天著立面

南北朝向的大面宽景观视野营造，搭配外立面类玻璃幕墙设计，视野通透的大面积 Low-E 双层中空玻璃材料的使用，无限延展空中视野，举目远眺，大自然的天作美景、城市的繁华绮丽，纷纷沿视线伸展开来，心旷神怡中体味远洋健康的品牌内涵。

回归城市文化，塑造建筑的高知人文气质。如图 4-28 所示，量身定制具有"高知"象征精神的造型，建筑顶部从代表高知荣誉的"博士帽"获得灵感，提炼演绎为富有个性的建筑造型，墙身从代表高知学识的书籍获得灵感，如竖立书本托举着博士帽，寓意为大学城片区"金色加冕"，塑造一种城市文化符号，赋予建筑本身特别的文化气质，延伸空间的意义。

图 4-28 "博士帽"建筑顶部

外立面风格化：结合现有场地关系设计平行于丽山路的大屋顶，辅以厚重的大面石材立柱，形成气势恢宏的空间。古简造型的立面，如天书般展开，暗合天著案名。寓意业主的美好生活的画卷从此开始。简约、笔挺的建筑立面，蕴含乐观自信的文化底蕴，符合高知人群的精神和审美需求。图 4-29 所示为西区主入口、东区次入口。

❶ 门楼屋顶 ❷ 古简造型墙面 ❸ 入口广场 ❹ 主入口壁灯

注：入口集聚空间：超 20 m 宽、10 m 高入口广场空间，提供业主停驻、活动公共空间。灯光设计：3 000 K 暖光定制壁灯，夜晚温馨归家。

图 4-29 西区主入口、东区次入口

商业与裙房一体化幕墙设计（图 4-30）。竖向立柱分隔搭配大玻璃商业界面，创造充满活力、尺度宜人的商业空间及氛围。

图 4-30　商业与裙房一体化

户型设计（图 4-31）充分考察了高知人群的生活习惯，以造就健康生活方式为目的，并从功能分区、阳光生活、采光厨卫、科学窗地比、开敞净高、公卫干湿分离几个维度进行重点打造。

户型C1
3+1房2厅2卫
117.26 m²

● 凸窗
● 阳台

- **阳光生活**：窗墙比南北向不大于0.4，东西向不大于0.3，保证常规人员使用区域的**100%**到窗距离不超过7.5 m；
- **采光厨卫**：全明厨明卫；
- **科学窗地比**：卧室、起居室、卫生间的自然通风窗口面积不应小于该房间地板面积的1/20，厨房的自然通风窗口面积不应小于该房间地板面积的1/10；
- **开敞净高**：建筑层高3 m，室内空间净高达到2.7 m以上；
- **公卫干湿分离**：湿区：淋浴间+马桶；干区：台盆柜；
- **求助呼叫按钮**：在主卫、客卫、客厅分别设置；
- **卫生间健康点位**：在主卫、客卫留插座点位；
- **夜灯点位**：在主卧及通向公共卫生间的走廊直接设置小夜灯，距地面300 mm；
- **外墙内保温**：选用燃烧性能B1级的挤塑聚苯板，满足节能；
- **同层内排水系统**：避免对楼上楼下造成噪声干扰，且方便检修；

图 4-31　户型设计

3. 园林

从规划之初，利用建筑围合式布局形成中心大花园；在园区内规划运动健身、休闲娱乐、社交会客、儿童游乐、种植体验等配套功能，使不同年龄段的业主共享优美景观空间。景观设计在最大限度可能范围内，创造不分性别、年龄、能力，适合所有人方便使用的场景；景观设计引导健康活动，激发住户积极性，走到户外，拥抱健康。图 4-32 所示为将 4 个 IP 理念融入园林设计，图 4-33 所示为园林景观。

鲜氧环绕，坐拥静谧健康大花园；移步异景，尽享美好人居生活。

项目室外规划布局（图 4-34）首层为特色商业街，二层为屋顶花园；建筑单体点式布局，实现园林场地内的通风及采光，营造健康的园区环境；项目周边无高大建筑物，全园区通透性及日照性能良好，避免病毒的聚集传播。

总项	分项		高知	健康	时尚	国际
景观设计	园区设计	艺术雕塑		自由泳池 立体种植 通用设计 户外直饮水系统 阳光草坪 有氧跑道 多样化植物选择（色彩、芬香搭配） 疗愈植物 隐藏式垃圾搜集 健康标识 人车分行 智能监控 减轻光干扰	思想厨房 室外阅读空间 景观户外会客厅 一米菜园	分年龄亲子乐园
	商业广场			无障碍通行 人车分行	时尚休闲街区 林荫公共休憩空间	围合式外摆商业空间

图 4-32　4 个 IP 理念融入园林设计

通用化设计

■ 景观设计在最大限度可能范围内，创造不分性格、年龄、能力，适合所有人方便使用的场景。

■ 最大限度为生活使用提供便利，简单易用，营造人性化、安全、舒适的生活空间。

多元化场景

■ 景观设计为项目配备了阳光大草坪、环绕漫步跑道、室外会客厅、创意分龄儿童游乐场等不同的配套，丰富生活场景。

活力化景观

■ 景观设计引导健康活动，鼓励住户走出家门，参与户外活动。激发住户积极性，走到户外，拥抱健康。

绿奢景观大花园

■ 建筑围合式布局形成集中的中心花园。景观设计步移景异，有限的场地内创造丰富的空间感受。

图 4-33　园林景观

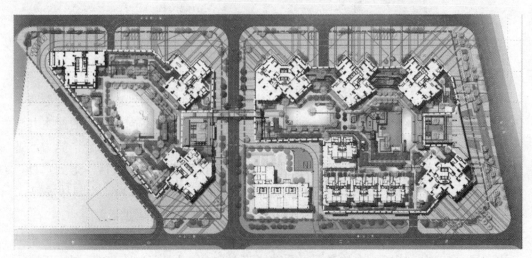

图 4-34　室外规划布局

如图 4-35 所示，在园区内规划运动健身、休闲娱乐、社交会客、儿童游乐、种植体验等配套功能，使不同年龄段的业主共享优美景观空间。

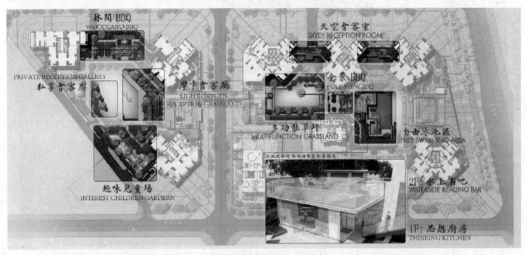

图 4-35　各类配套功能

在二层花园内设置环形健身步道，如图 4-36（a）所示，面层选用国际常用的跑道材料 EPDM 打造，保证跑步的回弹及体验感。

在大小地块二层花园内均设置了总面积超 50 m² 的菜园空间，如图 4-36（b）所示，一米菜园周边设置了取水点、休憩座椅及驱蚊灯等。一米菜园的管理根据后期物业管理确定，设计管理方式：一是业主自行领养，自行种植及收获；二是业主领养，委托物业进行管理，自行收获。

(a)　　　　　　　　　　　　(b)

图 4-36　健身步道和一米菜园

(a) 健身步道；(b) 一米菜园

大小地块均设置了开阔的阳光草坪（图 4-37），大人在这里不仅可以缓解视觉疲劳，也可以安抚紧张的神经，同时还可以放松情绪，平和心态；阳光草坪作为儿童欢乐成长的乐活空间，也是都市喧嚣背后的一片绿色天地。

图 4-37 阳光草坪

    700 m² 的泳池休闲区为社区提供有氧健康的配套。图 4-38 所示为景观泳池。成人泳池深度由浅渐深，专业及非专业的游泳爱好者都可以在这里尽情畅游；单独的儿童戏水池为儿童提供了独享的戏水空间，水中的戏水设施又增添了额外的乐趣。

图 4-38 景观泳池

4. 精装

以沉淀质感生活为设计理念。过度奢华总会让人产生距离感，而精致时尚的设计往往更适合现代人对生活的定义。项目精装设计经多轮深入研究与讨论高知客户的生活习惯、美学品位，从健康核心设计、时尚风格搭配、国际化人文艺术展示效果等方面，形成健康生活家的理念，方寸之间演绎远洋高端住宅品牌对健康时尚精装的匠心呈现。图 4-39 所示为一些装饰装修图。

图 4-39 装饰装修图

（1）现代设计风格：现代设计风格（图 4-40）追求时尚与潮流，整体空间以现代舒适的格调，将优雅时尚的质感结合现代材质及装饰技巧巧妙地呈现在居室中。整体采用墙布与岩板搭配的素雅配色，柔和的灯光设计，置身室内，晴雨有时，四季流转。诗意的闲适生活便盎然于心。

图 4-40 现代设计风格

（2）独具匠心的选材：高知人士除注重空间的调性外，也很看重健康环保，岩板、大版仿石砖、无胶化墙布、科技木饰面、抗甲醛乳胶漆、烤漆柜体等处体现健康。延续 WELL 健康标准要求及实践沉淀，精细考究，以环保材料瓷砖为主材，贯穿客厅地面、洗手间墙地面及阳台地面，卧室则选用实木复合地板，严格控制有害物质释放；客厅、卧室主背景墙面选用墙布，采用无胶化安装方式，保证健康使用要求；灯具选用防眩光设计。图4-41所示为一些健康选材。

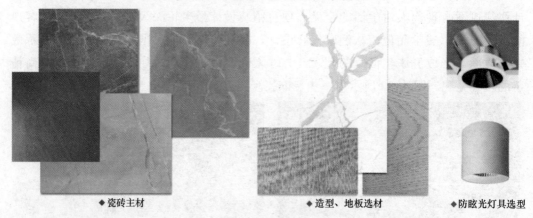

◆瓷砖主材　　　　　　　　　◆造型、地板选材　　　　　◆防眩光灯具选型

图4-41　健康选材

（3）引领健康、时尚生活新标准：用细节设计解决生活的功能痛点，让居家回归舒适，在缔造片区内最高精装标准的同时，将健康理念融入户型设计的各个环节（图4-42），引领人居生活时尚、国际新标准。

总项	高知	健康	时尚	国际
精装设计	嵌墙式灰玻留言板 立体式穿衣镜 一键离家开关 分区式衣柜/侧柜/衣帽间	全屋恒温、恒湿、恒氧空调系统 防疫模块系统 全屋防眩晕灯具 食品级抗菌纳米厨房台面 厨房水槽柜防潮处理 食物残渣处理器 全屋净水系统 恒温花洒 淋浴间防滑扶手 抗菌釉面卫浴 智能马桶 智能综合型暖风机	厨房可移动导轨灯 橱柜升降拉篮 洗手间多功能梳妆镜 客餐厅、洗手间仿大理石瓷砖 立体式电视背景墙 多功能立体收纳空间	德系柏丽橱柜 德系博世电器五件套 德系汉斯格雅、唯宝卫浴

图4-42　4个IP理念融入精装设计

基于深圳新天地项目健康选材原则，结合高知人群调研成果，将天著项目打造为时尚健康新标准。

5. 公共空间

每栋楼下有全生命周期配套设施——架空层泛会所空间，如图4-43所示。架空层："架"起的是空间、是梦想；"空"出的是美好的生活。每个架空层有不同的主题，分为大、小地块，共五种功能，包含健身、社交、休闲、适老、运动。以全龄化体系构建，形成老、中、青的综合参与场所。颠覆城市架空层的"墨守成规"。

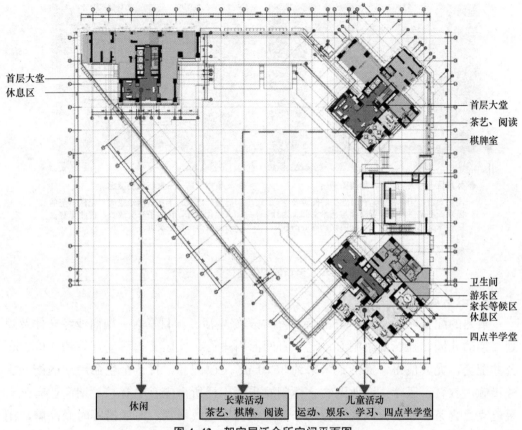

首层大堂
休息区

首层大堂
茶艺、阅读
棋牌室

卫生间
游乐区
家长等候区
休息区
四点半学堂

| 休闲 | 长辈活动
茶艺、棋牌、阅读 | 儿童活动
运动、娱乐、学习、四点半学堂 |

图 4-43　架空层泛会所空间平面图

架空层内设置不同风格的会客空间（图 4-44），满足接待到访亲友。将茶道引入架空层，结合自然景观，营造禅学韵味。"与君初相识，犹如故人归"。

阅读空间充实着求知的欲望，儿童区弥漫着童趣，通过架空层的重构，传达和睦、舒适、健康的生活方式。在大堂摆放绿色植物，配置独立空调系统，书吧空间、冥想空间、私密会客空间，促进交流，提升业主精神享受。

◆ 社交区——邻里之间的共享客厅

- 高知人群会客厅：在架空层内设置不同风格的会客空间，满足接待到访亲友的需求。独具创新的私密空间隔绝外界干扰，功能设计满足全龄层的需求，人性化的细节设计让业主从点滴中感受到无微不至的关怀。

◆ 适老区——社区里的老友记

- 健康老龄交流区：将"茶道"引入架空层，结合自然景观，营造禅学韵味，"与君初相识，犹如故人归"。在日常生活里，丰富沟通的媒介，通过架空层的重构，传达和睦、舒适、健康的生活方式。

图 4-44　多功能架空层泛会所

◆ 休息区——大学之城，最美图书馆

- 高知人群、国际视野：针对业主的阅读及学习需求，在架空层内设置阅读与艺术空间，为社区带来文艺气息的同时，还能收获内心的和谐与宁静。
- 庭前花木满，院外小径芳。

◆ 儿童娱乐区——家门外的童趣

- 健康、成长：丰富的活动空间、无微不至的人性化关怀，让孩子享受成长，彼此竞赛，锻炼毅力，增进友谊。

图4-44　多功能架空层泛会所（续）

6. 社区配套

成熟的配套社区如图4-45所示，引领美好生活。项目享有一期商业综合体及规划二期幼儿园、社区健康中心、老年日间照料中心、社区文化活动室等约 7 000 m^2 公共配套，尤其值得一提的是未来约85万 m^2 工改配套，打造全生命周期的配套服务设施，教育、医疗、商业购物、休闲娱乐等生活所需应有尽有。一期商业有配套星巴克、喜茶、屈臣氏、麦当劳、华为、纵横影城、耐克、海底捞等时尚品牌，闲暇的午后，家门口即可与家人乐享都会生活之优，享受度假时光。

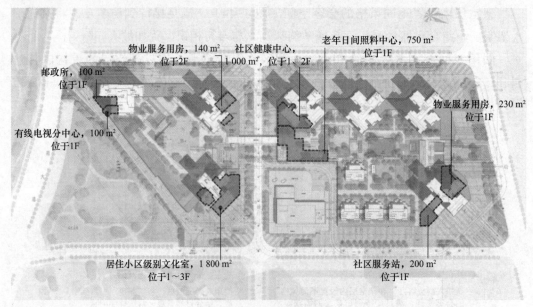

图4-45　成熟配套社区

除户外系统外，还配备了室内智能系统（图 4-46），用科技为家注入独特的生命力，如可视对讲系统、应急报警按钮、厨房燃气泄漏警报、居家照明场景模式转换。

图 4-46　智能社区

4.3.4　远洋天著的项目反馈

1. 项目销售

深圳远洋天著项目凭借绝佳的区域价值和健康产品力，受到消费者热捧。以健康为主题的科技住宅得到了疫情防控常态化市场下置业者的认可，2020 年一整年，远洋天著项目热销 64 亿元。

2. 客户声音

从客户的评价和反馈可以看出，以"建筑健康"为理念的产品，无论是整体还是细节，都给客户带来了全新的体验。以下为摘录的客户反馈信息。

客户 A 表示：已参考最近开盘的楼盘，远洋天著是最喜欢的一个，地处大沙河豪宅带上游，空气新鲜、宜居，楼下地铁口，有商业配套，非常方便，未来留仙大道对面会建设好的写字楼，远洋天著、麒麟公馆和汇城名院连成片的新楼盘未来会让大学城高级繁华！高压线将来会迁地下，符合城市规划，而变电站辐射和手机没有区别。总之，高度看好留仙洞总部基地为核心的这个地段！以后"想上车"越来越难。

客户 B 表示：地铁、商场、九年制学校全配套，旁边是大沙河生态公园，远看

塘朗山、西丽湖。闹中取静，宜居首选，是理想中的高端住宅，还没有建设完成，建设好后相信会更美丽！

客户C表示：这个新盘还是不错的，生活氛围还是挺浓厚的，街边有很多底商，其他的配套也很充足。楼盘出门就有地铁，很方便，但公交车线路有点少，特别是赶着早晚上下班高峰期。

3．回迁村集体股份有限公司反馈

从回迁村集体股份有限公司的评价和反馈可以看出，对新房的满意度较高。回迁村集体股份有限公司表示：回迁小区环境好，回迁房质量好，政府回迁安排得好，开发商也非常有良心，我们很满意；远洋集团是个有实力、有社会责任感的公司。和这样的公司合作我们很放心，交付的产品大家都非常满意。

4．社会诉求

项目在运行过程中，与政府充分合作。给原地块的村民修建安置房，安置房与商品房同一配置，在一定程度上解决了城中村的问题。远洋天著项目实现了与村民共赢，与社会共生，体现了远洋集团的社会责任，为远洋在深圳这片区域的长久发展打下了坚实的基础。

4.4 案例总结

"十四五"时期，我国已经进入高质量发展的新阶段。城市的高质量发展需要实施城市的更新行动。城市更新是一门"慢生意"，对房地产企业而言是不同以往的操作逻辑。如何跨过城市更新这道"窄门"，房地产企业在内的社会各方仍在摸索中前进。新时期房地产企业在高质量发展背景下，如何做城市更新的"慢生意"，远洋的实践无疑为同业提供了新的思考。

远洋集团作为建筑健康的先行者与城市发展的共建者，以3种模式将健康理念融入城市更新，在深圳、成都、武汉等城市推出了一批各具特色的更新项目，为我国城市更新提供了可借鉴的实例。

远洋天著作为远洋集团精耕粤港澳大湾区核心城市深圳的标杆项目，在更新中积极推动社会、原住民集体与企业的三方共赢，以和谐健康的方式推动项目建设。项目结合世界级城市群的时代发展新语境、后疫情时代客群需求升级和远洋健康建筑的品牌升级，产品价值IP落位到具体可标准化的设计价值体系，打造出远洋天著系的标杆范本，引领行业产品力风向标。

1. 思考远洋集团在城市更新领域实践成功的原因。
2. 通过资料查阅，对比深圳、广州、上海等地城市更新的历程及特点。
3. 在城市更新领域中，如何推动社会、原住民集体与企业三方共赢？
4. 为什么远洋天著项目受到消费者的热捧？

第3篇 新领域

中交·临高金牌港开发区

易居克而瑞

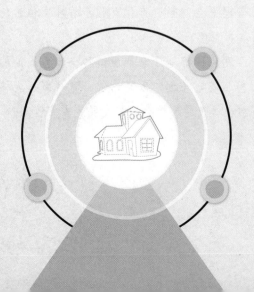

5 中交·临高金牌港开发区 新型建筑全产业链项目：

新基建背景下的新地产发展模式探索

山重水复疑无路，柳暗花明又一村。

——陆游《游山西村》

案例导读

　　地产发展"寒冬"之际，人们都在思考地产的未来发展之路。中交海投站在港口开发者和建材供应商的角度，通过中交·临高金牌港开发区新型建筑全产业链项目的开发，对地产的未来发展之路进行了有益的探索。

　　探索一：新基建为地产的发展指明了方向——新地产。中国的发展需要进行产业升级，而任何产业的升级都离不开新基建。新地产应抓住新基建的政策东风，学习制造业，回归地产发展的科学规律，运用精益思想，构建企业科学的"价值树"，不断探索"一体两翼"，做好产品与服务。

　　探索二：开发责任主体的多元化和管理平台的轻资产化。开发责任主体的多元化尤其需要引入地方政府成为责任主体，以获得准确的社会普遍需求信息和政策利好；管理平台的轻资产化有利于管理岗位责任明晰，回归开发者整合社会资源的本质角色。

　　探索三：地产开发应统筹地产全产业链和全寿命周期的开发管理，坚持规划先行，立足当前、着眼长远，以高站位、宽视野、大格局的理念，做好总体规划设计，科学合理布局，精心绘制发展的宏伟蓝图。

5.1 项目背景

5.1.1 百年未有之大变局

"百年未有之大变局"是习近平总书记在 2018 年 6 月中央外事工作会议上提出的一个重大论断，即"当前中国处于近代以来最好的发展时期，世界处于百年未有之大变局"。此后，他又多次重申这个论断。当前和今后一个时期，我国发展仍然处于重要战略机遇期，但机遇和挑战都有新的发展变化。当今世界正经历百年未有之大变局，新一轮科技革命和产业变革深入发展，国际力量对比深刻调整，和平与发展仍然是时代主题，人类命运共同体理念深入人心。同时，国际环境日趋复杂，不稳定性、不确定性明显增加。

与此同时，我国已转向高质量发展阶段，为了全面建设社会主义现代化国家，将以推动高质量发展为主题，以深化供给侧结构性改革为主线，以改革创新为根本动力，以满足人民日益增长的美好生活需要为根本目的，统筹发展和安全，加快建设现代化经济体系，加快构建以国内大循环为主体、国内国际双循环相互促进的新发展格局，推进国家治理体系和治理能力现代化，实现经济行稳致远、社会安定和谐。

5.1.2 新基建之方兴未艾

新基建，即新型基础设施，是以新发展理念为引领，以技术创新为驱动，以信息网络为基础，面向高质量发展需要，提供数字转型、智能升级、融合创新等服务的基础设施体系。

我国经济增长将从高速转向中高速，经济下行压力加大，建筑业面临改革创新的重大挑战，发展新型建筑产业正当其时。

1. 机遇和挑战

（1）政策利好。2020 年 1 月 3 日，国务院常务会议确定促进制造业稳增长的措施时，提出"大力发展先进制造业，出台信息网络等新型基础设施投资支持政策，推进智能、绿色制造"。2020 年 3 月 4 日，中共中央政治局常务委员会召开会议，强调"要加大公共卫生服务、应急物资保障领域投入，加快 5G 网络、数据中心等新型基础设施建设进度"。"十四五"规划和 2035 年远景目标纲要指出，统筹推进传统基础设施和新型基础设施建设，打造系统完备、高效实用、智能绿色、安全可靠的现代化基础设施体系。纲要强调，围绕强化数字转型、智能升级、融合创新支撑，布局建设信息基础设施、融合基础设施、创新基础设施等新型基础设施。

2021 年，我国新型城市基础设施建设试点扩容，增至 21 个市（区），为加快推进基于数字化、网络化、智能化的新型城市基础设施建设，要探索积累可复制、可推广的机制模式。

（2）科技生产力升级换代。我国建筑业正处于工业化水平迅速提升过程中，其科技生产力增长空间巨大，未来 10 年将是科技生产力再次升级换代的机遇期。在信息技术快速发展的时代背景下，建筑工业化与信息化、绿色化协同发展时不我待，建筑工业化转型升级在物联网、大数据和人工智能快速发展时代背景下必须拥抱和接受创新变革。

（3）劳动力需求质量提升。建筑业劳动力短缺已是行业内的共性问题，尤其是生产一线的农民工一直以无序、散乱的体制外状态存在，技能水平不高等问题突出。当下伴随建筑用工制度改革，我国新一代年轻劳动者素质提升和就业结构优化等人才新红利，将能加快解决建设项目管理粗放、人员素质低下、缺乏产业工人和精益建造工法系统等方面的矛盾。

（4）配套监管管理机制变革。既有的建筑配套监管管理制度不适应建筑工业化项目的管理，不能形成促进产业发展的创新机制，不能很好地实现设计、生产、装配施工的一体化发展。我国正在大力推进政府职能转变，进行"放、管、服"改革。随着配套制度的顶层改革管理，将进一步实现建筑工业化项目创新组织管理模式，提升生产施工效率，保证各方的合法权益。

（5）全产业链与多专业协同的发展。当前，建筑工业全产业链与多专业协同的发展不足。工业化技术发展较为缓慢，建筑一体化、建筑标准化等发展较为落后，建筑设计、加工生产、施工装配等环节存在发展脱节的问题。另外，建筑工业化技术系统的集成不够，在发展的过程中一味注重研究装配结构，忽视建筑工业化技术和建筑围护、建筑设备、内部装配系统的配套发展，导致产业发展"碎片化"。未来，将统筹规划设计、构件和部品部件生产运输、施工安装和运营维护管理，促进新型建筑业高质量发展。

2. 发展展望

（1）产业规模化集聚。我国正在加快围绕以装配式建筑、绿色建筑、超低能耗建筑、智能建筑等为主要形式的新型建筑产业体系。未来将引导建筑业企业集中发展，提高产业集聚水平，做大做强建筑业生态。可招引龙头企业、主体产业与高校实验室等，建设新型建筑产业基地，加速建筑业转型升级发展，为建筑业创新发展提供新机遇。

（2）产业链高效整合。新型建筑产业链上各节点企业相互联合形成相互依存、互为影响的整体，按照标准化设计、工厂化生产、装配化施工、一体化装修、信息化管理的链条整合，构建一整套适应整体共同发展的技术和管理体系。同时，企业之间的战略伙伴关系及产业链的纵向一体化可以实现优势互补，提供相互学习和交流的平台，为相关企业的共同发展奠定基础。

（3）消费升级引领供给创新。随着人民生活水平的提高，对于住房的需求逐渐由模仿性、同质化、单一化向差异化、个性化、多元化升级，消费升级引领供给创新，为行业提供了全新发展空间。集成厨房和卫生间、装配式全装修、智能化及新能源的应用等，将促进建筑产品的更新换代，带动居民和社会消费增长。广阔的市场腹地和消费空间为新型建筑业在新一轮市场格局调整和建筑业转型升级中抢占先机提供了难得的机遇。

（4）发展产品输出创新模式。从新型建筑示范城市和产业基地发展经验来看，凭着引入"一批企业"、建设"一批项目"带动"一片区域"，形成"一系列新经济增长点"，发展新型建筑产业，输出新型建筑产品，能有效促进区域经济快速增长。

"新基建"之所以能迅速成为各界关注的热点，原因就在于：抓住了"新基建"的机遇，在一定程度上就能抢占产业先机，从而步入创新发展的快车道，实现事关发展全局的结构性转型升级。

5.1.3 装配式建筑之应运而起

1. 中国的装配式建筑发展历程

中国的装配式建筑历经三代发展历程。

第一代装配式建筑始于20世纪80年代，是以构件厂为主体，聚焦于传统预制构件的初级装配式建筑。

第二代装配式建筑始于21世纪初，是以装配率为核心指标的现场装配式建筑。这一代装配式建筑停留在"为了达到装配率而追求装配率"层面，无论是系统性还是集成性都不算高。

第三代装配式建筑正在兴起，它的发展方向是全工厂化的、高系统性、高集成性的装配式建筑。第三代装配式建筑是采用标准化的设计、工厂化的生产、装配式的施工、信息化的管理，将建筑结构构件、部品部件等运输至现场进行现场装配安装的一种建造方式。例如，远大住工的"魔方"系列，其包含了3层以下的模块化建筑、7层到11层的全工厂PC建筑；远大科技的11层以上的全芯钢结构——"活楼"是对钢结构的革命性升级，不仅大大降低了钢使用量，同时，对墙体支撑的抗震性、强度、硬度等层面都有大幅度的提升。

以绿色和数字化支撑的第三代装配式建筑，需要有"两翼"进行支撑：一是新能源支撑，是以风能、分布式光伏及氢能源为主的新能源，对装配式建筑工厂、装配式建筑、社区乃至城市提供的绿色低碳新能源支撑；二是数字智能化支撑，是以数字化技术建立的层层递进的"数字化中国整体体系"——"部件配件—墙体—房屋建筑—社区街区—城市—国家"数字化体系——提供的数字智能化支撑。

2. 中国装配式建筑政策

制造业转型升级大背景下，中央层面持续出台相关政策推进装配式建筑行业的发展。2016年9月国务院办公厅发布的《关于大力发展装配式建筑的指导意见》中指出要多层面、多角度发展装配式建筑行业。2018年国务院发布的《关于促进建筑业持续健康发展的意见》就完善监管、优化市场、强化队伍建设等方面提出指导意见。2020年国家7个部门联合发布《绿色建筑创建行动方案》，提出在建筑全寿命期内节约资源、保护环境、减少污染，推动绿色建筑高质量发展；同年9月，国家9个部门联合印发《关于加快新型建筑工业化发展的若干意见》，提出要加快新型建筑工业化发展，以新型建筑工业化带动建筑业全面转型升级，打造具有国际竞争力的"中国建造"品牌，推动城乡建设绿色发展和高质量发展。2021年，住建部等多部门先后发布了《关于推动智能建造与建筑工业化协同发展的指导意见》《关于加强县城绿色低碳建设的意见》，共同推动智能建造与新型建筑工业化协同发展和绿色建筑发展。

近几年，一系列政策的颁布，从行业规范、项目扶持、技术监督体系建设等方面加快了我国装配式建筑行业的发展。以内循环为主的新发展格局，通过发展新型建筑工业化来布局，也是顺应战略而为。

5.1.4　地产发展之荆棘丛生

在过去20～30年，我国房地产行业和市场经历了超高速的发展。以1998年为标志，房改政策引发了中国人民对房地产极度的渴望和快速的消费性投资，带来了整个行业和市场的超高速发展。

但是，自2021年5月以来，房地产市场迅速进入"寒冬"。诸如大中城市商品房销售套数和面积、房地产商务活动指数、订单数、土地购置面积和土地成交价款、百强房企拿地金额、房地产开发企业到位资金等行业和市场指标，都呈现崩塌下滑之势。

形成当前房地产市场的局面，是诸多原因叠加的结果。笼统地看，有以下9大原因：

（1）我国房地产市场从增量时代步入存量时代，供求已基本平衡，大部分中西部和东北地区已经出现过剩。

（2）我国正在迎来房地产置业人群需求的长周期峰值，见顶回落，这是与过去20年的最大不同，也是这一轮房地产市场调整更为剧烈的深层次原因。

（3）人口老龄化、少子化加速到来，导致未来购房需求大幅萎缩。

（4）我国房价收入比和一二线城市房价在国际上偏高，挤压了居民消费和实体经济投资。

（5）城镇化步入尾声，人均住房面积已接近发达国家水平。

（6）房地产市场出现了需求透支、房价透支、支付力透支和供应透支4大透支。

（7）部分房企过度举债、高杠杆扩张，存在冲规模饥渴症，没有认识到房地产市场正在发生的历史性拐点变化，战略误判，未能及时调整，导致在长短期因素叠加之下，遭遇现金流危机。

（8）在短时间内，多项收紧政策叠加，市场主体应接不暇、难以应对。

（9）在短时间内，三道红线、贷款集中度管理、预售资金监管收严、限购限贷限价等政策密集出台，各部门、各地方集中出台收紧措施。

拓展阅读：

房地产市场泡沫及调控

房地产泡沫是经济泡沫的一种，是以房地产为载体的泡沫经济，是一种价格现象，是指房地产价格脱离其基础价值而持续上涨，导致房地产价格严重背离其价值的部分。房地产泡沫已经成为威胁金融安全的最大"灰犀牛"。

要想解决房地产泡沫，首先要了解是什么原因造成了房地产泡沫。一般来说，房地产泡沫的成因主要有3个方面：第一，土地的有限性和稀缺性是房地产泡沫产生的基础；第二，投机需求的膨胀是房地产泡沫产生的诱因；第三，金融机构的过度放贷是房地产泡沫产生的促成因素。

我国通过宏观调控房地产市场，逐步熨平房地产泡沫。这些宏观调控房地产市场的手段包括以下几项：

（1）金融杠杆的作用。发展房地产金融，通过信贷规模、利率水平、贷款方式等金融措施调节房地产市场，实际上是政府调控房地产市场的一个重要手段。

（2）土地供应计划的调控。房地产开发总是伴随着对土地的直接需求，政府供应土地的数量和质量无疑可以直接控制房地产开发的规模和结构。从市场运行角度来看，供求关系是决定市场状况的根本原因，我国土地由政府垄断出让，这就使得土地供应计划对房地产市场具有更为直接、明显的调节功能。

（3）地价的杠杆作用。由于地价对房地产价格影响很大，城市土地又由政府垄断出让，所以政府可以用地价对房地产市场进行调控。

（4）税收的功能。房地产税收政策是政府调控房地产市场的核心政策之一。正确运用税收杠杆不但可以理顺分配关系、保证政府土地收益，还可以通过税赋差别体现政府的税收政策和产业政策，进而对抑制市场投机、控制房地产价格、规范房地产市场交易行等方面起到明显的作用。

（5）租金的控制。租赁市场是房地产市场的一个重要组成部分，租金作为房地产的租赁价格，同样是政府调控房地产市场的主要对象之一，合理的租金水平应与整体经济发展水平相适应。

（6）城市规划的指导。城市规划以合理利用土地、协调城市物质空间布局、指导城市健康有序发展为己任，对土地开发、利用起指导作用。

（7）住房政策的影响。政府的住房分配和消费政策，对商品住宅市场的调控作用也是显而易见的。

宏观调控是十分重要的。2016年的中央经济工作会议就已明确，主要通过住房、金融、土地、财税、投资、立法等宏观调控手段来建立房地产长效机制，保证我国房地产市场平稳健康的发展。如近年来，我国"房住不炒""一城一策""租售同权"等理念的提出，"三道红线""房地产税""保障性住房"等政策颁布就是长效机制的具体体现。

5.1.5　中交海投的发展战略及新地产思考

1．中交海投的发展战略

中交海投，即中交海洋投资控股有限公司，是世界500强企业中国交建全资子公司。它以海南和南海区域为基点，着力发展基建及特色地产、文旅康养、教育培训、海洋及相关产业投资等。中交海投充分发挥中交集团在一体化服务、投融资能力、创新能力、国际化能力等方面的独特优势，聚焦重点项目、重要区域、重大市场，围绕大交通、大城市、江河湖海，为地方发展提供规划设计、投资建设、产业导入、资产运营等一揽子解决方案，为海南自由贸易港建设及国家海洋经济发展贡献海投力量。

在具体项目上，中交海洋投资控股有限公司利用中交集团央企的影响力和开发资源，获取地方政府的信任，与地方政府建立紧密合作关系，共同建立轻资产平台公司，并以之撬动基础设施建设的中交主业发展，从而带动整个区域的建设发展，为地方解决开发资源欠缺的困难，从而以点带面，带动地方的开发建设和城市更新。建立产业引入、片区开发、城市更新的新发展路径，实现港、产、城的融合发展。

2．中交海投的新地产思考

对于地产发展困境，中交海投认为：新基建为地产的发展指明了方向——新地产。当下，新基建被赋予了重要的历史使命——为中国的产业升级提供物质基础。中国的发展需要进行产业升级，而任何产业的升级都离不开新基建。广义看，新地产隶属于新基建，是新基建的一个重要分支。新地产应抓住新基建的政策东风，学习制造业，回归地产发展的科学规律，运用精益思想，构建企业科学的"价值树"，不断探索"一体两翼"，做好产品与服务。

其中，企业科学的"价值树"的内涵："价值树"的土壤是优秀的企业文化；"价值树"的根是富有远见的企业战略体系；"价值树"的树干是丰富而又有企业精神内涵的品牌体系；"价值树"的枝叶是企业供应链体系；"价值树"的果实是企业精益化产品体系。文化、战略、品牌、供应链和产品构成了一个完整企业"价值树"体系。

对于新地产，中交海投认为：房地产企业要做新基建时代的新企业，房地产企业人要做房地产的新人，运用新思想做好产品、转变投资策略、改变金融思维。

首先，房地产企业要做好产品。做好产品，需要不断探索，推陈出新，要特别关注"一体两翼"的实现。"一体"即产品的打造，当下需集中体现在第三代装配式建筑的运用；"两翼"即绿色低碳新能源和数字智能化，以绿色低碳新能源和数字智能化支撑的第三代装配式建筑，将引导地产升级为新地产，地产及上下游都将迎来更大的发展机遇。房地产企业做好房地产产品，意味着购房者能够收获更绿色、更智能、更美好的生活居所。

其次，房地产企业要转变投资策略。房地产企业不仅要做地产的投资人，还要做地产项目全过程的资产管理人。地产项目全过程包括融资、投资、设计、建造、销售、运营和退出等环节。房地产企业应不断循环，动态、柔性地管理地产项目全过程，直到做出好产品。

再次，房地产企业必须改变地产原有的金融思维，认真做好资金借与投的"久期匹配"，不能过于追求"短平快"而忽视产品质量，不能过度使用金融杠杆而忽视"资金链断裂"风险。

最后，对于地产的未来，中交海投认为：尽管当前地产行业，包括房地产企业、施工企业及上下游的供应商，都遇到了前所未有的困难，但不要焦躁、彷徨。在新基建背景下，新地产形成的全新产业链，市场足够大，是一个全新的领域，要做的事情很多，需要深入地思考，用心研究。新地产的发展将带动整个地产行业良性可持续发展。

5.2　临高金牌港开发区简介

金牌港产业园为海南自由贸易港 13 个重点园区之一，是海南省西部工业的重要组成部分（图 5-1）。

图 5-1 临高金牌港开发区示意

拓展阅读：

海南自由贸易港简介

海南自由贸易港是按照中央部署，在海南全岛建设自由贸易试验区和中国特色自由贸易港，是党中央着眼于国际、国内发展大局，深入研究、统筹考虑、科学谋划做出的重大决策。

按照中央部署，海南要努力成为中国新时代全面深化改革开放的新标杆，以供给侧结构性改革为主线，建设自由贸易试验区和中国特色自由贸易港，着力打造成为中国全面深化改革开放试验区、国家生态文明试验区、国际旅游消费中心、国家重大战略服务保障区。

第一是探索阶段（2018—2020年）：全面实施海南自由贸易试验区总体方案（国发〔2018〕34号），复制借鉴其他自贸区成功经验，高标准、高质量完成海南自贸区试验任务，国际开放度显著提高。同时，在部分园区，压茬试行自由港某些政策，如零关税、简税制、低税率，放权审批（图5-2），更开放的市场化运行等，加快探索构建自由港政策和制度体系，做好从"自贸区"到"自由港"衔接。

图 5-2 海南自由贸易港优点

　　第二是初步建立阶段（2020—2025 年）：初步建立起自由港政策和制度体系，营商环境达到国内一流水平，是最为重要和关键阶段。

　　第三是持续深化阶段（2025—2035 年）：形成更加成熟、更具活力的自由开放经济新体制，营商环境跻身全球前列，充分体现国际高标准、高质量、高水平。

　　第四是完全成熟阶段（2035—2050 年）：建成特色鲜明、世界著名的现代化自由贸易港，形成高度自由化、法治化、国际化、现代化的制度体系，成为我国实现社会主义现代化的标杆和范例。

5.2.1　临高金牌港开发区的区位

　　金牌港产业园位于临高县东北部，介于海口、洋浦两个保税区之间，区位条件优越；园区毗邻琼州海峡，拥有良好的港口资源，距离海口新海港和洋浦港车程 60 ～ 70 分钟，距离湛江流沙港仅 26 海里[①]，距离正在筹备建设的儋州加来机场 35 km，距离北海港 96 海里，距离环岛高速金牌互通仅 10 分钟车程，园区内为双向四车道的金澜大道贯穿其中，交通条件良好（图 5-3）。

图 5-3　临高金牌港开发区区位图

　　从更大区域范围来看，金牌港产业园位于海南省北部，北部湾东南，西临越南、老挝、泰国，南临越南、菲律宾、马来西亚，地理位置优势十分明显，同时，这些区域都是 RCEP 的成员国。金牌港港口的建成将大大提升区位优势和体现交通的便利。

5.2.2　临高金牌港开发区的发展历程

　　1992 年设立金牌港开发区。

---

　　① 1 海里 ≈ 1.852 km。

2017 年 12 月，海南省人民政府印发《关于大力发展装配式建筑的实施意见》，2019 年，省委、省政府提出在金牌港重点发展装配式建筑产业。

2020 年 5 月，省政府加快推进装配式建筑发展，明确装配式建筑部品部件的新增产能原则上应统筹集中布局到临高金牌港园区，从政策层面上支持金牌港园区建设。

2020 年 6 月，编制了园区产业规划和起步区 5.58 km² 的控制性详细规划（控规），明确了园区三大主导产业：新型建筑产业、海洋装备制造产业、粮油加工物流产业。

2021 年 5 月，根据《海南省产业园区有关问题解决细化方案》的责权利定位，明确临高县政府承担金牌港产业园开发建设、运营主体责任。

2021 年 12 月 17 日，海南金发园区开发管理有限公司注册成立，负责临高金牌港开发区的招商引资、运营管理、产业发展、制度创新、投资促进、企业服务等开发建设工作。

2022 年 4 月 29 日，中共海南省委办公厅发布通知，明确将临高金牌港开发区单独作为自由贸易港重点园区管理，享受自由贸易港重点园区政策。

5.2.3 临高金牌港开发区的规划

1. 园区规划

金牌港产业园总体规划范围为 20.08 km²，产业园控规已经批复，控规中建设用地 7.68 km²，目前可提供工业用地约为 2.82 km²（4 228 亩），目前已出让和已签约项目用地约 2 198 亩。海南省委省政府对金牌港园区的发展定位——以新型建筑产业、海洋装备制造产业、粮油加工物流产业为 3 大主导产业的海南自贸港建设示范园区，也是海南自贸港的 13 个重点园区之一（图 5-4）。

图 5-4 临高金牌港开发区园区规划

开发区建设用地范围承载人口规模约为 2 万人，主要由产业就业人员、产业配套服务人员、就业职工眷属组成。

开发区形成"一湾、两轴、三点、五带、十区"的总体空间结构（图 5-5）。

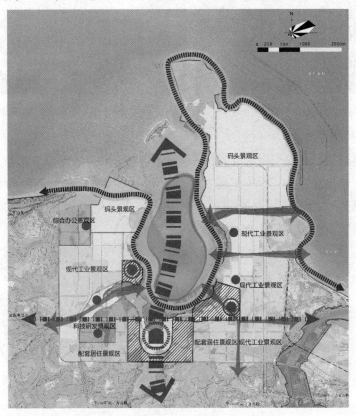

图 5-5 临高金牌港开发区总体空间结构

（1）"一湾"：沿北部滨海内湾打造中心生态核心海湾。

（2）"两轴"：规划联通生态核心海湾的南北向中心景观主轴，以及沿金澜大道联通东西港产业区的景观次轴。

（3）"三点"：塑造 3 个地标节点，分别位于东港服务中心、西港服务中心和南区综合服务中心，打造开发区地标性建筑。

（4）"五带"：预留 5 条楔形绿化带作为重要景观通廊，将海陆生态系统连接，形成保障各组团有效隔离的绿化生态通廊。

（5）"十区"：规划 10 个景观区，包括东港、西港码头及作业区的 2 个码头景观区，发展装配式建筑、高端游艇、海洋装备等临港产业功能的 4 个现代工业景观区，以及远期服务产业功能配套的 1 个科技研发景观区、1 个综合办公景观区和 2 个配套居住景观区。

开发区的园区配套将形成园区可漫步、建筑可阅读、空间有温度、服务零距离的格局（图 5-6、图 5-7）。

图 5-6　未来社区效果　　　　　　　图 5-7　城市规划展馆效果

2．港口规划

金牌港规划共形成码头岸线 4 725 m，布置 18 个 10 万吨级以下泊位，规划码头年通过能力：含散杂货 2 700 万 t+ 车辆 200 万辆 +1 000 万人，陆域面积约为 389 万 m²。港口作为园区原材料及产成品进出的中转站，将是海南最大的建筑材料的自贸港，通向东南亚的建筑市场的桥头堡（图 5-8）。

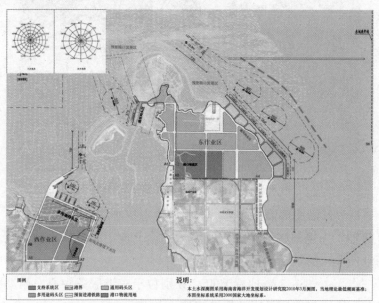

作业区	功能区	泊位等级	泊位数	岸线长度	通过能力		陆域面积	备注
		DWT/GT	/个	/m	/万t	/（万人·万辆）	/万m²	
金牌港东作业区	通用码头区	0.5万～10万	8	2 375	2 550	—	243	
	海工装备及船舶维保区	—		1 000			16	
金牌港西作业区	支持系统码头区	—		350			7	
	多用途码头区	0.3万～2万	10	1 000	150	1 000万人+200万辆	123	
	合计		18	4 725	2 700	1 000万人+200万辆	389	

图 5-8　临高金牌港开发区港口规划

5.2.4 临高金牌港开发区的园区管理平台

临高金牌港开发区的园区管理平台，即海南金发园区开发管理有限公司，它是由与园区产业契合度高的头部企业（中交海洋投资控股有限公司、中铁海南投资建设有限公司）和县属国有企业共同出资成立的一家平台公司（图 5-9）。

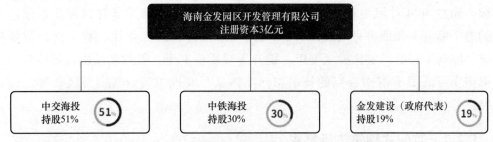

图 5-9 海南金发园区开发管理有限公司投资结构

1. 创新园区开发建设模式

（1）开发区按照"扁平化"的"园区平台公司＋核心产业头部企业产业园＋配套产业服务投资主体"企业法人治理模式进行开发建设，区别于传统的"管委会＋开发公司"模式。

（2）坚持"政府主导、企业主体、市场驱动、社会参与"的原则。

（3）按照"统一策划、统一规划、统一设计、统一建设、统一招商、统一运营、统一安全"的发展理念，激发社会资本活力，吸引各类社会资本参与园区建设及产业投资，推动园区高质量发展。

2. 政企资源融合发展

（1）县政府与合作主体将各自资源融合，共同成立园区平台公司。

（2）平台公司负责园区开发建设、策划规划、基础设施项目建设及园区招商运营等工作，通过完全的市场化形式提供服务。

（3）县政府赋予平台公司二类事业单位和临高国企的职责，负责整个园区"社区服务和治理"的工作，促进企业的经济属性与社会属性平衡发展。

5.3 临高金牌港开发区新型建筑产业发展基础

海南省以大力推广装配式建筑来发展新型建筑产业。自 2017 年年底海南省大力推广装配式建筑以来，海南省装配式建筑政策、标准体系不断健全完善，产业培育初见规模，产业基地势头较大，预制构件产能不断扩充，装配式建筑项目数量实现三年翻番。

5.3.1 装配式建筑政策

海南省积极响应中央号召，大力推广装配式建筑，鼓励各市、县政府根据本市、县情况制订更高的发展目标。随着海南省地方政府陆续出台鼓励装配式建筑发展的产业政策，支持装配式建筑工厂投资扩能，带动了一大批企业进入装配式建筑领域。2022 年 4 月海南省发布了《关于进一步推进我省装配式建筑高质量绿色发展的若干意见》（琼府办〔2022〕24 号）持续推进建筑工业化、数字化、智能化升级，推动工程组织实施模式变革，提升工程质量安全、效益和品质，逐步形成符合海南实际、具有海南特点的技术和标准体系，实现建筑业转型升级和持续健康发展。

5.3.2 装配式建筑市场需求

1. 国内市场需求

建筑全面转型升级成为发展趋势。国内产业发展以建筑工业化为重要抓手，并逐渐以绿色低碳发展与信息智能化发展为杠杆进行发展。《"十四五"建筑业发展规划》中明确表示建筑工业化、数字化、智能化水平大幅提升，建造方式绿色转型成效显著，加速建筑业由大向强转变。

装配式建筑市场规模预测如图 5-10 所示。

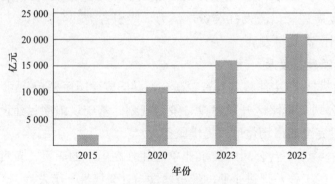

图 5-10 装配式建筑市场规模预测

2. 海南省市场需求

"十四五"期间，海南省将继续大力发展装配式建筑，加快结构系统、装配式内装、市政构件等多领域产品，以及智能化环节应用，推动热带新型建筑产业集群发展。预计至 2025 年，海南省新开工面积将达到 6 380 万 m^2，装配式建筑占比将达 80%，面积将达到 5 110 万 m^2，至 2030 年则将达到峰值（图 5-11）。

3. 东南亚市场需求

海南省与东南亚诸国隔海相望，具有得天独厚的地理优势，是国家"一带一路"倡议的重要支点。东南亚地区共有缅甸、泰国、柬埔寨等 11 个国家，面积约为 457 万 m^2，为热带季风、雨林气候，人口达 5.25 亿。区域内绝大部分地区经济欠发达，经济发展水平差异较大，基础设施建设总体薄弱。近年来，东南亚地区经济发展较快，人口快速增长，建筑产业发展迅速，但建设水平总体较低，技术标准混乱，装配式建筑技术发展处于起步阶段，市场规模潜力巨大。随着海南省在装配式建筑领域技术体系的不断优化、在热带装配式建筑设计施工技术方面经验的不断积累，海南在立足自贸港建设基础上，可合理规划布局东南亚市场，重点推广装配式建筑设计建造和配套产品供应。预计到 2025 年，东南亚诸国的新开工建筑面积为 6 000 多万 m²，如海南省向东南亚地区输出成套的装配式技术体系及集成式房屋等高附加值技术产品，产业发展前景将十分广阔。

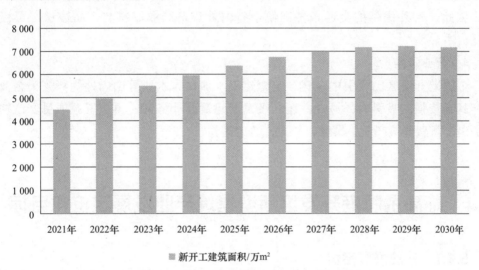

图 5-11   2021—2030 年海南省新开工建筑面积

5.3.3 发展装配式建筑的优势

1. 政策红利

在海南自贸港建设带动下，金牌港开发区将作为全省自贸港政策的承接地和先行先试的"孵化器"之一，迎来新的发展机遇。在《海南自由贸易港投资新政三年行动方案（2021—2023 年）》中提出大力推行绿色环保建筑，并加快投融资体制改革：一是在安全管控前提下，大幅度放宽市场准入；二是拓宽投融资渠道，形成投融一体化闭环工作机制；三是全面加强项目保障，强化责任落实，发挥重点园区的示范带动作用。同时伴随着材料"零关税"、探索"零审批"、政策"重奖励"等多项政策红利。

2. 区位突出

区位优势独特，背靠华南腹地、面向东南亚热带地区，位于"一带一路"与西部陆海新通道交汇的重要节点。金牌港开发区可在立足自贸港建设基础上，合理规划布局东南亚热带地区新型建筑产业市场。借助区域优势，构建多功能属性的综合产业互动平台，将新型建筑产业优势、技术力量、先进经验进行推广应用。

3．交通优越

金牌港开发区向南距离西线公路、环岛铁路线 10 km，融入海南省公路和铁路系统，装配式建筑的水泥和砂料原料，以及装配式建筑成品构件可通过对内交通路网进行运输，对省内其他市县区域实现覆盖。另外，在北部港口区已形成东港、西港两个港口群，可建造超级泊位和深水泊位群。目前，海南省岛内建筑用砂、建筑用石料、砖瓦用黏土、建筑钢材等资源供应不足，较为依赖岛外进口输入。因此，对外优越的交通条件则便于省内外建筑产业原料与产品输送，可极大降低成本。

4．产业聚集

金牌港开发区已吸引中铁建、上海建工、加拿大木业等国内外优势龙头企业入驻，具有较强的吸引力。另外，还积极发展建筑设计咨询、再生资源项目，已初步具备建设新型建筑产业集聚区、扩大优势的潜力。

5.4 临高金牌港开发区新型建筑产业发展定位和目标

5.4.1 产业发展定位

未来，临高金牌港开发区将立足海南省自由贸易港，辐射东南亚，建设成为以装配式建筑产业为主，绿色低碳建材建筑产业为辅，集"研发、设计、展示、交易、培训、制造"于一体的绿色、低碳、智慧现代化建筑产业集聚区。结合海南省与金牌港开发区当前的产业发展阶段，以及其肩负的带动海南新型建筑产业转型升级的重要任务，确定其战略发展定位如下。

1．新型建筑产业主窗口

金牌港新型建筑产业集聚区将通过引进、培育、改造等方式，建设一批主业突出、核心竞争力强、带动作用大的优势新型建筑企业集群，建立从产品研发设计到生产加工、物流交易，再到展示培训与运营维护的全链条产业集聚区。金牌港新型建筑产业集聚区将成为辐射省内外的新型建筑产业主窗口。

2．工业互联网平台样板

金牌港新型建筑产业集聚区以推动工业互联网产业发展为契机，将数字孪生、数据共享、新技术赋能的创新驱动，融入建筑产业全要素、全产业链生命周期，系统性地实现全产业链的资源优化配置，最大化提升经济与社会效益水平。金牌港新型建筑产业集聚区将以智慧园区为载体打造工业互联网平台样板。

3. 智慧碳中和示范园区

金牌港新型建筑产业集聚区通过低碳技术创新、业态创新、模式创新等实现产业高质量发展,积极探索低碳绿色园区示范应用。以发展建筑节能降耗、绿色建材应用的创新提升能源使用效率,结合产业功能区的能源结构调整与智慧平台应用,构建绿色低碳数字新场景。

5.4.2 产业发展目标

1. 总体目标

(1)对国内:打造国家新型建筑产学研一体化中心与优势产能基地。

(2)对国外:打造中国新型建筑技术与产品输出核心平台。

2. 分阶段目标(图5-12)

图 5-12 发展阶段示意

(1)2022—2025年。2022—2025年是新型建筑产业集聚阶段。以装配式建筑为主导,构建智能生产与配套服务功能板块。首先,在4年期间应集聚核心生产要素力量,扩大优势产能发展,促进智能建造转化。其次,开发区整体基础设施得到完善提升,打造强吸引力的环境设施。同时,金融、税务、土地等各方面政策促进发展,创造政策上的强力吸引。总体初步形成以装配生产企业为主体的新型建筑优势产能集聚区(图5-13)。

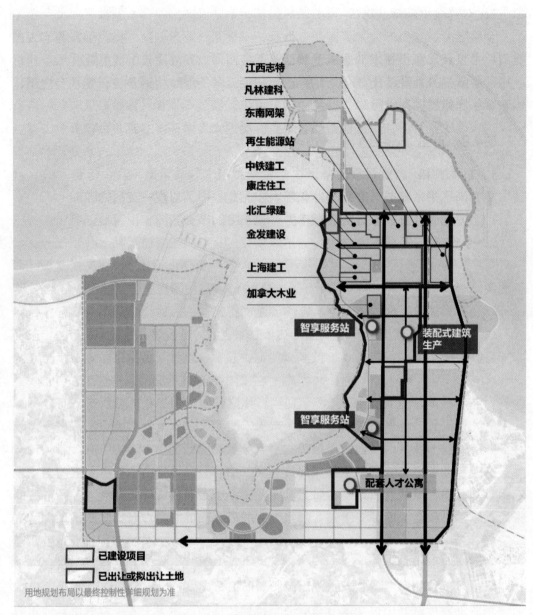

图 5-13　产业集聚区一期建设规划

（2）2026—2030年。2026—2030年是金牌港开发区新型建筑产业功能区产业示范发展阶段，进一步扩展智能装配式建筑生产，并进一步发展绿色低碳建材产业，初步构建新型建筑全产业链。首先，在产业园区开发建设模式上以绿色技术为主导应用。其次，重点布局新型建筑技术科创研究，全方位低碳技术应用展示，逐步增加衍生服务的内容板块。初步形成产学研政相结合的发展体系（图5-14）。

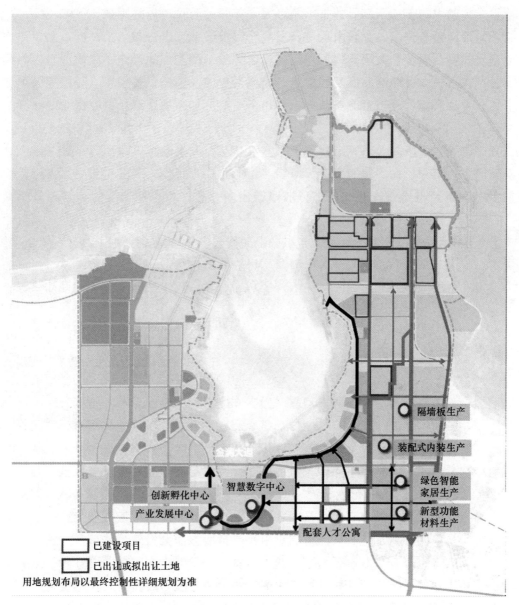

隔墙板生产

装配式内装生产

绿色智能
家居生产

新型功能
材料生产

创新孵化中心

智慧数字中心

产业发展中心

配套人才公寓

金海大道

☐ 已建设项目

☐ 已出让或拟出让土地

用地规划布局以最终控制性详细规划为准

图 5-14 产业集聚区二期建设规划

（3）2031—2035 年。2031—2035 年是园区产业输出阶段。实现绿色、低碳、循环、智慧的核心目标，打造面向东南亚、服务"一带一路"的热带建筑特色产业园。

在技术、标准体系层面，提供装配式建筑解决方案，建设标准、体系输出，国际竞争力与影响力进一步增强；扩大园区展示、培训、金融等产业配套服务体系，达到示范作用，同时在管理体系层面，实现智能化平台广泛应用与推广（图 5-15）。

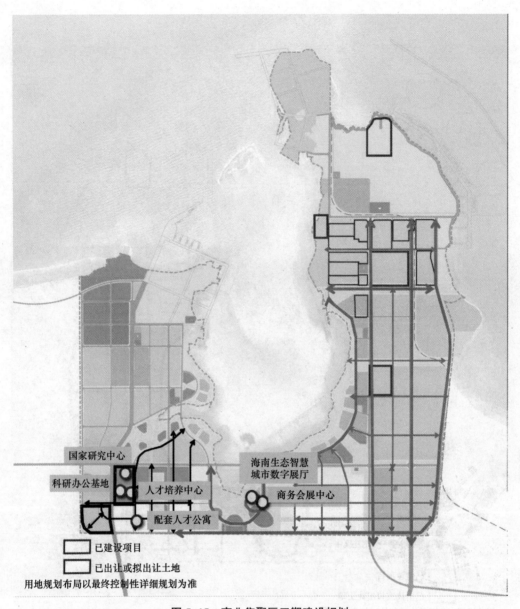

国家研究中心

科研办公基地

人才培养中心

海南生态智慧
城市数字展厅

商务会展中心

配套人才公寓

☐ 已建设项目

☐ 已出让或拟出让土地

用地规划布局以最终控制性详细规划为准

图 5-15 产业集聚区三期建设规划

5.5 临高金牌港开发区新型建筑全产业链构建

5.5.1 案例分析及借鉴

本项目选取 5 个典型的新型建筑产业园区进行案例分析，从中总结基本的建设规律，提炼金牌港开发区装配式建筑项目可以借鉴的经验，各园区位置见表 5-1。

表 5-1　典型案例简介表

园区名称	地点	面积	定位	功能
高碑店国家建筑节能技术国际创新园	河北高碑店	总建筑面积 60 万 m²	世界技术标准最高、规模最大的超低能耗建筑产业基地	产、研、学、展、供、销一体化
武进绿色建筑产业集聚示范区	常州武进	15.6 万 km²	打造世界一流、国内领先的绿色建筑展示体验区、绿色建筑产业集聚区、绿色建筑技术集成区、绿色建筑人才创新创业区、绿色建筑国际交流平台	绿色建筑商贸流通、科技研发、产品生产、标准制定、技术服务
天水装配式建筑产业园	甘肃天水	3 100 亩	全产业链产业园区；装配式建筑产业集群化发展基地	装配式建筑研发、设计、培训、生产及物流配送、运行维护、商业服务
天津宝坻住总装配式建筑产业园	天津宝坻	4 000 亩	华北最大装配建筑产业园；智能化生态工业示范园	8 大生产园区、4 条生产线、一个研发中心
华中·宝钢装配式绿色建筑科技园	河南平顶山	4 000 亩	全产业链生产制造集聚基地；产城融合示范园区	生产制造、众创空间、展示体验中心、办公楼、科技研发中心、研发孵化中心、贸易平台馆、信息智能化中心、设计应用馆、培训中心、餐厅、银行、生活超市、美食街

　　从产业链条、功能配置、产业布局、产业合作及发展模式 5 大层面进行经验归纳学习（表 5-2）。

表 5-2　典型案例分析表

项目	内容	功能
产业链条	全产业链整合	产业链上下端涵盖绿色建筑建材研发、生产、应用、推广、金融等
功能配置	优化功能产品配置	生产单元：50% ～ 60%，研发办公：15% ～ 25%，服务配套：10% ～ 15%，物流集散：5% ～ 10%
产业布局	多中心复合型的产业组团布局模式	实现片区统筹规划，设施共享；功能复合，产业协作；以点带面，滚动开发。有效配比各功能用地比例，实现园区综合效益的最大化
产业合作	加强产业联盟合作	需求牵引、技术推动、人才培养、合作共赢；建立学、研、用合作机制，实现资源共享，优势互补
发展模式	生态优先，集约高效	坚持生态为底、标准为先，建立界定发展路线的生态标准体系。围绕技术标准、低碳生产、智能服务等方面，加强对技术、管理、市场合作，实现规模速度型发展向质量效率型发展转换，实现了技术输出

5.5.2　产业发展思路

根据海南省和金牌港新型建筑产业发展水平、市场需求、同业竞争、政策支持等实际状况，以及在借鉴国内外相关产业园区建设的经验下，形成自身本土特色、扩大市场竞争优势。

1. 聚合发展战略

按照"企业自愿，政府引导，市场运作"的模式，依托现状开发区装配式建筑主导产业及核心载体优势，优化区域布局，加大优势资源整合力度。引进国内外优势企业，引导本土企业，培育专业突出、分工合作的建筑企业产业集群，全面提升制造水平和产业形态，实现区域内企业的纵向一体化发展。

2. 补链发展战略

重点针对新型建筑产业链薄弱环节，发展上游建筑研发、设计与下游展示、物流、培训、运维等一体化协同链条。加强上游研发设计链条，完善下游配套服务链条，形成以研发技术、生产建造、公共平台等为核心的多样化产业发展生态，实现产业全过程、全周期服务。

3. 错位发展战略

错位填补绿色低碳产业发展领域，依靠特定的区域优势与热带地域特色，积极发展热带地区绿色建筑科学创新研究与绿色生产建造，满足市场需求，优化要素投入结构。强化规划指导管控，并引导技术改造和升级。

4. 引领发展战略

加快新型建筑产业科学技术和管理方式创新，搭建产业协作大平台，培育绿色建造、智能建造与工业建造协同的新业态、新模式，形成市场认同度高的企业品牌和园区品牌。立足于海南自贸港建设，辐射东南亚，形成适宜的系统化技术产品体系对外输出，最终实现技术引领、方案解决、人才输出、品牌出海的引领型发展。

5. "研发、转化、应用、服务"产业链条闭环

以市场需求为导向，加强产业链上下游企业协同配合。建立从上游产品研发、建筑设计，到中游生产制造、销售物流、建筑施工，再到下游培训、展示、管理运维的全过程产业链条，实现全过程、全周期服务，打造高产业关联度的一体化园区（图5-16）。

5.5.3　构建"6+2+X"金牌港新型建筑产业体系

金牌港开发区新型建筑产业集聚区以工业化、绿色化、智能化三合一为特征的新型建筑为重点发展方向，严格对装配式建筑、绿色低碳建筑、智慧建筑产业进行细分筛选，支持产业链条从装配式构件初加工向以标准化设计、工厂化生产、装配化施工、一体化装修、信息化管理、数字化应用为主要特征的现代建筑产业体系转变延伸，并支持产业链条从装配式构件初加工向绿色建筑、智慧建筑等终端产品延伸。

金牌港开发区新型建筑产业集聚区将形成以国家研究、产业研发、创新孵化、智慧数字、商务会展、人才培养6大研发创新项目为引领，智能装配建造产业、绿色低碳建材产业两大高标准生产制造基地为主导，X项衍生服务配套产业作为支撑共同发展的新型建筑全产业链体系（图5-17）。

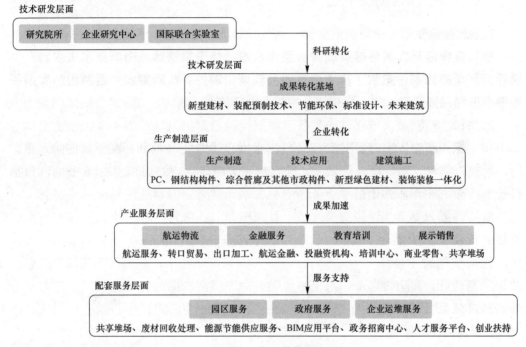

图 5-16 产业链条闭环

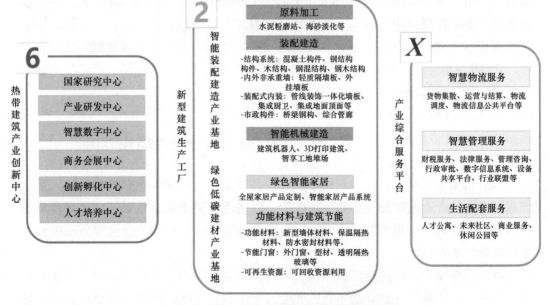

图 5-17 "6+2+X" 金牌港新型建筑产业体系

5.6 临高金牌港开发区核心发展任务

5.6.1 6大科创研发产业中心

1. 功能布局

临高金牌港开发区将打造成为新型建筑的科技引领基地。围绕技术研发、产业服务、创新孵化、智慧数字、展览展示、教育培训内容，规划6大定制化的发展服务中心平台，打造产、学、研相结合的技术创新体系。

2. 项目布局

（1）国家研究中心。吸引国家实验室、国家工程中心等科研机构下属的院、系、所，承担跨学科、跨行业、跨领域、综合性重大科研。规划面积为10.6公顷，包括科研实验室、科研辅助用房。

鼓励高烈度区装配整体式混凝土剪力墙结构、框架结构技术体系的推广与应用，同步推进高烈度区装配式建筑抗震隔震、构件耐腐蚀、围护结构隔热装饰一体化等技术产品的研发与应用，近零能耗建筑技术体系与关键技术研发与应用。研发具有海南省特色和优势的热带岛屿装配式建筑生产、施工设备，全流程提升建筑工业化水平（图5-18）。

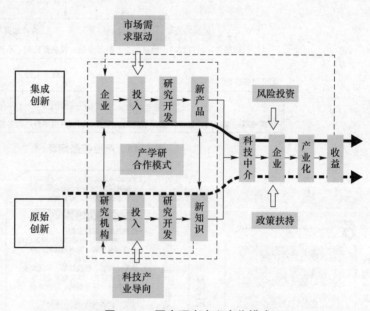

图5-18 国家研究中心合作模式

（2）产业研发中心。吸引科研型企业、高等院校以热带建筑全流程发展为重点形成新型建筑产业的咨询智库与创新联盟，促进产业链条互通互融。打造热带建筑科学研究中心、热带建筑设计中心、质量监督检验中心、科技成果转移转化中心，规划面积为2.6公顷。

产业创新路径：构建跨学科、跨领域的协同创新网络，形成"知识—创意—孵化—中试—产业化"全流程的创新链和全尺度的创新空间。技术研发初步通过市场需求与科技产业双重驱动开展研发模式,随后通过科技中介与企业进行成果转化,产生收益(图5-19)。

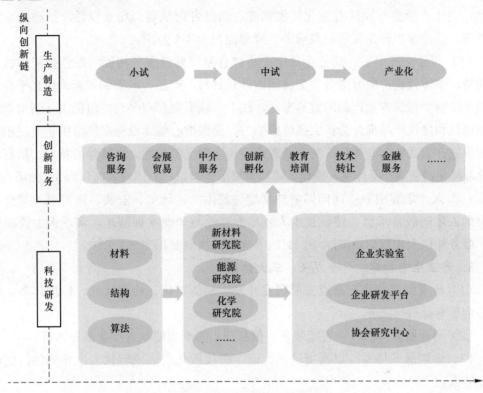

图5-19 产业化发展路径模式

(3)创新孵化中心。以产学研项目孵化、中小企业孵化为突破口,形成从创新、创投到创业的产业链孵化平台,通过金融服务支撑,基于市场导向,通过交易平台实现从技术转化到产业化生产。规划面积为1.3公顷,包括服务大厅、办公区、洽谈区等设施(图5-20)。

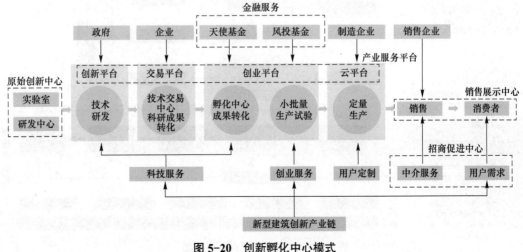

图5-20 创新孵化中心模式

（4）智慧数字中心。建立基于BIM（Building Information Modeling，建筑信息模型）正向设计的数字建筑设计中心、数据共享中心、区域数字建筑信息监控管理平台，为生产企业与园区智慧化转型赋能。通过咨询规划、场景设计、投融资、实施管理、运营维护等全流程科技服务，规划面积为1.5公顷。

（5）商务会展中心。商务会展中心将综合发展商贸服务功能与绿色智能体验示范功能。整体打造"展园融合"交流国内外新材料、产品、品牌和创新的信息平台，创建不同新型建筑专业产品的贸易专区，线上、线下交易双平台，借助国际新型建筑发展论坛和建筑产品推介会扩大品牌影响力。会展中心将建设标准展位供企业展示产品，设立办公区域、商务会议室、开放式会场，突出多功能、重体验的特点，培育多元化趣味化的会展产品体系，建设零碳建筑展示体验馆，总体规划面积为3.8公顷。

（6）人才培养中心。面向国内外新型建筑生产、施工、安装、销售服务等全产业链的人才的教育培训。建设技术人才培养基地与产业实训基地，实现人力资源交流、服务外包人才培训、国际培训交流等建设，规划面积为3.3公顷。

3．产业生态构建：一个龙头、三大体系

（1）研发创新龙头：重点发展研究开发、创新孵化、检测认证、标准体系、科技咨询等专业科技服务。

（2）产业服务体系：以智能装备、信息技术为重点的制造产业服务体系。

（3）金融服务体系：以商贸展示交流、科技孵化、成果转化为主导的创新创业服务体系。

（4）生活服务体系：以生产配套、生活休闲、工业旅游等为特色的综合服务体系。

科创研发产业生态构建图如图5-21所示。

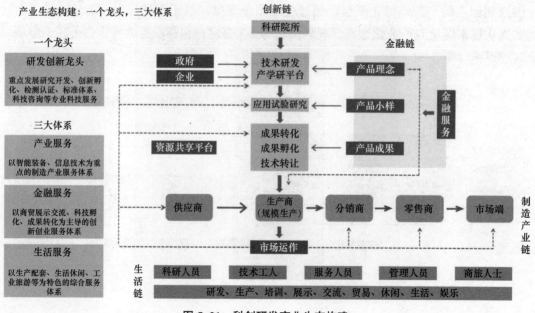

图5-21 科创研发产业生态构建

5.6.2　两大生产制造产业基地

1．功能定位

在装配式建筑产业基础产能上继续扩大发展，进一步完善装配式建筑产业产品体系，并填补绿色低碳建材产业链条空白，以增量促进存量，实现高质量产业基地发展，重点布局产业链中游生产环节。通过龙头企业入驻引领，实现生产链条标准化、绿色化、智能化的目标，打造新型建筑工业生产标准化基地。

2．产业需求规划

（1）智能装配建造产业。重点继续发展混凝土、钢结构部品构件、隔墙板项目，鼓励新型结构体系、新技术、新工艺应用；适时适当发展集成吊顶、整体厨卫等装配式内装修与桥梁管廊等市政基础设施构件项目，以及部分智能机械建造产业项目。规划面积为 4 648 亩。

（2）绿色低碳建材产业。重点发展新型功能材料、高性能门窗、再生资源与循环利用项目等建筑材料节能项目，并适当发展智能全屋定制与智能家居系统等集成终端产品绿色智能家居产品项目。规划面积为 1 440 亩。

（3）产业人口。产业人口依据产业人口需求进行测算。产业人口由直接就业人口、产业服务人口、眷属人口 3 部分构成。近期，总人口预计为 8 597 人；远期，总人口预计为 18 354 人。

（4）生产组织方式。规划智能生产工厂、智享服务站与工业上楼实现智能集约化生产。

①智能生产工厂：将"互联网＋智慧建造"全面融入工厂建设和运营，通过智能生产过程协同、智能设备互联互通、智能生产资源管理，提升智能精细化生产与管理水平，并采取"新能源、低能耗、无污染、零排放"的绿色技术建设绿色工厂。规划建设 2～3 个项目级的智能生产工厂，打造产业集聚区内项目级的建筑工业互联平台。

②智享服务站：规划每个生产单元中心为智享服务站，包括集合智慧化管理共享堆场、设备仓库、运输车辆停放等（图 5-22）。

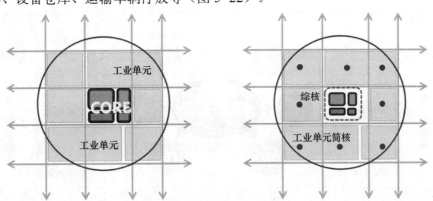

图 5-22　智享服务站单元模式

③工业上楼产业：工业上楼的对象包括：装配式内装产业，如定制家具产品、集成管线系统、智能家居系统等；新型绿色建材产业，如新型墙体材料、保温隔热材料、高性能门窗等。工业上楼重点关注无污染的中小型企业，能解决中小型企业因租金、场地和运作等限制而造成的部分功能设施分散难题。厂房在空间设置上，一层为主要生产区域、辅助生产区、堆场，以及停车场接待区；二层为行政管理区、员工休息区；三层为研发办公和部分小型仓储区。

5.6.3 衍生配套服务

1. 公共服务

功能定位为园区整体公共服务中心，重点综合管理业务为园区提供公共服务综合系统与重点配套设施建设。实现从"硬件设施"向"软硬结合"的配套服务体系转型。园区综合服务体系可分为配套设施体系与公共服务综合体系，提供完善的园区配套服务、管理，构建一站式公共服务综合系统。

2. 物流服务

功能定位为园区现代物流服务基地，将运输、仓储、装卸、加工、整理、配送、信息等方面有机结合，建设成为集散货物流、仓储加工、商贸物流、物流现代服务于一体的物流服务基地，并构建智慧物流、在线交易、供应链金融为主的核心内容体系，打造"购、销、储、运、融"的一站式服务，升级传统的物流组团货物集散、中转、配送、储调、加工等功能作用。

打造地方数字化物流信息平台，促进园区物流信息共享，搭建智慧物流管理模块。实现供应链可视化、生产物流消费环节的保障管理。

现代物流服务包括对内的物流服务与对外的进出口加工和贸易服务。建设货物集散中心、物流公共信息平台、电子商务结算中心、物流调控中心等（图5-23）。

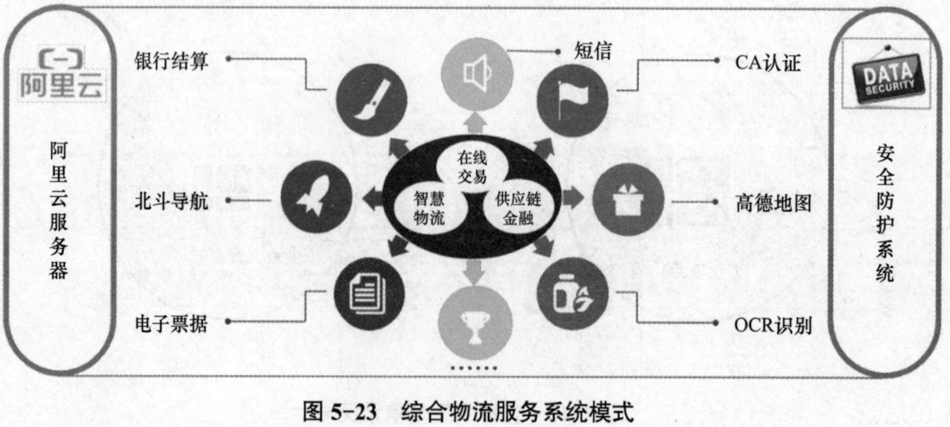

图 5-23 综合物流服务系统模式

购/销/储/运/融　一站式服务

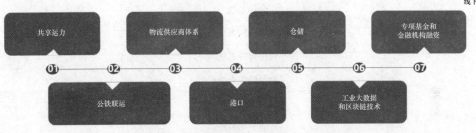

图 5-23　综合物流服务系统模式（续）

　　园区虽有 5 000 千余亩工业生产用地，但总体看仍然十分紧张。这就要求做好生产空间规划，平衡布局，功能化与集中布局，同时加强土地生产空间管理，以提高生产空间投资强度，促进生产空间集约高效。努力做到"用地六统一"，即统一供料、统一钢筋加工、统一堆场、统一仓储、统一住宿和统一研发设计。

5.7　临高金牌港开发区绿色发展体系

5.7.1　智慧基础设施

　　智慧园区规划是一项系统工程，其建设与运营需要从顶层设计入手，基于应用软件层、支撑平台层、网络通信层、智能感知层、基础设施层打造智慧服务体系（表5-3）。

表 5-3　智慧园区规划配置要求表

规划配置内容		规划配置要求
园区基础设施	园区驻地网	□
	园区移动通信网	□
	园区无线区域网	□
	园区机房	□
	园区监控中心	○
	园区智能传感设备	□

续表

规划配置内容		规划配置要求
园区智能控制系统	智能卡管理系统	□
	安防监控系统	□
	智能停车系统	□
	信息发布系统	□
	应急广播系统	□
	会议系统	□
	环境监控系统	○
	楼宇自控系统	○
	能源监控系统	○
	智能充电桩系统	○
	智能照明系统	○
	智慧管网系统	○
支撑平台	应用集成	□
	数据资源中心	□
	云计算平台	○
	大数据平台	○
	地理信息支撑	○
	外部接口	□
园区应用服务	运营监控管理	□
	园区业务管理平台	□
	公共信息服务	□
	产业展示服务	□
	政务服务	□
	金融服务	□
	产业孵化服务	□
	企业发展服务	□
	产业融合服务	○
	电子物流服务	○
	电子商务服务	○
	园区管理应用	□
	园区服务应用	□
注：□基本配置；○推荐配置		

5.7.2　绿色基础设施

以协调发展、绿色发展为理念，从源头对资源消耗、污染排放进行全面控制，依托低碳发展构建独特竞争力。建设健康的水循环系统、绿色低碳的能源系统和循环高效垃圾处置系统等绿色基础设施，从节能环保与绿色生态的不同方向构建绿色基础设施体系（表5-4）。包括以海绵城市理念为基础的水循环管理系统，打造集合集水海绵绿廊、污水处理再利用、雨水收集利用的水循环系统；建筑立面垂直绿化应用，建筑立面增加垂直绿化，垂直绿化可以在不占用城市用地的情况下增加城市绿化率，对城市、园区生态环境进行有效的调节。

表 5-4　绿色基础设施要求表

规划配置内容		规划配置要求
绿色生态	废弃资源回收系统	□
	废物集中处理设施	□
	中水回收系统	□
	污水集中处理设施	□
	雨污分流系统	□
	绿色建筑	○
节能环保	二次能源利用	○
	分布式供能系统	□
	道路绿色照明	○
舒适宜居	自行车公共交通服务系统	□
	节能与新能源公共交通	○
	园区绿化	□
	海绵建设系统	□
信息平台	空气质量检测系统	○
	水环境管理系统	○
	污染源管理服务	○
	应急管理系统	□

注：□基本配置；○推荐配置

5.7.3　能源综合利用

能源是园区运行的经济基础，面对目前园区的环境和资源问题，应加强能源规划建设，实现园区的节能减排、经济效益和环境效益。能源规划基于以下理念完成：

（1）优化空间布局理念，即根据不同地块的特点制定适宜的低碳空间优化格局，提升居住生活的便捷性，引导低碳生活方式。

（2）低碳指标约束理念，通过地域特点、产业特色、气候温度、生活习惯等多个角度的分析和研究，结合空间结构，合理制定项目土地用地规划和开发强度，加强对零碳指标的把控。

（3）全过程碳管理，以实际碳排放目标值为评估依据，指导建筑低碳技术应用，形成金牌港开发区建筑低碳化建设的指导依据。

（4）智慧低碳双驱动，利用智慧交通、智慧建设、智慧建筑等手段，实现金牌港开发区的智慧与低碳的平衡。

1. 完善绿地结构

实现多形式的汇碳方式，构建完整的园区绿地结构。构建"氧源绿地"结构体系，结合滨海生态绿带与海洋固碳调节整体碳氧平衡、外围的天然屏障、外界空气与内部的交流，缓解城市热岛效应；构建"碳源绿地"网络体系，在功能区附近布置碳固存能力较强绿地，如滨水绿地、道路附属绿地、河岸的绿道等形式，加强绿地联络性，形成较整体的增汇网络；增强"近源绿地"碳汇能力，"见缝插针"布局绿地形式，增加垂直绿化，增加城市绿化覆盖率。

2. 构建低碳交通

建立适应园区的低碳交通体系实施方案。针对园区以工业和居住为主要建筑的特点，采用"交通廊道＋小街区"的道路网模式，对园区空间进行互动衔接；在主要交通干线上增设充电设施和相应的停车位，建设机械式与立体式停车充电一体化设施；建立城市智慧停车场，结合现状条件，初期可利用闲置地块预留一定目的地建设公共停车场。

3. 优化能源利用

创建分布式多功能互补区域能源供给系统，满足产业园的能源供给需求。

（1）能源采用分散型、多中心、网络化的能源供给模式。建设分布式区域型能源枢纽，推进分布式光伏建筑一体化建设，建设污水源热泵区域供冷示范，支持园区多层级微电网建设。

（2）依托综合智慧能源技术，打造智慧低碳生态能源系统。生产厂房、产品研发将结合智慧能耗监管系统打造，对整个产业园区的生产性建筑进行统一管理和维护，实现实时监控和指挥，打造未来生态产业园系统集成，采用"数据采集—集中数据—系统控制—数据分析处理—提供各类对比考核方法—帮助完成整个管理流程"的能源管理流程。

4. 提升建筑能效

公共建筑按照超低能耗、近零能耗标准建设企业厂房。在全面执行强制标准《建筑节能与可再生能源利用通用规范》（GB 55015—2021）的基础上，针对典型项目，如行政办公、商务会展项目执行《近零能耗建筑技术标准》（GB/T 51350—2019），建设超低能耗、近零能耗公共建筑，并适时进行零碳建筑示范。

5. 低碳运营管理

建立智慧建筑运维管理平台，将建筑运维过程中各个系统串联，打造园区建筑产业工业互联网平台。采用基于 BIM 的智慧金牌港运维管理平台，该平台将建筑运维过程中的各个系统（如物业、自控、能耗、空间、安防、消防等）统一整合，实现人、设备与建筑之间的互联互通，同时具备数据分析、性能分析、模型分析等功能，为建筑优化分析及节能降碳提供便利（图 5-24）。

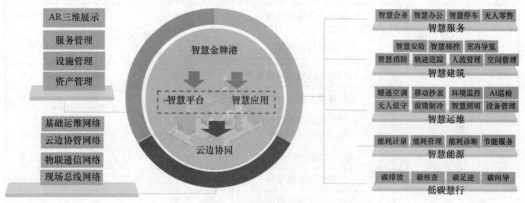

图 5-24 基于 BIM 智慧建筑运维管理平台

5.7.4 园区绿色发展指标体系

1. 指标体系构建

建设园区绿色发展指标体系是建设绿色生态园区，支持国家高新区创建国家生态工业示范园区的重要支撑。

金牌港开发区发展指标体系，依托新型建筑"工业化、绿色化、智慧化"发展链条，涵盖产业、生态环境、建筑、交通、能源、固废、水资源、生活、智慧等园区建设全领域，强化规、建、管 3 大环节系统性，依托智慧园区平台，体现园区"绿色、低碳、循环、智慧"目标定位，构建金牌港开发区建设园区绿色发展指标体系（图 5-25）。

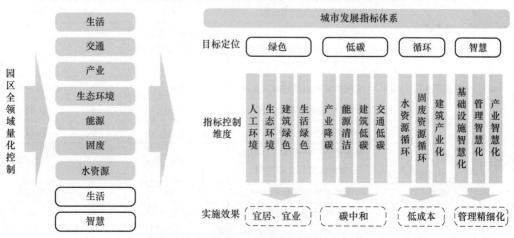

图 5-25 金牌港开发区指标体系构建推导

2. 指标体系内容

园区绿色发展指标体系（表5-5）应对绿色、低碳、循环、智慧4大目标，导向出14项一级指标，27项二级指标。

表5-5　园区绿色发展指标体系指标表

目标定位	一级指标	序号	二级指标	指标值	指标单位	完成年限
绿色	建筑绿色化	1	绿色工业建筑比例	100	%	2030年
		2	绿色建筑比例	一星级100；二星级及以上80	%	2030年
	生活绿色化	3	公共空间无障碍设施覆盖率	100	%	2030年
		4	工业垃圾无害化处理率	100	%	2031年
		5	获得绿色物业管理评价标识的项目比例	一星级100；二星级及以上30	%	2030年
	人工环境良好	6	噪声环境达标覆盖率	≥30	%	2030年
		7	节约型绿地覆盖率	≥70	%	2030年
		8	公众对生态环境质量满意度	≥85	%	2030年
	生态环境优美	9	城市蓝绿空间占比	≥70	%	2030年
		10	生态系统生产总值（GEP）占GDP比重	≥4	/	2030年
低碳	产业降碳化	11	战略性新兴产业增加值占地区生产总值比重	≥60	%	2030年
		12	单位GDP碳排放量	≤0.8	tco_2/万元	2030年
		13	绿色信贷增长率	≥16	%	2030年
	能源清洁化	14	可再生能源利用率	≥30	%	2030年
	建筑低碳化	15	新建民用建筑零碳建筑比例	≥60	%	2030年
	交通低碳化	16	绿色出行比例	95	%	2030年
		17	电动汽车使用比例	≥60	%	2030年
		18	集中成区公交站点覆盖率	500m半径覆盖率100；300m半径覆盖率≥80	%	2030年
	建筑产业化	19	装配式建筑占新建建筑比例	100	%	2030年
循环	水资源循环	20	非传统水资源利用率	≥60	%	2030年
		21	径流总量控制率	≥70	%	2030年
	固废资源循环	22	餐厨垃圾、植物落叶等可降解垃圾资源化利用率	100	%	2030年
		23	固体废弃物综合利用率	≥80	%	2030年
		24	生活垃圾回收利用率	≥60	%	2030年

续表

目标定位	一级指标	序号	二级指标	指标值	指标单位	完成年限
智慧	基础设施智慧化	25	新型基础设施覆盖率	100	%	2030 年
	管理智慧化	26	碳排放监测平台覆盖率	100	%	2030 年
	产业智慧化	27	企业创新活跃度	≥ 75	%	2030 年

5.8　临高金牌港开发区的招商

5.8.1　立体招商策略

1. 招商重点目标

坚持大小项目并举、内资外资并举、二三产业并举、存量升级与增量引进并举的方针。围绕"6+2+X"新型建筑全产业链体系，将资本密集、技术密集、基地型、旗舰型项目作为招商重点，瞄准国内外 500 强及其关联项目，引进位居产业核心地位的龙头项目，带动相关配套项目进驻（图 5-26）。

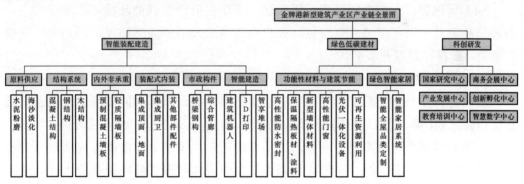

图 5-26　招商主导产业链全景

2. 招商重点企业

根据企业具体情况，针对是否已经在海南省进行项目布局、是否与金牌港新型建筑产业集聚区业务匹配、企业发展规模与稳定性等进行可能性分析，过滤在金牌港开发区落户可能性较低的企业，重点招商装配式建筑企业、低能耗建筑企业、智慧服务平台企业和园区配套服务企业。

3. 招商比例

（1）装配式建筑产业链 70%（占地 2 982 亩），其中，PC 占 70%；钢结构占 25%；木结构占 5%。

（2）游艇产业 20%（占地 846 亩）。

（3）粮油加工物流 10%（中粮）或材料、产成品中转物流（占地 400 亩）。

（4）产业园科创中心（占地 50 亩）建筑面积为 10 万 m²。

5.8.2 招商重点措施

1. 招商运营推广阶段

（1）积极参加展会：政府率团参加全国性行业展会，瞄准国内大型企业，开展系列洽谈拜访活动。招商信息发布的有效性直接影响着招商的效果。通过媒体宣传，告知公众，吸引媒体关注，形成一定的影响力，让公众关注。

（2）本地办展会：大力宣传优势项目，树立良好的区域形象和品牌。定期举办装配式建筑、新型建材等行业性展会、峰会、论坛、推介会等，组织系列精准对接活动，吸引新型建筑相关企业参与。同时，在进行招商的过程中，要积极地建立一些信息网络和资源丰富的队伍，保证招商引资能够更加高效率地、高质量地完成。

（3）发挥多方力量：依托行业协会组织、商会、咨询公司、会所等中介机构进行合作委托招商。高质量构建利用外资承载平台，打造开放合作亮点。加强同建筑行业协会、知名科研院所、咨询公司的联系，展开委托招商和代理活动。支持开发区引入专业化园区运营商，通过整体外包、特许经营方式和合理确定收益回报、风险分担机制，参与开发区或"区中园"的设计、投资、建设、招商和运营。

（4）园区客厅：打造园区先行展示区，不断提升产业营商环境。以展示为主，包装精品项目。固定营销，提高目标客户对基地未来形象的感知度，展销项目的投资能力，提高招商服务水平。

2. 招商运营阶段

根据定位及产业区发展阶段制定各层次招商规划，根据不同发展阶段重点制订年度招商计划，将规划目标分阶段落实到年度，指导具体招商工作有序开展。

将招商规划产业政策由资源型政策不断向创新环境培育与激励方向演进。起步期以财税奖励、资金支持、土地优惠为主，以资源和政策优势吸引企业入驻，成熟期转向科技成果转化、股权激励试点、人才特区建设等创新环境及机制（图5-27）。

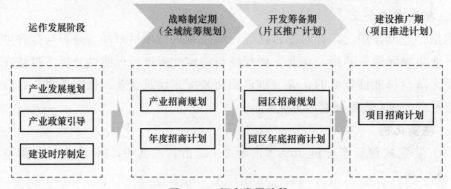

图 5-27　招商发展阶段

未来 3 ～ 5 年招商计划如下：

（1）建立 7 ～ 10 家研究机构，建成最大的热带气候、海南特色的装配式绿色建筑研究中心的硅谷（产值 15 亿元）。

（2）PC 构件的生产能力达到 100 万 m³，预计再引入 3 ～ 4 家大型构件生产厂家，年生产产能至少为 30 万 m³；市政装配式管廊、道路厂家 1 ～ 2 家（产值 50 亿）。

（3）钢结构构件生产能力达到 50 万 t，预计再引入 5 ～ 7 家大型钢结构构件生产厂家（产值 50 亿元）。

（4）引入 4 ～ 5 家装配式内装、高性能门窗、新材料家具、整体厨卫生产厂家（产值 20 亿元）。

（5）引入 1 ～ 2 家建筑检测机构或中心（产值 1 亿元）。

（6）适时引入先进的装配式建筑 4.0——模块化建筑设计、生产厂家（产值 5 亿元）。

（7）适时引入 1 ～ 2 家国外先进的装配式建筑设计、生产企业（产值 5 亿元）。

（8）引入 1 ～ 2 家产业工人培训、劳务公司（产值 1 亿元）。

（9）设立一个论坛、装配式建筑展示基地。

5.8.3　招商运营模式

规划"园区平台公司＋核心产业头部企业产业园＋配套产业服务投资主体"的创新合作模式。未来通过产业金融联动的特色孵化，加快打造一批产业特色明显的孵化园、配套园、特色园；通过搭建各类产业增值服务平台为园区内的企业提供各类服务等多种有效手段创新运营。

（1）实行以"一站式服务""一个窗口收""一个部门执法"为主要内容的管委会封闭运行机制。建立"管家式"全生命周期服务体系（图 5-28）。

图 5-28　"管家式"全寿命周期服务

（2）引进社会资金（民营资本）入股园区开发建设公司。与园区管委会办公室两块牌子、一套班子。积极推进资产证券化，争取上市融资，彻底解决园区资金瓶颈。

（3）组建或引进若干项目经营公司。

（4）参股风险投资公司：凭借信息优势，带头对园区企业进行风险投资，可以

吸引外部更多的风险投资基金。

（5）外包广告服务、市政养护、餐饮、酒店、物业管理和商业设施项目，引进社会上专业、成熟的管理企业，不仅能为园区企业提供优质服务，提升园区整体功能，还分担了园区开发建设公司的职能，使得公司能够集中精力进行招商和建设，为园区发展服务。

5.8.4 规范企业准入条件

为规范招商项目入园，加强新型建筑产业项目管理和服务水平，加快效益建园、特色建园、产业建园、生态建园建设步伐，制定了临高金牌港新型建筑全产业链集聚区的企业准入标准。企业准入条件从企业契合度、环境友好度、创新浓度及经济密度进行判断，分别以制造生产用地与科创研发用地进行准入划分。

（1）企业契合度：在实现产业高度集聚发展方面，招引符合聚焦引进新型建筑全产业链条上特色型商贸服务、前沿型研发设计、融合型低碳制造、功能型综合配套的产业项目。产业园主导产业要达到80%以上。

（2）创新浓度：在实现科技创新推动高质量发展方面，通过对产业项目的研发人员占比、研发资金投入强度、知识产权拥有性等方面管理，实现产业领域内科技创新的引领发展。

（3）环境友好度：在实现安全生产有效治理方面，通过对入园企业项目的清洁生产、能源利用效率、污染物排放、工艺装配优化等方面的管理，达到环保治理要求。

（4）经济密度：在实现质量效益明显提升方面，通过严格项目准入条件，推动新增建设用地的工业项目投资强度、单位面积税收产出效益大幅提升，实现园区土地利用进一步节约集约。

（5）负面清单：以"生态保护红线、环境质量底线、资源利用上线和环境准入负面清单"（以下简称"三线一单"）为约束，加强空间管制、总量管控和环境准入管理。在此基础上提出产业和环境准入负面清单（表5-6）。

表5-6　负面清单分类表

类型	内容
产业政策准入	《产业结构调整指导目录（2019年版）》中限制类、淘汰类项目
	《海南省产业准入禁止限制目录（2019年版）》中禁止类、限制类项目
	《外商投资准入特别管理措施（负面清单）（2019年版）》中禁止类、限制类项目
	《自由贸易试验区外商投资准入特别管理措施（负面清单）（2019年版）》中禁止类、限制类项目
	清洁生产水平达不到国内先进水平及以上的新建项目
	禁止新建、扩建法律法规和相关政策明令禁止的落后产能项目
	不符合园区产业定位项目

类型	内容
环境政策准入	不得引入水污染型项目和三类工业项目
	严禁引进铅、铬、镍、汞、镉等重金属污染物排放的产业
	优化升级清洁生产工艺，提高环境管理水平，长期稳定运行水、气、土、固废等污染防治设施

5.8.5　入园企业

1. 一协会·两院·三中心

产业链的最上游即研发端、设计端启动招商工作，通过研发、设计、标准制定、头部企业的引进带动制造企业进驻，从而推动金牌港产业园在海南自贸港新型建筑产业领域树立主导地位（图 5-29）。

图 5-29　一协会·两院·三中心

2. 园区三大主导产业企业

截至 2022 年 8 月，按照园区 3 大主导产业定位新引进的企业共 12 家，其中，已投产企业 5 家、4 家研发机构、在建企业 3 家、即将开工企业 5 家。另外，现有储备项目 20 个，其中，粮油物流加工项目 1 个、游艇制造项目 2 个、PC 构件项目 4 个、钢结构项目 2 个、隔墙板项目 5 个、其他新型建筑类项目 6 个（装配式内装、原料加工、智能家居、绿色建材、单元幕墙等）（图 5-30、图 5-31）。

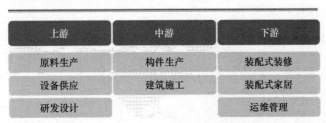

图 5-30　装配式建筑全产业链生态图

图 5-31　BIM 设计云平台、MES 智能制造平台、PMS 项目管理云平台

5.9　临高金牌港开发区的未来展望

在一流园区综合开发管理运营商的精心运营管理下，将临高金牌港开发区打造成为海南省最大的集研发、设计、制造、展示、交易、培训为一体的装配式建筑产业集群的产业园区。

5.9.1　实现"一体两翼"装配式建筑发展的产业园

（1）针对具有鲜明区域特性、气候特性和人文特性的装配式被动建筑解决方案。

（2）绿色低碳新能源的解决方案。

（3）BIM 技术、数字化建筑与智慧城市的解决方案等。

5.9.2　产业—商圈卫星城市形成

园区建成后，预计产业工人将达到 1.5 万人，流动人口将达到 3 万人，产业—商圈卫星城市形成，并在园区构建 2 个生态平衡：装配式产业生态和生活、文化、工作的融合生态。

5.9.3　6D 中心建成

（1）装配式、绿色、热带建筑研发基地中心。

（2）装配式建筑智造基地中心。

（3）装配式建筑交易基地中心。

（4）装配式建筑产业孵化基地中心。

（5）装配式建筑制造产业从业人员培训基地中心。

（6）装配式、绿色建筑技术展示基地中心。

5.10　案例总结

（1）新的社会经济发展阶段，将孕育新的房地产需求。新基建为地产的发展指明了方向，我们应总结房地产既往发展的经验和教训，认真思考，砥砺前行。房地产行业抓住新基建的政策东风，学习制造业，回归地产发展的科学规律，运用精益思想，构建企业科学的"价值树"，不断探索"一体两翼"，做好产品与服务，为实现人民美好的生活愿望，贡献行业的力量。

（2）临高金牌港开发区项目按照"扁平化"的"园区平台公司＋核心产业头部企业产业园＋配套产业服务投资主体"企业法人治理模式进行开发建设，区别于传统的"管委会＋开发公司"模式。在此模式中，中交集团利用央企影响力和开发资源获取当地政府信任，与当地政府共同组建轻资产平台公司，并以轻资产平台公司撬动基础设施建设的本集团公司的主业发展，从而带动整个区域的建设发展。中交集团与当地政府建立紧密合作关系，为当地政府解决开发无资源、无专业人员、无资金的困难，建立了产业引入、片区开发、城市更新的发展路径，从而以点带面，实现港产城的融合发展，带动整个临高县的开发建设和城市更新。

（3）临高金牌港开发区项目坚持产业规划先行，立足当前、着眼长远，以高站位、宽视野、大格局的理念，做好了总体规划设计，科学合理布局，统筹考虑开发区功能、产业发展、公共服务等有效衔接，精心绘制发展的宏伟蓝图。项目自觉践行新发展理念，学习总结其他新型建筑产业园区成功案例经验，坚持开发建设与环境保护和绿色发展兼顾，突出产业特色，以项目为抓手，大力发展新型建筑产业。项目强化招商力度，吸引头部企业，甄别、建设带动力强、投资大、产值高、成长性好的大项目、好项目，做长产业链，着力打造新型建筑产业集群。

思考练习题

1. 简述中交海投有关企业科学的"价值树"的内涵。
2. 简述本案例的园区开发建设模式，并分析其优点。
3. 第三代装配式建筑有哪些特点？
4. 简述临高金牌港开发区的产业发展思路。
5. 通过对临高金牌港开发区招商的学习，你有哪些收获？

6 数字化助力房地产企业向新发展模式转型升级:

易居克而瑞数字化服务平台

信息技术带来的最重要的变化是模式变化。
——Michael Spence，迈克尔·斯宾塞

案例导读

　　房地产行业正经历着从增量时代向增存并举时代的转变。房地产企业由粗放式管理逐步向精细化管理转变，大型房地产企业更加讲究能力集成及可扩展性，中小型房地产企业更加注重模块分解和可配置性，数字化技术与房地产业务的融合正成为房地产企业向新发展模式转型的重要支撑。易居集团从 21 世纪初开始进入信息数据行业，成立易居克而瑞数字化服务平台，聚焦数字与科技化，构建平台模式，打造开放协作型模式，促进不动产领域各方共赢。易居克而瑞集团从住宅开发、不动产资管、物业社区、易沃教育和证券金融 5 大核心场景出发，借助 GIS 地图数据商业智能应用动态监控数据，利用地图栅格化处理及多维模型分析，在投资决策、市场营销、资产管理、物业创新等多个阶段拥有参考价值，覆盖了教育培训、金融交易等多个领域。

自 1998 年以来，房地产企业伴随着我国快速城镇化、住房制度改革与人口增长等一系列红利，实现了快速发展。1998—2020 年，房地产市场规模年均复合增速 21.2%，销售面积年均复合增速 12.9%，房地产企业增加值占 GDP 比重由 3.7% 上升到 7.3%（图 6-1）。截至 2021 年，城镇居民人均住房建筑面积达到 41.0 m²。随着 2016 年"房住不炒"定位的提出，土地及金融政策逐步收紧，"三道红线""贷款集中度管理""土拍两集中"系列政策的出台，房地产企业从投资端、资金端、设计端、工程端到招采成本、资产运营等全过程都面临巨大的挑战，从前期策划、拿地拓展到产品设计、成本管理、风险管控等各个环节都需要做出更谨慎的决策。同时，叠加疫情对经济发展有阶段性冲击，房地产市场销售明显降温，整体已逐步从增量时代进入增存并举的新时期。面对行业的急速变化，传统的土地红利、金融红利已经消失，向管理要红利成为房地产企业的必然选择。在管理红利时代，如何找到新的发展模式与转型升级路径，成为行业需要共同回答的问题。

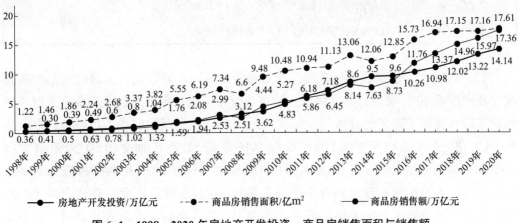

图 6-1　1998—2020 年房地产开发投资、商品房销售面积与销售额

6.1　房地产企业新发展模式与数字化转型

6.1.1　房地产企业新发展模式的源起

当前房地产企业正面临着 1998 年房改以来最为深刻的变革，主要是 3 大核心挑战（表 6-1）。

（1）房地产市场步入存量时代。随着城镇化进程的放缓，房地产曾经增量开发的时代已经逐渐成为过去式。由于增量开发市场规模增速下降，企业间陷入存量竞争，头部企业凭借更为强大的周转能力和资源优势，业务规模仍继续增长，而中小开发商规模小、服务水平低，缺乏在资源及市场运作经验等方面的竞争力，市场份额受到威胁，开发行业集中度得到快速提升，整体市场呈现出"马太效应"。同时，在"土地供给收缩"和"金融去杠杆"等政策的影响下，房地产企业的拿地成本和融资成本整体呈上涨趋势，受调控核心目标"稳房价"的影响，房价上涨的趋势被抑制，从而导致行业整体利润水平下降。房地产企业需要从原先侧重的开发销售业务向资产运营和服务转型，核心能力要求转变为精细化运营，借此实现降本增效的核心竞争要素。房地产企业亟须从开发销售业务转型，通过运营存量资产实现规模和价值扩大化。

表 6-1 房地产模式 3 大核心挑战

变革趋势	面临挑战
存量时代	行业集中度快速提升，竞争加剧，整体利润水平下滑，需要通过运营实现规模和价值扩大化
需求端升级	建立用户连接，洞察用户需求，提升产品和服务能力
金融去杠杆	提升现金流管理能力，寻求创新型融资方式

（2）房地产需求端的全面升级。学术界普遍认同，城市化与人口红利是推动我国房地产持续 20 年繁荣的重要因素，城市化带来了更加年轻的购房需求，人口年龄结构年轻化提供了稳定的群体购房需求。2021 年，我国城镇常住人口城镇化率已达到 64.72%，新生人口仅 1 062 万，仅为 2016 年的 51.8%，而全国 60 岁及 60 岁以上老年人口已达 2.67 亿人，占总人口的 18.9%，预计在 2035 年我国将进入重度老龄化社会。人口结构的改变正带来住房需求的系统性变化，因此，在这个时代，房地产企业更需要建立并完善用户连接，实现用户需求洞察，不断提升公司产品和服务能力，达到转型升级的效果。随着居民收入水平提升及对美好生活的向往，进一步推动房地产企业的多元业务拓展成为必然，长租公寓、联合办公、康养文旅等新业态应运而生。例如，万科泊寓从空气、水质等多方面切实保障租户安全，实施线上管理，配备门店管理员，配置健身房、书吧等公共区域，为客户带来"家"的感觉；雷格斯在灵活办公需求下为各规模企业提供高品质的服务式办公室、共享办公空间、商务贵宾室和各种规模用途的专业会议室，提升了办公品质，增加了办公空间的灵活性和多样性；泰康养老坚持以人为本，推动健康管理、养老服务的标准化，率先探索推进医疗卫生与养老服务深度融合发展，打造"幸福有约终身养老计划"，形成了以"保险＋医养＋资管"为代表的养老地产产品。

（3）房地产行业的去金融化趋势。房地产企业带有重资产属性，从开发到运营环节对资金的依赖度很高。为响应"房住不炒"的总定位，近年来，央行、银保监会、证监会、外管局、发改委等机构均发布相关金融监管政策，在供给和需求端均逐步限制贷款比例，对房地产企业的贷款规模及融资渠道产生消极影响。面对"融资渠道减少，融资成本上升"的局面，房地产企业需要提升现金流管理能力，寻求创新型融资方式，通过严控拿地预算，加快交付结转及项目回款以提升企业的短期偿债能力。

党的十九大报告指出，"中国特色社会主义进入新时代，我国社会主要矛盾已经转化为人民日益增长的美好生活需要和不平衡不充分的发展之间的矛盾"。我国经济已由高速增长阶段转向高质量发展阶段，房地产市场从"增量"市场转变为"增量＋存量"市场。房地产行业高周转、高负债、高速度的"三高"模式已不再适应行业高质量发展要求。以"推动高质量发展、创造高品质生活"为主线，坚持房住不炒定位，促进住房健康消费，满足人民群众对美好生活的向往，是房地产行业在"十四五"乃至 2035 年期间肩负的重要责任。2021 年 12 月，中央经济工作会议在部署 2022 年经济工作中，明确提出"房地产要探索新的发展模式"。2022 年 3 月 5 日，李克强总理在《政府工作报告》上明确提出"探索新的发展模式，坚持租购并举，加快发展长租房市场"。2022 年 3 月 16 日，国务院金融稳定发展委员会专题会议指出，"各部委要提出（房地产业）向新发展模式转型的配套措施"。

站在行业发展的历史拐点，房地产企业需要跳出思维惯性与路径依赖，重新认识产业与资本、投资与消费、开发与经营、产品与服务的关系，在新的社会经济格局中重新定位，转换思路，探索良性循环的可行路径。相比于仅有 20 余年历史的中国房地产市场，国外房地产企业在穿越多个周期中的转型升级无疑为我国房地产企业的新发展模式提供了借鉴。成熟市场房地产企业的发展模式主要有以下 3 类（表 6-2）。

表 6-2　国外房地产企业的发展模式

商业模式	特点	企业发展趋势
"专注开发"模式	专业化、低杠杆、高周转	区域中小型房企应专注开发业务，提质增效
"开发＋轻资产"模式	轻重并举，全产业链覆盖、存量房业务	中型房地产企业应延伸轻资产业务，发挥职业团队优势，聚焦服务效率
"开发＋轻资产＋资产管理"模式	双基金模式、运营管理能力	综合性大型房地产企业应发展轻资产业务，并拓展资产管理

模式一：专注开发，一方面以层级更高、大经济圈的城市作为投资开发核心，以确保企业资金流动性；另一方面以客户需求为导向的产品意识成为房地产企业经营的新的战略重心。

模式二：开发＋轻资产，轻重并举，以运营商和投资机构为核心，从而打通"投资建设、运营管理、投资退出"整条产业链，充分利用外界资源，减少自身投入，从而提高盈利能力。

模式三：开发＋轻资产＋资产管理，通过私募基金与传统开发经营为项目提供了资金基础和组合技术，而 REIT 为前期投资提供了退出机制，最终实现了对区域性地产机会的全盘把握。

从其他国家房地产企业的成熟经验来看，低负债、低杠杆的经营模式将会受到鼓励，经营发展模式将逐步向注重产品与服务品质的模式转变，房地产企业也将回归居住与产业的基本面，围绕居住服务与实体经济发展；保障房体系建设将得到加强，逐步形成与商品房体系并重的局面。

6.1.2　新发展模式与转型路径

房地产的新发展模式，首先需要思考"向哪里转"。习近平总书记在《国家中长期经济社会发展战略若干重大问题》中提出了"我国城市化道路怎么走"的问题，并进一步指出，"产业和人口向优势区域集中是客观经济规律，但城市单体规模不能无限扩张""东部等人口密集地区，要优化城市群内部空间结构，合理控制大城市规模。中西部有条件的省区，要有意识地培育多个中心城市，避免'一市独大'的弊端""农民到县城买房子、向县城集聚的现象很普遍，要选择一批条件好的县城重点发展"。房地产企业要积极顺应新型城镇化大局来制定发展战略，研究长期的市场空间规模和空间分布，真正搞清楚未来的国土空间格局是怎样的、人口流向是怎样的。

其次房地产的新发展模式需要思考"在哪里转"。在过去几十年城市的大扩张中，房地产企业表现出了敏锐的判断力和冒险精神，通过大量的住房和相关配套的投资建设，有力支撑了城市化，改善了城市居民的居住条件。在城镇化进入新的发展阶段时期，作为城市建设和运营的重要参与者，房地产企业应该再次顺应城市发展的新趋势和新命题。无论是大中型中心城市、大城市周边县城，还是专业功能县城，在城市更新、旧城改造、产城融合、教育医疗养老、职住一体等课题上，都孕育着新的市场机会。

最后房地产的新发展模式需要思考"如何转"。中国住房增量部分正逐步萎缩。结合我国未来城镇化的变化趋势，驱动我国新增住房需求的因素已经发生了显著改变，以都市圈新市民和既有城市居民的需求升级将构成未来房地产市场新的增长点，房地产市场将从增量为主向增存并重转变，围绕房屋交易租赁、物业服务、资产管理、设备设施、能耗管理等方面的需求正在蓬勃生长，一个有关住房的全生命周期消费市场正在形成。这个市场目前仍处在初级阶段，未来房地产企业要从过去做一次性消费的开发生意，转向抓住有关住房的全生命周期消费机会，从开发建设向运营服务转变（图 6-2）。

从国际经验看，如日本前 4 大开发商（三井、野村、住友、三菱）的业务中，开发业务占到三到四成，租赁业务占到三成，建筑业务占两成，中介业务接近一成；美国除帕尔迪、桑顿等专业住宅开发企业外，也有"FSRV 第一服务公司"这样的大型住宅社区服务商。在国内，存量房交易市场、长租公寓市场、物业服务市场正蓬勃发展。例如，以前物业服务公司只是房地产企业的一个附属类公司，如今它们的独立发展队伍已经壮大，无论是管理规模还是服务水平都得到了极大的提升。

在外在需求发生根本性变化的情况下，房地产企业的转型升级应以深化供给侧结构性改革为主线，顺应居民住房消费升级趋势，促进住房消费向高品质多样化升级与房地产企业转型升级，与其他业态融合发展，推动房地产企业向片区综合开发运营、老旧小区改造、住房租赁、文旅养老等方向拓展（图 6-2）。可预见的房地产企业向新发展模式转型主要有以下几种方式：

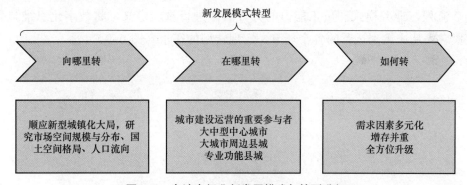

图 6-2　房地产行业新发展模式与转型升级

（1）房地产由外延式数量型向内涵式质量型升级。房地产企业精耕每一块土地，打造高品质产品。积极参与城市更新与城镇老旧小区改造，参与过程可根据"硬设施＋软环境"一体化原则推进，补齐"一老一小"、医疗卫生、农贸商超、便民服务等配套服务设施短板，提供高质量服务。

（2）住宅地产从增量型主导向存量型主导过渡。房地产企业从销售市场转向后端的资产运营，尤其是租赁市场。支持自持住房出租经营，引导房地产企业关注长租房市场及保障性租赁住房市场，结合城镇老旧小区改造盘活低效闲置的配套住房，使其用于出租。另外，培育专业化、机构化住房租赁企业，重点发展自持物业的住房租赁企业，向租户提供便捷周到的服务。

（3）由物业型地产主导向产业型地产主导转型。对于地方经济急需的战略性新兴产业和国民基础性产业，其构成了未来房地产推进产业地产的重点方向。在重庆市，推动房地产业与旅游、养老、避暑休闲、康体医疗、文化娱乐等产业融合发展是房地产新发展模式转型的又一方向。尤其是在"健康中国"战略指引下，要建设康养示范项目，形成满足不同层次需求的康养产业生态。

（4）房地产在产业运营和资产运营间交互推进。房地产在未来不仅在产业运营层面会广泛深入地展开，它本身还构成合理的、符合市场价值链的资产运营和成长的重要产业基础，通过资产运营和管理来合理增加财产性收入。房地产企业可借助资本市场的各类平台和机遇，打通资产化渠道，通过"基金+REIT"等方式适时地、适度地、适中地盘活物业资产，进行稳健、合理的资产运营和管理。

6.1.3 数字化在房地产新发展模式中的作用

未来企业都是数字化企业。面对行业变革带来的上述挑战，为促进房地产企业新发展模式改革，要结合科技发展的产物，利用新技术，通过产业数字化方向推进，实现整个房地产企业的重塑增长和业务转型。

数字化转型是建立在数字化转换、数字化升级基础上，进一步触及公司核心业务，以新建一种商业模式为目标的高层次转型。房地产企业数字化转型需要对组织活动、流程、业务模式和员工能力的方方面面进行重新定义，将数字化思维与数字化手段融入从决策到运营的各个环节，实现转型的需求（图6-3）。

内涵　　　　阶段　　　　案例

| 业务数字化 | 数字化转型 | 亚马逊、苹果 |

| 流程数字化 | 数字化升级 | SAP、Salesforce |

| 信息数字化 | 数字化转换 | IBM、微软、思科 |

图6-3　数字化转型发展阶段

从宏观层面来讲，数字化是企业战略与决策数据要素的资源保障。作为一个复杂的项目运营过程，房地产开发涵盖了拿地、项目规划与产品设计、招标采购、施工建造、后期销售、物业管理等一系列关键业务流程。在过去的开发环节中，主要依靠单机收集、整理数据，继而进行整合、分析，再到决策，形式单一，且数据存储与传输均较为复杂。通过数字化改革，房地产企业可以多渠道搜集城市人口、城市规划、土地出让数据等多种数据源，通过大数据分析自动评估土地投资价值。这一方面可以大幅缩减用人工进行土地评估的时间；另一方面还可以利用机器学习技术，批量完成部分类似项目的图纸设计，从而大大提高了工作效率。

从中观层面分析，数字化转型带来房地产行业思维模式的转变。通过数字化转型，能够更高效、更准确、更透明地获取企业需要的数据，持续积累数据资产，用于决策和打造企业核心竞争力。利用数字化进行商业创新，可以形成自己的数字化产品，从而在互联网平台变成流量收入，或是形成平台经济。

在业务层面上，数字化对开发与经营流程及场景带来了创新。开发与运营流程可以通过网络实现共享与实时更改，大数据收集客户的需求与反馈，审核流程清晰明了，能不断提高客户体验的水平、员工工作效能及互联互通性。利用 BIM 技术实现数字化施工，贯穿策划、设计、招标投标、施工、竣工、运维共 6 大阶段应用，还可以 3D 展示实时效果，弥补了二维设计在碰撞等方面的缺陷，大大提高了项目建设效率。销售阶段采用 VR 技术实地看房，给客户带来足不出户的新体验，开创销售环节新模式。

在既有业务的开发环节，房企需要将项目数据一体化收集，保证其数据的实时性与一致性，需要改变传统的单机电子表格模式，采用在线化网络平台进行信息收集与管理。同时，项目进行中的投资、设计、采购、营销环节需要在管理者角度做到透明公开化，有助于项目经理对整个项目的运转进行把控。

除现有的开发环节外，房地产企业在存量时代需要开发运营和服务模式，对已有的存量资产进行后期运营，通过运营范围扩大及服务衍生，延长客户的生命周期，达到转型的效果。

6.2 房地产企业数字化转型

6.2.1 房地产企业数字化发展阶段

物联网、数据云等大数据的发展带来了平台的互联互通，企业数据生态化的发展趋势正在逐步实现。目前，房地产企业数字化进程已与中国企业数字化同步，在"信息化""在线化"后开始走向"智能化"阶段（图 6-4）。

图 6-4 数字化转型路径

第一阶段：企业内部管理"信息化"。

随着企业规模的扩大，业务范围不断增长，市场风险影响因素也不断增加，传统的管理手段无法实现有效管控和快速反应。而完善以 ERP 为基础的 IT 基础设施，实现内部管理的信息化，可以保证管理制度在企业内部各业务线和各层级的贯彻执行，并及时掌握市场和业务动态，规避市场风险。

内部管理的信息化，包括人力、财务、OA 等后台管理模块和以项目管理为核心的业务管理模块相互协同。在内部管理方面，后台管理模块将企业人事流动、资源分布及日常申请等内容汇总，采用信息化手段来支撑企业的组织管控、内部协同、业务决策等环节；在项目管理方面，通过对项目策划、投资分析、销售等流程的标准化和数据化管理，可以实现对项目进展的实时监控，达到关键指标的可控化，提升项目收益的可控性，严格管控现金流。通过信息化可以实现内部管理的标准化、业务的规范化及财务业务的一体化，提升企业经营管理水平。以万科、保利、龙湖等头部房地产企业为代表，房地产行业的数字化转型从信息化开始不断推进。

第二阶段：企业聚焦"在线化"。

在信息化的基础上，实现业务场景的在线化，包括内部经营管理在线化，以及与终端客户和供应商的在线化连接和交互。在线化的价值在于通过在线连接的实时交互提升内外部协同效率，积累业务数据，并创新服务模式。

在线化着重强调了房地产企业与多方的交互连接。企业内部管理环节可以通过数据反馈实时同步完成各项基础事务，如新人入职、请假、报销等。而项目管理环节，通过在线化系统，可以实现企业与运营商的实时连接、企业与客户的同步交流、客户需求的大数据收集，实现项目从前期策划到后期销售运营方面的快速协同与资源匹配，提升工作效率与客户满意度，从而达到投资利益最大化。

第三阶段：企业探索"智能化"。

基于信息化和在线化的数据沉淀，数字化将进入第三阶段——智能化。智能化的核心是数据驱动业务决策。信息化和在线化为企业的决策层提供了由数据驱动的业务监测和洞察，但决策主要由管理者根据经验进行，数据仅为辅助参考。而"智能化"可以通过建立智能投资决策模型，通过对项目各项数据的输入及其影响因子的运用，由该系统直接生成投资决策分析，客观处理决策问题。智能营销系统也可以根据客户需求及数据价值建立客户画像，通过触达渠道达到精准营销的效果，提升客户体验及营销有效率。

目前，房地产开发环节的数字化应用还处于在线化的起步阶段，距离智能化的应用还有相当长的一段距离。

市场上与房地产行业数字化建设有关的服务主要可分为技术底座型、能力建设型、经营管理型、场景应用型和数字化转型咨询 5 大类。技术底座型为房地产企业提供云计算服务，构建数字基础设施，推动地产行业转型升级；能力建设型为地产企业提供数据中台、商业智能等技术工具，提升对内外业务的处理速度和准确度；经营管理型是以 ERP 为主的数字化应用，用于房地产企业内部各业务流信息的一体化经营管理，协助房地产企业由内而外构建数字能力；场景应用型面向各细分业务场景，将数字化技术结合业务理解、需求把握等，赋能各场景降本增效；数字化转型咨询则分析、诊断问题，解构行业解决方案和数字化产品，配合以实施和定制，帮助企业落地数字化转型。

6.2.2 房地产企业数字化发展的难点

尽管与房地产有关的数字化产品层出不穷，但目前数字化发展主要存在着落地渗透难度大、数据管理难度大、自身规划不全面、技术融合不彻底、系统套件存在盲点等痛点（表6-3）。

表6-3 数字化发展难点分析

难点	要点		具体内容
行业属性	落地渗透难度大		房地产行业开发存在长链条属性；部分业务具有实地属性，难以线上进行
	数据管理难度大	采集难	信息收集落后，存在"黑箱"或散落问题
		治理难	信息标准化要求复杂、难度大；信息渠道具有多样性，数据质量难以管控
内部管理	自身规划不全面		科研水平和人才储备不足；后期运营维护易被忽略，形成数据孤岛
	技术融合不彻底		强大的技术平台与业务的融合不彻底
	系统套件存在盲点		数字化产品套件无法满足业务需求

（1）落地渗透难度大源于房地产行业开发存在着"开发—设计—测算—建造—交付—运营"的长链条属性，在整个环节中如何实现数字化的全落地仍然是个问题；同时，在"长链条"中，大部分业务需要实地操作，具备很强的线下属性，无法实现线上处理。

（2）数据管理难度大则分为采集难和治理难两点。采集难是因为我国房地产数字化起步较晚，信息收集落后，采集渠道有限，存在信息"黑箱"或数据散落等问题，难以得到全面的数据结构。治理难是因为信息标准化要求繁多、难度大，且随着新媒体网络的发展，数据呈现渠道具有多样性，难以把控数据质量问题，也很难及时对数据进行收集与更新。

（3）自身规划不全面。除行业属性侧难点外，在内部管理侧部分房地产企业缺乏对自身的整体规划，盲目踏入数字化转型渠道，对自身的科研水平和相关人才储备了解不明，重金自建系统，但由于自建系统封闭性强且迭代慢、无法汲取行业的智慧，浪费建设成本；对数字化转型存在一蹴而就的认知错误，期待短期看到成果，缺乏长期投入的耐心，忽略后期运营与维护，所以出现了数据孤岛，数据相关系统建设分散。

（4）技术融合不彻底。部分房地产企业一味追求强大的平台技术，忽略了该平台与业务的融合，使得系统上线后对企业内部管理和开发项目没有任何帮助，投资没有成效。在房地产企业的数字化转型中，平台与技术只是基础，缺乏对业务的深度洞察，就犹如没有解决问题的能力，无法实现其真正的价值。

（5）系统套件存在盲点。尽管数字化产品覆盖面广，但目前其各类套件仍处于发展阶段，对于一些创新业务的实现无法赋予很强的参考价值，企业只能借助行业决策和外部数据为经营赋能。

6.3 易居克而瑞：房地产企业数字化全过程解决方案

6.3.1 全过程数字化服务与产品矩阵

易居克而瑞从行业数据延伸到泛地产数据，通过与上下游产业运营商的互动和渗透，最终形成一个完整的房地产大数据生态圈。生态圈商业活动的各利益相关者通过合作共同建立一个价值平台，各个角色的共同参与使得该系统能够创造价值。而房地产领域生态圈，包括房地产开发企业、建筑施工企业、勘察单位、设计单位、工程监理单位、业主方、供应商、物业服务企业等共同参与，在满足内部运营的要求下，为实现整个项目的建设、销售、运营和维护共同努力。与生物生态圈相类似，其竞争性依旧存在，但加强了彼此间的联动性、共赢性和整体性。房地产大数据生态圈是通过数据获取、数据存储、资源管理、数据处理和数据服务与可视化实现从信息的收集整理到最后的应用（图6-5）。以此类推，房地产大数据生态圈即在大数据的支持下，从企业内部运营管理到外部资源协作，共同发展。

克而瑞依托中国房地产住宅信息服务平台（CRIC）和中国房地产资管信息服务平台（CAIC），业务覆盖地产开发、不动产资管、物管社区等房地产领域。创新研发产品包括中国房地产决策咨询系统、投资决策系统、栅格地图系统、投管云、资管云、商办数据系统、租售系统、物管系统、文旅系统、康养系统、GoingData、易企盈、云图洞察等，为大量房地产企业提供了决策依据。

面对整个不动产行业数字化转型，克而瑞通过业务逻辑梳理，从房地产开发到运营环节进行流程梳理，抓住业务节点和具体应用场景，进而通过数据收集处理、模型建立与算法分析进行数字化产品构建，利用技术开发、数据系统、SaaS、数据

API 和顾问服务实现落地开发与实施，从住宅开发、不动产资管、物业社区、易沃教育和证券金融 5 个核心场景进行数字化升级，提供的全不动产领域数字化服务平台分为住宅开发、不动产资管和物业社区三个服务场景（图 6-6）。

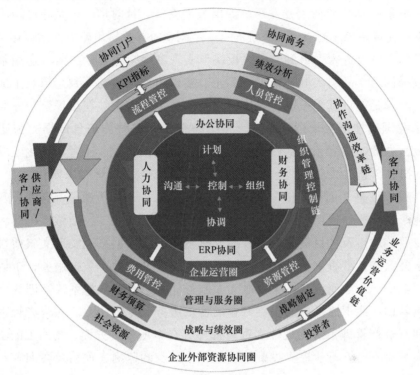

图 6-5　数字生态圈模型

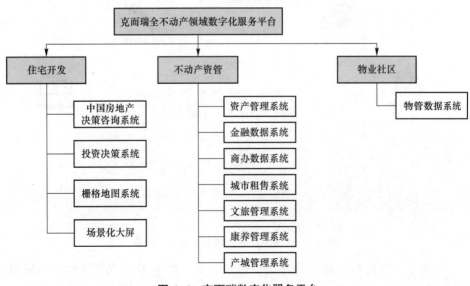

图 6-6　克而瑞数字化服务平台

6.3.2　房地产数字化的实现路径

易居克而瑞大数据的实现路径主要从赋能、升维和固基 3 个维度展开。

（1）赋能，即传统住宅开发环节提供数据支持。针对房地产企业区域、城市公司提供投资决策系统、栅格地图系统 6+X、定制系统等投资策略方面的应用，从"战略布局"到"城市进入"再到"微观板块"实现拿地全程辅助决策，运用基于新视角的大数据创新产品引入栅格精细化单元，实现更加灵活的研判逻辑及土地的批量评估研判，满足客户基于投资、客研为核心的数字化需求。在市场营销方面，克而瑞开发了我国房地产决策咨询系统，全方位覆盖行业整体信息数据，为房地产企业、基金、券商、政府相关部门提供专业研究资料；同时，还有场景化大屏为地产开发商、物业企业、供应商、金融机构、银行信托、公关媒体带来便利。

（2）升维，是开创新赛道，顺应政策发展需求，开拓不动产资产管理及运营。针对房地产企业非住资产，商办数据系统为不动产资产业主、金融机构等利益相关者提供专业的城市及项目信息数据、研究资料；文旅数据系统实现文旅项目基础数据信息全覆盖和精准查询；文旅地产线下服务构建文旅地产数据服务、市场监测、项目决策咨询、专题研究与图书出版 4 大服务体系；康养数据系统开创数字化新领域，与康养地产线下服务一起提供专业的咨询服务和专题研究。在资产管理方面，克而瑞拥有资产管理系统实现数字资产管理。在金融投资方面，更有 CRIC 金融数据系统为不动产资管行业提供投融管退过程中涉及的监测、评估及咨询等专业服务（图 6-7）。

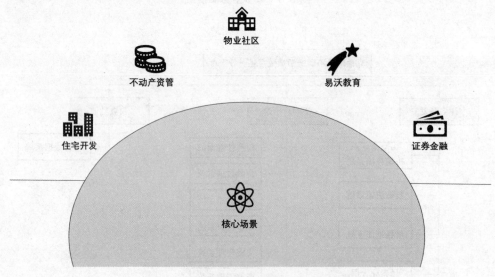

图 6-7　克而瑞数字化服务平台核心场景

（3）固基，对已有的物业管理进行升级，提升物业管理水平及效率，建设智慧社区。物业管理数据系统拥有 CPIC 系统 3 大数据维度，覆盖 387 个城市，以全网检索的海量舆情为辅助，搭建业务及舆情指标模型，输出多种多维数据看板及自定义功能，满足企业市场监测、投资拓展、企业评估、舆情监测等功能诉求。

6.3.3　克而瑞数字化的具体场景应用示例

克而瑞聚焦房地产数字化转型，开辟了数字化服务平台，从住宅开发、不动产资管、物业社区、易沃教育和证券金融 5 大核心场景出发，借助栅格地图和场景化大屏，从住宅投资决策、决策咨询、智能投排、企业顾问等方面为住宅开发助力；在商办、文旅、康养、金融数据系统和资产管理系统中为不动产资管服务；通过物业管理数据系统聚焦物业管理，提供研究咨询和品牌测评等特色服务；利用易沃高管、易沃房教、易沃商学为房地产企业培养人才；提供证券金融交易产品和线下服务，利用克而瑞财经网站集合房地产最新的行业、公司动态及研究成果。

1．住宅开发

（1）投资决策系统。随着城市能级分化，一二线城市与三四线及以下城市房地产市场机会出现显著分异。房地产开发企业投资的机会成本越来越高，越来越多的市县也加入开发企业的潜在投资备选名单。因此，在各大房企的取地模式上，城市基本面、板块供需库存、周边地块、POI 信息的参考价值将更加重要。

在这样的大背景下，房地产企业选择在哪个地方拿地、在哪个区域拿地有市场、以什么价格拿地更经济都需要更为慎重地考量。

针对房地产企业对新进入的城市缺乏系统判断、对城市板块缺乏深入研判等现实问题，为了更好地服务房企的战略布局和土地获取，克而瑞开发了 CRIC 投资决策系统，在城市对比、板块选择、拿地决策等相关方面更加精准、及时和细化（图 6-8）。

图 6-8　克而瑞 CRIC 投资决策系统总页面

在决策过程中，通过城市对比，对各个城市的市场容量、市场供求、购买能力等方面进行评估，选择投资城市；再利用板块选择、地块发现功能将城市进行细化，通过栅格化地图和数据大屏模式了解未来区域市场空间及竞争；确定选择某板块后，则可以根据板块发现页面对该板块的分布、土地量价、地块排行进行详细数据查询，从宏观、微观方面对城市的基本情况进行实时监控，并开放个性化定制，为投资决策提供更翔实的数据。

（2）城市进入：内含 435 个指标，运用克而瑞城市评级划分体系，地图上以不同色块呈现出 286 个城市的排名占位情况，量化城市进入研究。从城市基本面、土地市场和房地产市场的 428 个指标中按照能够契合企业战略的组合指标筛选出目标城市（图 6-9）。通过城市各项指标的横向对比选择出符合目标的价值城市（图 6-10）。结合 GIS 地理信息技术，在地图上通过色彩的变化展示城市各项研究指标，简化决策，提高效率。

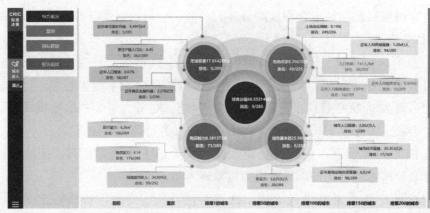

图 6-9 克而瑞 CRIC 投资决策系统——城市进入综合概况页面

指标	重庆	排第1的城市	排第50的城市	排第100的城市	排第150的城市	排第200的城市
综合分值	60.552148（排第9）	77.821035（上海）	34.765256（呼和浩特）	24.103099（济宁）	21.045845（萬寧）	19.06206（宁德）
市场容量分值	17.814288（排第5）	20.879252（杭州）	6.50625（烟台）	4.547903（湖北）	4.095611（焦作）	3.695466（大庆）
常住户籍人口比	0.45（排第262）	1.99（东莞）	0.79（高碑店）	0.67（四平）	0.62（赤峰）	0.57（黄冈）
近年人口增速(%)	0.61（排第58）	16.87（铜陵）	0.63（柳州）	0.43（曲靖）	0.32（玉溪）	0.19（承德）
近年商住面积均值(万㎡)	4494.23（排第8）	4494.23（重庆）	580.07（镇江）	346.68（台州）	251.33（阳江）	144.94（梧州）
近年商住金额均值(亿元)	2277.87（排第5）	51262.22（全国）	342.22（台州）	149.08（六安）	101.1（朝阳）	60.02（娄底）
市场供求分值	8.39618（排第49）	20.907233（深圳）	8.393168（哈尔滨）	5.831677（金昌）	4.460943（松原）	3.404802（佛山）
土地消化周期(年)	0.19（排第249）	7.63（拉萨）	0.53（黑河）	0.4（黄山）	0.31（临沧）	0.24（清远）
近年人均供地规模(㎡/人)	1.28（排第94）	2113.36（宜宾）	1.67（嘉兴）	1.23（萍乡）	0.91（齐齐哈尔）	0.73（淄博）
人口密度(人/km²)	743.14（排第58）	5456.84（中山）	797.12（舟山）	550.67（肇庆）	343.55（聊城）	203.48（遵义）
近年人均购房支出(元)	8503.81（排第30）	44402.81（广州）	6165.58（景德镇）	3781.15（呼伦贝尔）	2292.33（宿迁）	1461.58（阜阳）
近年人均购房面积(㎡)	2.07（排第16）	4.61（郑州）	1.38（黄冈）	0.99（扬州）	0.7（通辽）	0.51（邵阳）
客实力分值	8.381373（排第71）	13.698282（深圳）	8.761658（白银）	7.961598（安庆）	7.32209（盘锦）	6.468226（汕尾）
城镇居民收入(元)	34889（排第8）	68034（上海）	41999（扬州）	34862（三明）	32226（延安）	30287（韶关）
购买能力	4.14（排第176）	21.83（三亚）	6.42（宜宾）	5.26（吉林）	4.47（贵阳）	3.82（新乡）
首付能力(㎡)	6.26（排第186）	21.92（商洛）	10.76（银川）	8.2（邢台）	6.93（吉安）	5.91（赤峰）
城市基本面分值	25.960307（排第6）	34.728894（北京）	10.706911（烟台）	6.910817（廊坊）	5.780662（荆州）	4.485496（益阳）
城市人口规模(万人)	3061.81（排第1）	3061.81（重庆）	707.68（烟台）	482.33（绵阳）	351.13（河池）	262.2（晋城）
城市经济规模(亿元)	20363.19（排第17）	80854.91（广东）	7050.27（常州）	3092.18（茂名）	2082.18（荆州）	1447.6（晋中）

图 6-10 克而瑞 CRIC 投资决策系统——城市进入综合概况详细信息

①板块选择：通过克而瑞板块投资分级体系，从现状特征和潜力机会多维分析，量化板块投资价值。数据叠加 GIS 地理位置，栅格化处理，量化土地价值，直观反

映土地投资价值。通过供求、库存、POI、人口、产业、交通、规划数据展示城市各个板块分析指标的对比分析，量化板块投资价值。通过分值雷达图、指标走势图、项目及地块分布图等对板块的投资价值进行各个维度的分析（图 6-11）。

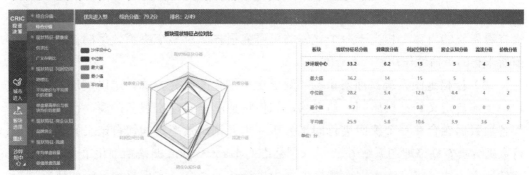

图 6-11　克而瑞 CRIC 投资决策系统——板块选择综合分析页面

②地块发现：拥有地块分布功能，通过分类色块显示区域市场单元土地情况，快速明确区域市场现状格局及未来空间；针对已成交未上市地块可视化展示，利于寻找二级市场收购机会。对潜在供应进行展示，明确未来区域市场空间及竞争，结合现状决策布局（图 6-12）。

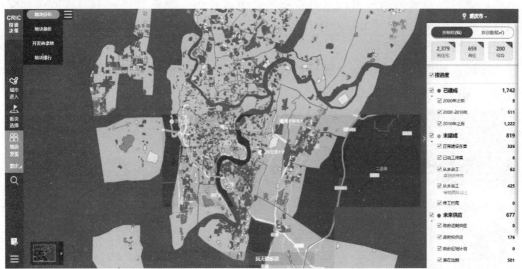

图 6-12　克而瑞 CRIC 投资决策系统——板块发现地块分布页面

通过地块量价、开发商拿地、地块排行、地块搜索和地块分析 5 大功能了解未来区域市场空间及竞争，对比板块内各成交地块的价格，明确不同板块的盈利空间，将地块研究进行横向空间分布和纵向开发状态延伸，进行多维定性，最终实现对标不同企业战略开发需求下的特定属性价值地块精准搜索。锁定目标地块之后，还可以实现以地块为中心的区域市场样本量抽取，从周边活跃项目、土地、配套、资源等多个价值评定维度进行具体信息的汇总展示，周边 POI 数据覆盖了学校、医院、交通、商办、酒店、工厂、其他等所有与地块息息相关的配套信息，不但全面，而且内容完善，如学校，包括学校类别、性质、班级设置、对口学校、对应片区及与关注地块的距离。

配套信息全面、内容完善，整体内容完整立体，可以通过不同功能模块直接搜索查看需要的内容，相当于一个立体的可研究报告，对整个决策效率的提升起到了前所未有的革命性作用。

（3）栅格地图系统。面对市场"缺乏更精细化的研究方式，难以实现城市、板块、土地自定义的批量研判"的现状，如何将地图分布与宏观基础面、市场基础面等各项数据融合在一个板面进行同步分析，提升调研效率？如何自定义兴趣板块进行数据分析？栅格地图系统 6+X 引入了标准的 1 km×1 km 栅格精细化单元，打破传统的研究边线，将多维数据在栅格地图中进行叠加融合，实现更加灵活的研判逻辑及土地的批量评估研判。

整体多维度的数据信息在传统房地产土地、商品房等交易数据的基础上，纳入 POI 配套数据（含商业、教育、医疗、景观、企业、交通等）、消费、人口等多个维度的数据，围绕房地产最核心的三大核心要素（城市、板块、土地）从区域、板块、热区三维研究目标市场，分为"城市地图、城市详情、热区分析、土地评估、一键报告、找地神器"6 个部分，消除传统的在统一城市板块边界之下结论趋同的弊端，让研究结果更具针对性。

①城市地图：拥有指标 + 栅格结合的实现创新的栅格热力图，使地图更加清晰直观（图 6-13）。

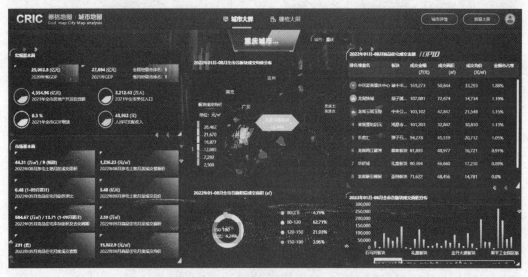

图 6-13 克而瑞 CRIC 栅格地图系统——城市地图页面

②城市详情：整合各项房地产数据，结合 GIS 地图快速输出相关市场（图 6-14）。

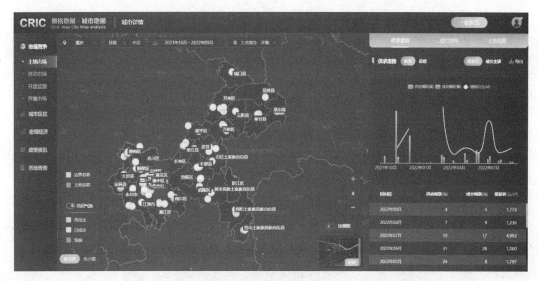

图 6-14 克而瑞 CRIC 栅格地图系统——城市详情页面

③热区分析：基于栅格单元灵活构建投资热区，从区域、板块、热区 3 维研究目标市场。

④土地评估：通过土地坐标快速落位栅格，基于栅格快速输出土地周边所有数据并进行初步估价（图 6-15）。

⑤一键报告：基于城市、板块（热区）、土地，快速生成可在线编辑同时可下载的 PPT 报告。

⑥找地神器：基于栅格地图内置的指标项，构建找地规则实现满足条件的地块自动推送。

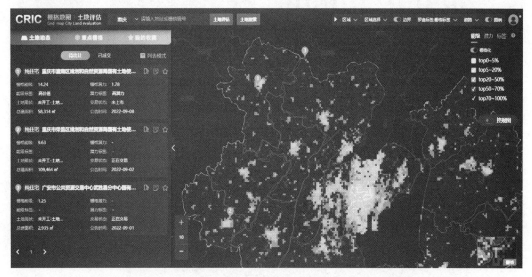

图 6-15 克而瑞 CRIC 栅格地图系统——土地评估页面

2．不动产资管：金融数据系统——投管云

在开发项目投资前，如何了解竞争企业近期的项目成交额？如何对各地商品住宅市场进行监测？又该如何快速搜集挂牌土地信息？这些都是投资需要考虑的问题。

房地产从追求开发到存量运管的需求变化应运而生了 CAIC 投管云业务，在投资前及时把握和分析企业风险，实时了解企业项目及土地分布、运营及财务数据，把握项目风险，实时了解项目市场状态，在投资后做好企业及项目风险管理、把握企业及项目动态、把握市场变化。

投管云系统在"投企业"板块穿透企业项目与土地，多维汇总企业信息，把握企业风险。在企业首页，以企业维度，汇总企业名下土地分布和项目分布，用图表展示企业历年新增土地与项目分布情况，及时了解最新成交和最新开盘项目。

（1）企业首页：以企业维度，汇总企业名下土地分布和项目分布；图表展示企业历年新增土地与项目分布情况，及时了解最新成交和最新开盘项目（图 6-16）。

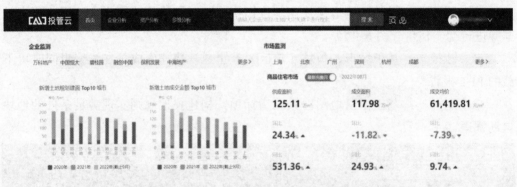

图 6-16　克而瑞 CAIC 投管云系统——企业首页

（2）企业土地：汇总企业名下各城市土地成交价信息，查看每个地块的土地明细，如区域、面积、成交总价等信息。同时，可通过数据透视将所要数据信息整理集合用于进一步分析。

（3）企业项目：从企业、城市、项目 3 层次透析，清晰掌握企业名下各项目的基本信息和销售信息。

（4）企业财务：从财务视角，以财务指标、财务报表、融资 3 维度，全面展示上市企业的财务健康度，作为后续开展投融资的重要参考因素（图 6-17）。

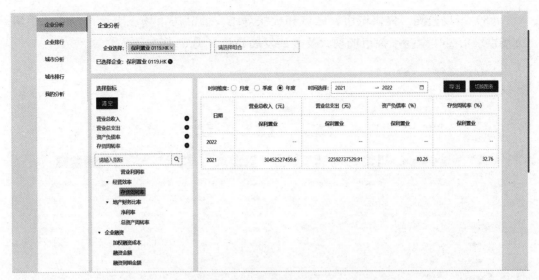

图 6-17　克而瑞 CAIC 投管云系统——企业财务分析

（5）企业排名：动态展示"房企销售面积、房企销售金额、房企销售金额权益、房企销售全口径金额榜"及"开发商 500 强" 5 类企业排名信息，助力了解企业当前实力（图 6-18）。

图 6-18　克而瑞 CAIC 投管云系统——企业排行

（6）企业舆情：自动更新企业相关舆情，随时把握企业最新动态。在"投资产"版本收集海量底层数据与信息，全方位把握市场变化，洞察项目价值。通过资产查询、市场监测、城市概况、宏观指标及行业政策 5 个指标搜索信息，掌握市场现状，实时掌握全国、省级、地方级的政策信息，助力投前决策。

（7）资产查询：全盘搜索当地城市的项目信息、土地信息、楼宇信息分布情况。

（8）市场监测：提供城市、区域和板块等维度商品房市场、土地市场和二手房市场供求信息，全盘掌握市场现状及未来发展趋势（图6-19）。

日期	供应套数(套)	供应面积(万㎡)	成交套数(套)	成交面积(万㎡)	成交金额(万元)	成交均价(元/㎡)	供求比(%)
2022-09	471	2.56	12269	88.92	582906.49	6554.78	2.89
2022-08	11720	72.30	45996	273.10	1573322.17	5760.86	26.48
2022-07	24501	156.09	42298	264.51	1881715.96	7113.71	59.01
2022-06	22693	172.85	54207	348.23	2371017.21	6808.61	49.64
2022-05	14235	111.92	34852	241.35	1752984.56	7263.18	46.37
2022-04	27790	183.25	28379	204.27	1476512.66	7227.95	89.71
2022-03	23787	202.51	40849	293.64	2283831.54	7777.57	68.97
2022-02	9833	75.17	32915	262.85	1805815.98	6869.96	28.6

图6-19 克而瑞CAIC投管云系统——市场监测商品房市场

帮助企业全面分析了解企业的数据信息，提供从土地、项目到财务及融资、排行等数据；帮助企业全面了解市场信息，提供从土地到项目，从宏观经济到政策，从资讯到报告，全面满足企业一站式数据需求。

3．物业社区：物管数据系统

存量化时代，提升物业管理水平与运营水平，已成为房企新赛道竞争的关键之一。那么在物业管理的优化工程中，作为物业服务公司，如何学习其他物业服务公司优秀服务体系？如何及时了解全国招标投标信息及政策变动？如何快速分析行业报告？

作为克而瑞大数据群的第三个产品，CPIC物管行业决策咨询整合了克而瑞多平台资源，旨在系统解决高效整合物业管理场景中数据信息分散问题，高效获取行业信息，进行城市及项目选择、定位决策、服务体系升级、收并购业务、增值服务探索等，获得资本关注，降本增效。通过投资拓展、企业监测、舆情洞察3个大板块，融合项目数据库、物业企业库、招采信息、企业政策监测、企业动态、舆情动态等海量数据，提供有关城市与企业发展水平、发展潜力、企业品牌指数等分析模型，系统解决了数据源分散、可利用率低、获取慢等行业数据缺陷，以多业态打造的物业数据库为依托，贴合业务多场景应用需求，根据行业变化不断迭代创新；加入上市物企数据看板，实时了解上市物企资本市场表现，洞察上市物企战略布局，全方位、纵深性市场研判，助力物企规模拓展，战略决策，舆情监测（图6-20）。

图 6-20　克而瑞 CPIC 物管数据系统产品概况

（1）投资拓展：面向物业服务企业和研究机构，拥有全国项目地图、全业态增量项目数据库、存量项目数据库、城市潜力指数、项目基础信息、历史数据页等功能模块（图 6-21），针对机会项目寻找与风险评估、潜力城市进入评估进行发展（图 6-22）。

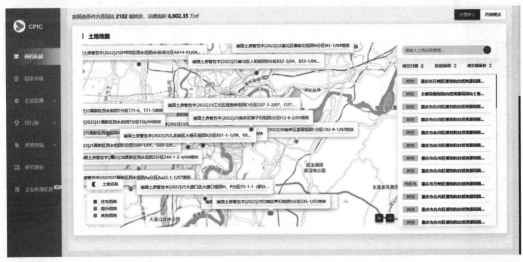

图 6-21　克而瑞 CPIC 物管数据系统——商机拓展

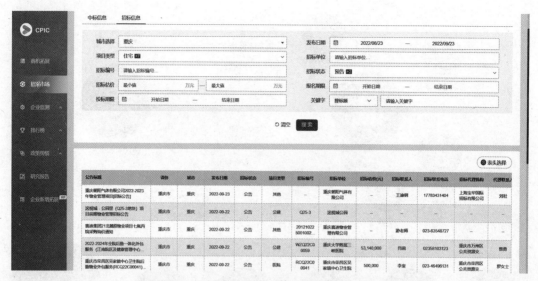

图 6-22　克而瑞 CPIC 物管数据系统——招采市场

（2）企业监测：面向物业服务企业、投资机构和研究机构，拥有企业经营数据、自定义企业对比、企业资讯动态速递、企业排行榜、新增拓展推送等功能板块（图 6-23～图 6-25），对竞争对手进行动作监测，对潜在合作对象或收购指标进行挖掘，研究企业专项对标。

（3）舆情洞察：面向物业服务企业，对全网负面舆论、品牌传播力和媒体投放效果实时监测，还有竞争企业动态推送，有助于了解竞争者情况，实现负面舆情及时掌握、媒体投放效果评估和竞争企业动态监测（图 6-26、图 6-27）。

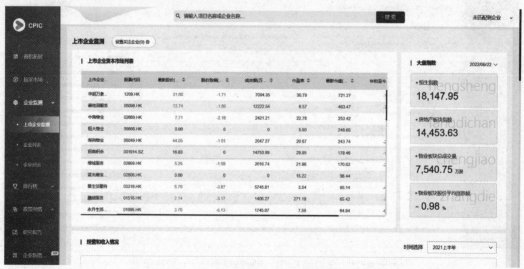

图 6-23　克而瑞 CPIC 物管数据系统——市场监测资本市场列表与大盘指数

图 6-24 克而瑞 CPIC 物管数据系统——市场监测新增拓展推送

图 6-25 克而瑞 CPIC 物管数据系统——市场监测排行榜单

图 6-26 克而瑞 CPIC 物管数据系统——舆情洞察（物业政策）

图 6-27 克而瑞 CPIC 物管数据系统——舆情洞察（行业舆情）

6.4 房地产企业新发展模式与数字化展望

6.4.1 转型需求更加明显

在存量时代数字化转型的趋势中，要做到回归住宅开发本质，优化升级产品服务。随着房地产行业逐步进入下行通道，以及人民收入水平的稳步提高，需求端对于住宅的要求更加明确和分化。在这种大背景下，要牢牢把握客户需求，聚焦改善型住宅市场，提升产品和服务品质，在销售或租赁市场取得优势。

房地产市场经过多年发展，在过往的设计与开发环节中基本满足城镇居民居住需求。现阶段，改善型住宅需求不断提升，居民的住房升级要求不断在各大网络平台释放。企业要从自身积累的丰富产品经验中汲取养分，聚焦改善型产品研发与销售，在升级已有产品的基础上推陈出新打造全新产品体系，满足不同群体的差异化需求。同时，为了满足消费者对品质生活的更高追求，可以自研或借助高科技手段，围绕各个生活场景提供优质服务。提升智能服务，经营低碳生活，利用互联网提升社区数字化服务水平，推进绿色建筑，打造低碳生活，实现住宅市场的下一个跨越。

业务重心向后端运营与服务转移，也可以抓住国家政策利好，在商业、产业等方面持续深耕，通过现有资产运营实现品牌输出，积极参与城市更新与乡村振兴，可以在文化旅游、康养建设等进行投资，发挥企业在特色领域的优势，形成良性循环的业务模式。

6.4.2　业务全流程优化加速

随着房地产企业在数字化建设的发展，项目从开发环节到最后的物业管理阶段全流程都将得到优化。

在开发环节，传统的调研与分析可以通过各类数字化产品定制化实现，提高了工作效率，减少了试错成本。BIM 技术的开发将持续升级，其具有可视化、协调性、模拟性、优化性和可出图性 5 大优点，可以线上对项目开发的整体过程进行 3D 观察和系统评估。利用 BIM 可以实现装配式建筑的工厂预制，在工厂批量加工，实现标准化量产，减少了建设过程中物料浪费，也加快了施工进度。设备实时监测反馈也能及时对施工现场进行调整与改进。

销售环节可以利用 BIM 技术提前将精装修设计效果输送到营销部门，让客户提前看到房屋户型、精装修的效果；继而借助 VR 技术实现真正的线上销售。智慧营销也可以依托于客户存量提高数据利用效率，发挥数据价值，从数据分析走向数据预测，通过数字化输出清晰准确的客户画像，实现精准营销。

在物业管理环节，通过营造智慧社区，满足人民不断增长的物质文化需要，增加客户的黏性，通过个性化创新发展私域流量，挖掘潜在客户。

在未来，随着政策的推动和技术的不断成熟，建筑工业化技术的应用将会落地，数字化服务产品将会得到稳步推进与实现。这将充分提高各阶段的工作效率，缩短工期，节约房地产企业的成本，显著提升建筑全生命周期的运营效率，也会为各业务链条的数字化提供更完善的底层基础。

6.4.3　数据应用成熟度不断提升

随着科技的进步和数字化转型的不断成熟，房地产行业在逐步进入深度调整阶段后，将对企业自身的组织建设和管理方法进行改革，提高企业经营周转速度，实现高效运营。通过数字化发展全方位进行数据整合，多维度进行分析，从而达到节省企业各环节机会成本的目的。

1. 内部管理精益化

房地产企业一方面对组织架构进行精简整合，通过在线化平台达到实时反馈；另一方面利用数字化技术为管理赋能，为项目开发全周期提速，驱动业务高质量增长。

在精益化管理方面，以提高管理效能和更好地协同业务为目的，调整重点可以主要放在总部、区域部门和业务部门 3 个方面，做到总部打造平台、职能做精做专、区域合并或裂变、整合资源深耕市场，以业务优化为核心，支持重点业务发展，从而促进组织能力提升。

在数字化技术应用方面，房地产企业以数字化转型作为面对新局势、新挑战的重要手段，可以通过自主或合作两种模式，将数字化应用场景覆盖企业管理、投资

决策、设计开发、资产管理、运营服务一系列全产业长链条中。

2. 运营变革多样化

在供给侧改革不断深化、新消费形势持续涌现的环境下，房地产企业可以通过不断强化自身的轻资产运营能力，把握消费升级的浪潮，精准定位满足差异化需求，持续为商业地产进行科技赋能，借数字化转型提升运营能力。

轻资产运营模式在降低资本开支、优化资源配置方面具备优势，这也是其受到越来越多企业青睐的原因。一方面，企业可以选择采用"轻重并举"的策略，将轻资产运营作为重资产业务的补充，并逐渐扩大轻资产业务的规模；另一方面，企业也可以通过打造优质项目，积累运营经验，培养出优秀的运营团队，形成品牌效应，在此基础上积极拓展第三方项目，开展轻资产运营业务，实现规模扩张。

在数字化转型的大潮下，房地产企业持续变革运营思路，打通企业及项目间运营数据，做到数据一体化，可以通过搭建会员系统，将项目方、品牌方、消费者三者进行联动，形成多方联结的运营闭环。同时，也可以把握新消费潮流，通过当今青年人兴趣较高的新颖营销活动和品牌力量吸引新消费群体，继续打通线上线下流量互通，提升消费者黏性，延长客户的生命周期。

6.4.4　万物互联带来新联动

随着移动通信技术的更新和蜕变，其高速率、低时延和大连接的特点将会成为房地产企业数字化转型的一大助力。物联网新一代基础设施赋能必将加速房地产领域的万物互联，通过 AIoT 系列产品实现智能应用的新进展。例如，BIM、建筑传感器、建筑机器人、工地物联网监控等技术已经可以得到广泛运用。

在数据收集方面，数据传输速度更快，那么连接所需能源减少的情况下，能够传输更多信息，也能同时连接更多的设备，传输更多设备使用数据，而房地产企业的物业运营环节可以通过这些已有建筑的运行方式得到实时数据，了解建筑物的运作方式，从而进行反馈与后续项目设计的修改与调整，实现不断优化的效果。同时，低时延性可以帮助人们实时监测相关设备在使用过程中的运行状况，调整在一些时刻非必要的灯光等功能，起到节约能耗、降低成本的作用。

在销售环节，VR 技术将提高客户的看房效率，满足消费者"足不出户看房"的愿望，通过 VR 虚拟现实技术与 3D 全景展示技术让用户在线全方位了解房屋的户型和细节。

在物业服务方面，新的智慧化发展正在进行，智慧园区、智慧社区、智慧楼宇及智慧家园概念正在逐步实现。数字化社会的发展趋势使得未来的生产经营和商务办公活动都离不开 ABC（AI、大数据、云计算），物业服务的智慧化发展，首先需要做到 ABC 互联，实现线上一体化数据管理，建立基于楼宇、社区以至园区的智慧管理平台，以客户为中心，满足业主方的生活需求与物质需要，挖掘"社区金矿"。

　　云计算、物联网、大数据、人工智能、AR 或 VR 等技术是房地产科技应用落地过程中的主要技术基础。云计算和物联网及物联网与人工智能融合的 AIoT 系列产品不断完善着房地产行业的数据基础设施和上层应用，技术在不断走向融合，房地产 SaaS、智慧地产、数字建筑等各个产业链环节的技术应用正处在落地的早期阶段，相信随着其应用成熟度的不断提升，房地产企业的转型会取得很大进展。

思考练习题

1. 在房地产企业数字化转型阶段，如何推动智能化的进一步发展？
2. 思考易居克而瑞集团在房地产行业数字化转型阶段成功的原因。
3. 通过资料查阅，对比房地产头部企业数字化转型之路的共同点及差异。
4. 在存量时代，房地产企业还有哪些转型方向？

参考文献

[1] 蒋旭，蔡运洁. 中国乡村人居环境质量时空演化 [J]. 中国环境管理干部学院学报，2019，29（4）：45-48.

[2] 谢海生，王艳飞，李怡晴. 我国房地产产品升级路径研究 [J]. 建筑经济，2019，40（4）：5-10.

[3] 董丛. 浅谈推行绿色住宅存在问题及发展对策 [J]. 建筑经济，2013（1）：87-90.

[4] 贺丹. 房地产产品创新策略研究 [J]. 山西建筑，2015，41（30）：215-216.

[5] 翁奕城. 国外生态社区的发展趋势及对我国的启示 [J]. 建筑学报，2006（4）：32-35.

[6] 王京春，高斌，类延旭，等. 浅析智慧社区的相关概念及其应用实践——以北京市海淀区清华园街道为例 [J]. 理论导刊，2012（11）：13-15.

[7] 王中岳. 未来社区建设模式初探 [J]. 中国市政工程，2020（3）：1-3+125.

[8] 杨俊宴. 城市中心区规划设计理论与方法 [M]. 南京：东南大学出版社，2013.

[9] 田毅鹏. "未来社区"建设的几个理论问题 [J]. 社会科学研究，2020（2）：8-15.

[10] 胡彬，胡晶. "强县扩权"的体制困境：行政层级间的博弈 [J]. 中国工业经济，2016（12）：90-105.

[11] 潘海啸，汤諹，吴锦瑜，等. 中国"低碳城市"的空间规划策略 [J]. 城市规划学刊，2008（6）：57-64.

[12] 国家信息中心信息化和产业发展部，佳都新太科技股份有限公司. 城市大脑建设目标选择、方法与路径——城市大脑规划建设与应用研究报告 [R]. 2020.

[13] 徐震. 社区发展 [M]. 台北：中国文化大学出版部，1985.

[14] 丁祖昱. "未来社区"能否成为行业转型突破口 [J]. 中国房地产，2020（20）：55-57.

[15] iResearchInc. 中国房地产数字化转型研究报告 [R/OL]. 2022-06.

[16] 爱分析. 中国房地产科技行业报告 [R/OL]. 2019-09.

[17] 陈劲，杨文池，于飞. 数字化转型中的生态协同创新战略——基于华为企业业务集团（EBG）中国区的战略研讨 [J]. 清华管理评论，2019（6）：22-26.

[18] 马晓东. 数字化转型：转什么，如何转？ [EB/OL]. 2021-09-27.

[19] 徐少春. "砸"电脑、"砸"服务器，28年成了国产软件领导者 [EB/OL]. 2021-11-27.